财务共享平台模式建设与管理研究

孙美娇　潘　成　著

哈尔滨工程大学出版社
Harbin Engineering University Press

内容简介

本书共十一章，主要内容包括财务共享服务概述、财务共享服务的发展阶段、国内外财务共享服务的比较分析、管控服务型财务共享及其建设、财务共享服务中心建设规划、财务共享服务中心组织架构、财务共享服务中心的流程再造等。

本书适合高等院校会计和相关专业学生，以及会计从业人员、工商管理领域从业人员使用。

图书在版编目（CIP）数据

财务共享平台模式建设与管理研究 / 孙美娇，潘成著. —哈尔滨：哈尔滨工程大学出版社，2023.6
ISBN 978-7-5661-3975-7

Ⅰ. ①财… Ⅱ. ①孙… ②潘… Ⅲ. ①财务管理-管理信息系统-研究 Ⅳ. ①F275-39

中国国家版本馆 CIP 数据核字（2023）第 105189 号

财务共享平台模式建设与管理研究
CAIWU GONGXIANG PINGTAI MOSHI JIANSHE YU GUANLI YANJIU

选题策划 宗盼盼
责任编辑 宗盼盼
封面设计 李海波

出版发行 哈尔滨工程大学出版社
社　　址 哈尔滨市南岗区南通大街 145 号
邮政编码 150001
发行电话 0451-82519328
传　　真 0451-82519699
经　　销 新华书店
印　　刷 黑龙江天宇印务有限公司
开　　本 787 mm×1 092 mm 1/16
印　　张 18.5
字　　数 339 千字
版　　次 2023 年 6 月第 1 版
印　　次 2023 年 6 月第 1 次印刷
定　　价 78.80 元
http://www.hrbeupress.com
E-mail:heupress@hrbeu.edu.cn

前　言

随着新技术的蓬勃发展，大数据、智能化、移动化、云计算等深刻影响着每一个传统领域，财务管理也处于变革转型的关口。传统注重核算的财务管理不再满足人们的需要，以财务共享、多维预算和智能分析为核心的新时代管理会计体系正在形成。财务变革的新趋势对会计人才培养提出了新的要求。会计人才不仅要掌握会计专业知识与技能，更要提升业财融合能力和数据分析能力，为经营决策提供支持，实现会计人才培养从核算型向管理型转变。

本书围绕财务共享平台模式建设与管理研究展开，全书共分为十一章。第一章为财务共享服务概述，主要对相关概念、财务共享服务和财务集中、财务共享服务与财务转型、财务共享服务的内涵及理论基础等进行了阐述；第二章和第三章系统介绍了财务共享服务的发展阶段、国内外财务共享服务的比较分析；第四章和第五章对管控服务型财务共享及其建设、财务共享服务中心建设规划进行了分析；第六章和第七章介绍了财务共享服务中心组织架构与财务共享服务中心的流程再造；第八章总结了财务共享服务中心的信息系统建设；第九章介绍了传统财务模式与财务共享服务模式；第十章和第十一章详细阐述了基于现代技术及管理手段的运营管理、智能财务共享与企业管理会计体系，包括企业财务共享服务中心的制度管理、财务共享服务中心的绩效管理、财务众包——财务共享服务新模式、基于共享服务的数据中心构建、预算管理与财务共享服务的协同融合、智能财务共享服务模式下企业管理会计报告优化策略。

财务共享平台模式正随着时代的发展不断创新升级，在不同阶段呈现出不同的特征和轨迹。由于所处时期、应用阶段、研究视角、评价方式不同及著者研究水平的限制，本书所呈现的内容一定会存在不足和局限性，敬请读者批评指正。

著　者

2023 年 3 月

目　录

第一章　财务共享服务概述

第一节　相关概念

一、共享服务的概念

最早诞生于20世纪80年代西方国家的共享服务,被视为一场跨国企业的“集体冲动”。当时,正值经济全球化和信息技术的迅猛发展期,发达国家经济增长放缓、竞争加剧,而发展中国家和新兴市场经济增长强劲。一些领先的跨国企业将视野转移到发展中国家和新兴市场,纷纷加速区域化扩展的步伐,通过直接投资、兼并收购等建立了遍布全球的分支机构。伴随着全球化、区域化经营脚步的加快,跨国企业管理中出现了一个新的难题:企业规模不断发展壮大,分支机构日益增多,原有的分散式组织形式出现了规模不经济、管理成本居高不下、集团管控难度大、政策执行力差、机构人员冗杂等问题,一种新的管理模式呼之欲出。

“只有那些能以最小单位成本提供业务支持的企业,才是市场上的赢家。”正如《服务共享——新竞争系列》作者安德鲁·克里斯所说,如何降低成本、提高效率、加强管控,成为许多跨国企业之间激烈竞争的关键。而共享服务正是在上述背景下应运而生的一种新型管理模式。

共享服务的核心内容,就是把原本分散于企业各个分支的重复的、日常的事务性活动,从原来的业务单元中剥离出来,进行合并或者重新整合,再由专门成立的独立实体提供专业、统一、标准化的服务。这种由分散到集中,由共享服务中心统一提供的标准化、流水线作业模式,带来了显而易见的好处——低成本、高效率。通常而言,财务、人力资源管理和信息技术等事务性或专业化活动适宜采用共享服务模式。

共享服务背后的逻辑并不复杂,往远可追溯到200多年前英国经济学家亚当·斯密在《国富论》中提出的“专业化分工可以提高劳动生产率”;往近可追溯到20世纪初,美国人亨利·福特在汽车生产中率先引入“流水线”的作业方式,隐藏在背后的秘方就是规模经济所带来的生产成本的降低和劳动生产率的提高。

共享服务在企业中应用广泛，凡是企业中事务性或者需要充分发挥专业技能的活动，如财务、互联网技术（IT）、人力资源，都可以通过共享服务的方式进行企业内部不同部门与业务单元间的组织和资源整合。

根据国际财务共享服务管理协会（international financial shared service association，IFSS）的定义，所谓共享服务，是依托信息技术，以流程处理为核心，以优化组织结构、规范流程、提升流程效率、降低运营成本或创造价值为目的，以市场化的视角为内外部客户提供专业化生产服务的管理模式。

共享服务的目的是为所有客户提供低成本、灵活且优质的服务。共享服务结合了集中化模式和分散模式的优点，具有如下几个特点：

①通过流程和技术优化消除冗余过程；

②合并并重新设计非核心支持职能，将其纳入服务中心；

③对运营单元保留的组织和职责进行重新设计；

④通过双向的服务水平协议促进责任共担；

⑤加强对内部客户服务和成本管理的关注。

20 世纪 80 年代，共享服务首先在美国的福特汽车公司开始实施；1993 年，贵恩合伙公司（Gunn Partners）的几个创始人首次确定了“共享服务”这一创新管理思想。布赖恩·伯杰伦（Bryan Bergeron）在《共享服务精要》一书中这样定义共享服务：将共享服务看成企业的合作战略中的一个全新的半自主的业务单元，包含并替代现有的经营职能。该业务单元以降低成本、提高效率、创造更高的经济价值、提高对内部客户的服务质量为目标，并拥有相应的管理机构，保障其能够像企业一样，独立自主地在市场中展开竞争。陈虎、孙彦从在研究国内共享服务的相关专著和论文之后，认为共享服务的出现和发展源于信息网络技术的推动，它是一种充满创新的运营管理模式。与以往传统的管理模式不同的是，它更加注重以顾客需求为导向，所提供的专业化共享服务是以市场价格和服务水平协议为基准，将过去企业内部各业务单元分散的、重复性较高的业务整合到财务共享服务中心集中处理，达到整合资源、降低成本的目的，同时使各业务单元集中精力和资源专注于核心业务，达到提高效率、保证客户满意的效果。

“共享服务”这一创新管理理念被提出之后，受到越来越多公司的重视。那么，在什么情况下会采用这种理念呢？主要是随着企业规模不断扩大，每个分（子）公司都需要配备同样的财务、采购人员，且由于地区和公司差异造成各分公司的流程与标准的差异及多样，各个业务单位的业务量不均，这些从整个集团公司层面来说,在浪费资源的同时,大大降低了各项业务的处理效率。对于现代企业而言,“共享服务”成为企业业务流程再造和标准化、提高服务质量、降低成本、提高效率的最有效的方式。

二、财务共享服务的概念

得益于财务业务的规范化和易于标准化等特点,以及财务信息化工具在企业中的日渐普及,财务往往成为很多企业建立共享服务中心的首选领域。财务共享服务(financial shared service,FSS)能有效解决经济全球化背景下跨国企业在管理中所遇到的整合资源、加强分(子)公司控制、控制管理成本、提高协同效率等诸多管理的难题,因此,自其诞生以来就受到跨国企业的青睐。

1981年,美国福特汽车公司建立了世界上第一个财务共享服务中心(financial shared service center,FSSC)。随着经济全球化和全球信息化的推进,杜邦公司、埃克森美孚公司、宝洁公司、强生公司、摩托罗拉公司、花旗银行、戴尔公司等跨国公司也相继成立了财务共享服务中心。国内,中兴通讯股份有限公司(简称“中兴通讯”)、青岛海尔股份有限公司(简称“海尔”)、华为技术有限公司(简称“华为”)、中国石油天然气股份有限公司(简称“中国石油”)、中国石油化工集团公司(简称“中国石化”)、华润(集团)有限公司等大型企业集团纷纷建立财务共享服务中心。

财务共享服务,也称财务共享,是共享服务在财务领域的应用。简单来说,财务共享服务就是依托信息技术,将企业中重复性高、易于标准化的财务业务进行流程再造和标准化,交由财务共享服务中心统一处理,达到降低成本、提高业务处理效率、强化企业管控等目的的分布式管理模式。

在企业所有的部门职能中,财务工作有着重复性高、流程性强、规则性强等特征。因此,在财务领域共享服务这一模式应用最为广泛成熟。

三、财务共享服务中心的概念

财务共享服务中心就是对外提供财务共享服务的组织。集团企业通过建立和运行财务共享服务中心,使财务组织和财务流程得以再造,使一些重复性高、易于流程化和标准化的财务工作,集中到财务共享服务中心来处理,从而大大提高财务日常工作的效率。

财务共享服务是一种创新的财务管理模式,提供这一服务的财务共享服务中心具有如下几个特点。

（一）财务共享服务中心是一个独立的组织

财务共享服务中心是以一个独立组织的形式对外提供财务共享服务。这个中心是通过对财务职能部门的再次分工聚合而形成的一个专门的财务机构。财务共享服务中心与其他财务机构相对独立，专门负责处理财务核算工作。作为独立组织，财务共享服务中心通过独立化、专业化、标准化、规范化的运营，对外提供高质量的财务共享服务。

（二）财务共享服务中心是一个专业平台

财务共享服务中心是一个提供“财务会计和财务报告业务”服务的专业平台。财务共享服务中心为企业各个业务部门提供财务共享服务，以客户需求为导向，签订服务水平协议，促使企业将有限的资源和精力专注于核心业务。

（三）财务共享服务中心是一个会计核算作业中心

财务共享服务中心是一个由专门的团队按照统一的流程，利用 IT 信息技术进行标准化的会计核算作业中心。财务共享服务中心可以称为“会计工厂”或者“企业经营信息的标准化处理工厂”。这个工厂可以把业务语言翻译成财务语言，动态地反映企业财务状况、经营成果和现金流量。这个专门团队既可以是实体的，也可以是虚拟的；既可以对内提供服务，也可以对外提供服务。

（四）财务共享服务中心是一个任务管理中心

财务共享服务中心是一个任务管理中心，是一个任务委派发布、分配、处理、存档的中心。在财务共享服务中心，任务具有唯一地描述一个端到端的核算工作的属性，而不同的属性决定了任务的不同内容，即费用报销、应收应付、总账等。

在财务共享服务中心，可以将一个任务理解为一个单据。一旦任务得以建立，财务共享服务中心就要按照相应的流程开始执行任务，而这个流程是信息流、实物流、资金流、工作流的融合。财务共享服务中心通过流程的再造与优化、标准化来提高工作效率、保证工作质量、加强内部控制、防范财务风险等。

（五）财务共享服务中心是会计信息的存储仓库

财务共享服务中心是会计信息的存储仓库，这个信息仓库可以为前端业务提供财务服务支持，也可以为后端决策提供会计信息支持。当然，会计信息本身并不会创造价值,也不能进行决策,财务共享服务中心只是通过不同的技术展现形式为业务管理和决策分析提供专业的会计信息。这个仓库提供的会计信息只是企业信息的一部分,不是全部企业信息。也就是说,财务共享服务中心不可能取代企业其他信息系统,如企业资源计划(ERP)、人力资源(HR)、客户关系管理(CRM)系统等。

财务共享服务中心的建设,通常会涉及五个要素:战略定位、组织架构、流程再造、信息系统和运营管理。

第二节　财务共享服务和财务集中

随着企业的发展壮大,集团型企业对分(子)公司会形成不同的管控模式。根据分权与集权的程度,管控模式分为三种形式:财务管控型、战略管控型和运营管控型。

①财务管控型,是一种倾向于分权的管控模式。集团总部只关注分(子)公司的收入、利润等主要财务指标,一般不干涉分(子)公司的具体经营和管理活动,分(子)公司财权、人权相对独立,分散式发展。集团总部一般没有业务管理部门。

②战略管控型,是一种相对集权的管控模式。集团总部和分(子)公司相对平衡地发展。集团总部专注于战略决策和资源部署,通过战略规划与控制保证集团整体发展方向。集团总部一般没有具体的业务管理部门。

③运营管控型,是一种高度集权的管控模式。集团总部高度集权,几乎所有事务的最终决策权均收在集团,下属企业仅是集团决策的被动执行者。集团总部对分(子)公司的日常经营进行直接管理,集团总部的职能部门较为完善,总部的人员规模也较为庞大。

不管是财务管控型、战略管控型还是运营管控型,这三种集团管控模式均存在一个显而易见的弊端:随着集团企业规模的不断扩展,集团总部或者分(子)公司的财务组织会日益庞大,财务人员会不断膨胀。“大而全、小而全”的状态下,集团企业进行集中式财务管理的需求日益迫切。

财务共享服务中心是企业集中式管理模式在财务管理上的最新应用。它将原本分散于不同地方、不同分支机构的某些重复性财务业务整合到一个专门成立的组织进行集中处理,其目的在于通过集中的运作模式,解决集团企业财务职能建设中重复投入和效率低下的弊端。

但是,财务共享服务并不是简单的财务集中,两者存在明显的差异:

首先,适用范围不同。财务集中是一种简单的集中,它把财权集中到总部,所有收入和支出都由总部统一划拨,收支两条线,是一种高度集权的管理方式,仅适用于运营管控型的集团企业。而财务共享服务中心会引发企业的组织变革、流程再造和财务变革。其实现了费用管理、薪酬、合同和税务等财务业务的服务共享。因此,财务共享服务是站在整个集团的角度来提高财务效率、降低运营成本、提高管控效果的,它适用于上述三种不同的集团管控模式。

其次,组织方式不同。财务集中是一种简单的集中和对原有流程的简单梳理,进而将财务业务集中于总部进行集中处理,不涉及组织变革;而财务共享服务中心要进行流程再造和组织变革,它是一个独立的组织,可以对内和对外提供专业、统一、标准化服务的独立运营实体,甚至可以是一个独立的利润中心。

最后,目的不同。财务集中是对原有财务业务流程的简单梳理和优化,其目的是资源的集中管理、控制和成本降低;而财务共享服务是将企业分散的、重复的、同质性、易于标准化的财务业务整合到财务共享服务中心来处理,减少重复性工作,提高工作效率,促进企业专注于高增值的核心业务,其目的在于推动企业的财务转型。

财务集中与财务共享服务之间的区别如表 1-1 所示。

表 1-1 财务集中与财务共享服务之间的区别

财务集中	财务共享服务
仅适用于运营管控型	适用于三种管控模式
不涉及组织变革	独立的组织
注重集中控制,降低成本	推动财务转型
不改变原财务流程和标准	关注流程优化与流程再造,一致的标准和流程
简单的人员集中	财务人员的重新组织与配置
向管理层负责	向服务客户负责,签署客户服务协议
事务处理者	服务提供者
业务单元无选择权	客户有选择权
业务单位不参与监督	客户参与服务质量的监督
一般设在总部	地点选择更关注成本、人力要素,与总部无关

第三节　财务共享服务与财务转型

一、财务转型的目标

随着市场化改革的不断深入，财务管理无论是在空间、时间还是在效率上都发生了变化。不论是外部环境还是企业自身发展，都对财务信息的及时性、准确性和有效性提出了更高的要求，财务转型已箭在弦上。2014 年 11 月，财政部出台《关于全面推进管理会计体系建设的指导意见》，引领中国会计行业迈入从财务会计向管理会计的财务变革之路。当前的财务状况和未来的转型方向如图 1-1 所示。

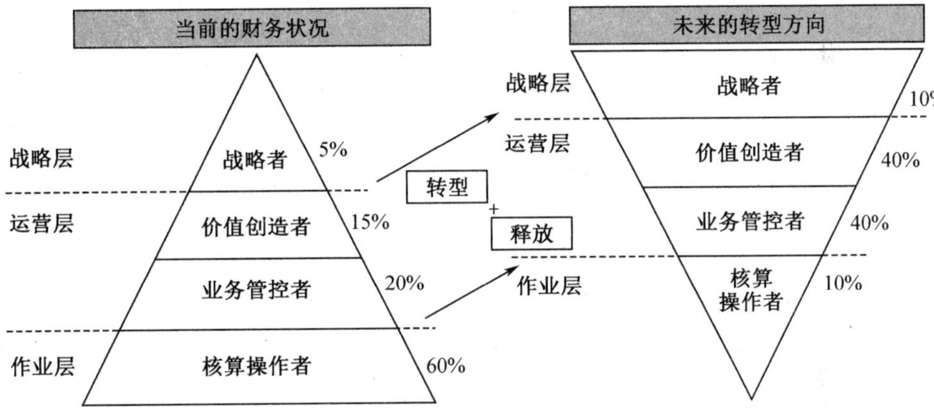

图 1-1　当前的财务状况和未来的转型方向

企业财务部门的现状：用于业务处理的时间为 60%，只有不到 10%的时间用于决策支持。而世界级企业的财务部门用于决策支持的时间已超过 50%。现实中，很多公司的财务人员把大部分时间都用在了整理单据、做凭证、做报表、核对数据等工作上，大学本科毕业甚至研究生毕业的人都在从事这些简单、重复的工作，这既是人力资源的浪费，也是高成本的表现。所以，财务转型是必然的趋势。

财务转型从根本上来说是以下三方面的变革。

一是要把更能创造价值的活动从原来的财务部门分离出来，放到集团层面，增强集团管控能力，为创造企业价值服务。这部分职能就是战略财务。

二是把不利于价值创造活动和非价值创造活动，如核算活动，剥离出来，由专门的组织去承担，这个专门的组织就是共享财务/核算财务。

三是把集团层面实现价值最大化的目标落实到具体的业务层面。具体地说就是把财务体系与整个业务流程紧密地结合起来。把集团的管控工作植入业务过程,向业务部门提供服务,让业务部门或人员能及时地了解销售订单哪些赚钱,哪些不赚钱,协助销售人员清楚地计算出每一份订单的成本和利润。财务人员的工作不再是业务的事后核算和监督,而是转变为从价值角度对前台业务进行事前预测,计算业务活动的绩效,并把这些重要的信息反馈到具体业务人员,从而为其行动提供参考。财务人员扮演策略咨询专家的角色,要成为业务最佳的合作伙伴,这就是业务财务。

有一种观点认为,ERP 能够帮助企业实现财务转型。实际上,ERP 系统是基于交易的信息系统(transaction-based information system),主要面对企业的业务流程和交易,并没有触及管理本身,对分工方式和工作性质没有带来实质性改变;而财务转型是管理方式的变革,需要的是基于分析的信息系统(analysis-based information system),通过专业化分工,由专门的部门、专职的人员和专业的信息系统完成财务会计、管理会计等工作。

二、财务共享服务对财务转型的作用

财务共享服务中心的建立为企业的财务转型奠定了基础,原因如下:

第一,从组织架构层面看,财务共享服务中心进行的财务岗位职能分离,采用扁平化管理方式,为后续财务转型的组织架构调整奠定了基础。企业构建财务共享服务中心,目的是将那些简单、重复且易于标准化、流水线作业的费控、合同、税务、资产等业务归集在统一的共享服务中心进行集中处理。因此,财务共享服务中心的建立势必要求企业进行财务岗位的分离——少部分核算会计专门负责会计核算,而大部分财务人员将向管理会计转型,即以提供分析、管控、决策支持为主要职能,高效率、多维度、全方位提供信息,满足企业管理与发展的需求。财务共享服务中心的建立使财务会计与管理会计的岗位职能分离成为可能。在岗位分离的基础上,企业可以分步设置管理会计职能和岗位,财务职能逐渐向管理会计转化。

第二,从人员储备看,财务共享服务中心为财务转型奠定了人力资源基础。一方面,财务共享服务中心成为财务人员快速成长的第一关。在财务共享服务模式下,费控、合同、税务、资产等大量重复的工作被标准化、规范化、流程化,即便是刚毕业的会计人员也能很快上手。另一方面,财务共享服务中心使财务人员“术业有专攻”。传统财务部门对财务人员进行统一的分配与管理,而财务共享服务模式更强调财务人员的专业化分工,财务人员各司其职,初级财务人员从事核算工作,高级财务人员可将更多精力投入到企业的战略决策、投融资分析、经营管理、绩效评价等管理会计领域。

在财务共享服务模式下,管理会计人员有更多的时间和机会站在业务前端,用业务视角、管理者视角、战略视角去审视财务问题,并在实践过程中逐步积累构建业务模型的能力、分析决策能力,进而使管理会计人员的职业路径规划更明确、清晰。

第三,从系统要求看,财务共享服务的信息系统是管理会计体系的有机组成部分。一方面,一个完整的管理会计体系不仅包括全面预算管理、成本管理、绩效管理、内部控制、管理报告、管理仪表盘等模块,还应当包括核算、费控、报销等基础模块。另一方面,财务共享服务的信息系统,不单单是一个独立的系统。财务共享服务本质上是一个信息化平台,构建财务共享服务的信息系统要对业务模式优化,要进行流程重组,这会涉及多个业务管理环节的管理系统,要与业务处理系统、全面预算管理系统和绩效评价系统等多个系统实现有机融合。

第四,从数据关系看,财务共享服务中心产生的大量实际数据、历史数据为管理会计的决策支持、精细化管理积累了数据基础。一方面,财务共享服务中心把原来分散在各个分支机构的数据汇总到共享中心进行统一处理,为管理会计的分析与决策支持收集了大量真实、可靠、低成本的历史数据。此外,财务共享服务中心为管理会计提供了外部数据源,通过数据仓库和数据集成工具箱的加工,为管理驾驶舱、管理会计报告、预算、成本、绩效管理提供数据来源。另一方面,财务共享服务中心夯实了数据基础,促进了流程、管理、数据质量的规范,而这些真实的数据正是战略分析、管理决策中的重要部分。

第五,财务共享服务中心可以提炼出管理者最关心的报告级数据,是管理会计管控思想最基础的体现。譬如,公司的费用报销数据可以从不同角度进行分析和挖掘,而这些分析数据才是管理者最感兴趣和最有价值的。

从核算型会计向价值创造型会计转变,离不开财务共享服务中心的支撑作用,而管理会计是企业的战略、业务、财务一体化最有效的工具,是财务共享服务展现价值的最终方向。

第四节 财务共享服务的内涵及理论基础

一、财务共享服务的内涵

(一)财务共享服务的特点

财务共享服务是共享服务在财务领域的应用与推广,是一种全新的财务管理模式。简而言之,财务共享服务是将不同组织机构或部门的财务职能、流程进行整合后归集到一个独立或者半独立的新组织或部门中,为集团公司的内部客户提供更加专业、高效的财务服务,同时为集团财务管理降低成本,创造新的利润点。这一独立或者半独立的机构,即财务共享服务中心。财务共享服务作为一种创新性的财务工作方式,由财务共享服务中心为集团公司提供标准化的财务工作,从而实现集团内的四大共享,其主要内容如下:

①人员共享,财务共享服务中心的工作人员统一处理流程化的重复性工作;

②信息共享,集团内员工可以在授权范围内共享财务服务中心中的财务数据;

③运营共享,由于财务工作比较集中,财务共享服务中心可以通过统一运营、集中资金管理的方式来降低融资成本,提高投资收益;

④管理共享,由财务共享服务中心统一管理会计工作,使会计信息更加规范、标准,能为集团提供更加准确的会计资料。

财务共享服务作为新型的财务管理模式,具有以下五个特点:

①技术性,财务共享服务中心对先进的、高效率的信息通信技术及软件系统的依赖性很高;

②规模性,企业中存在协调性差或迥异的业务活动,而财务共享服务中心可以通过整合这些业务活动形成规模经济,降低企业的交易成本;

③专业性,财务共享服务中心作为一个单独的商业实体,其员工具备较强的专业能力,能为客户提供专业化的服务,能增加企业的经济价值,实现企业的价值创造;

④服务性,财务共享服务中心以服务客户为目标,以提高客户的满意度为宗旨,根据顾客的不同需求来提供多样化的服务,并根据协议内容向客户收取服务费用;

⑤统一性,集团建立财务共享服务中心,遵循统一的原则,建立统一的操作模式,运行统一的流程,执行统一的标准,这样有利于提高业务处理效率,促进企业规模不断扩大,实现规模经济,降低运营成本。

(二)财务共享服务的模式

企业集团财务共享服务中心的战略结构模式主要包括三种,即全球型财务共享服务中心(简称“全球中心”)、区域型财务共享服务中心(简称“区域中心”)、专长型财务共享服务中心(简称“专长中心”)。

“全球中心”(图 1-2)是将企业集团在全球范围内的某些业务流程集中到一个财务共享服务中心进行统一处理,为全球范围内的各业务单位提供服务,促进业务流程的标准化,最大限度地发挥企业的规模经济,降低成本,增加企业价值。“全球中心”模式规模经济优势明显,但这种模式不仅需要满足不同国家和地区的业务要求,而且需要适应全球不同国家、不同地区的税务规则和法规。“全球中心”模式对信息技术的要求很高,它需要一个完全整合的系统,因此,建立全球统一的标准化业务处理流程是这种模式的重点和难点。

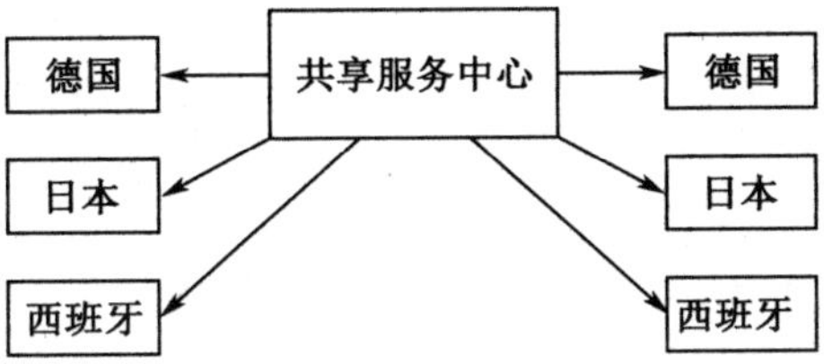

图 1-2 全球中心

“区域中心”(图 1-3)是将集团的全球业务划分为多个区域,将每个区域的业务流程集中到区域财务共享服务中心集中处理。按地理区域建立财务共享服务中心,可以制定与当地要求相符的业务流程,适应当地的税务规则和法规,并且使各方面的要求在相对适中的范围内统一。这种模式虽然标准化程度以及对系统和人员的要求相对较低,但有利于企业集团进行管理。

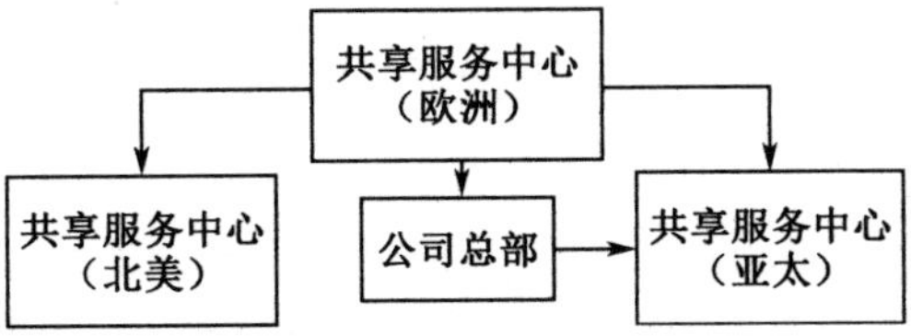

图 1-3 区域中心

"专长中心"(图 1-4)是在某种/类功能的全球化管理和各种功能相互合作的基础上建立的,其目标是消除重复劳动,提供专业化服务,培养各类职能的专业人才。

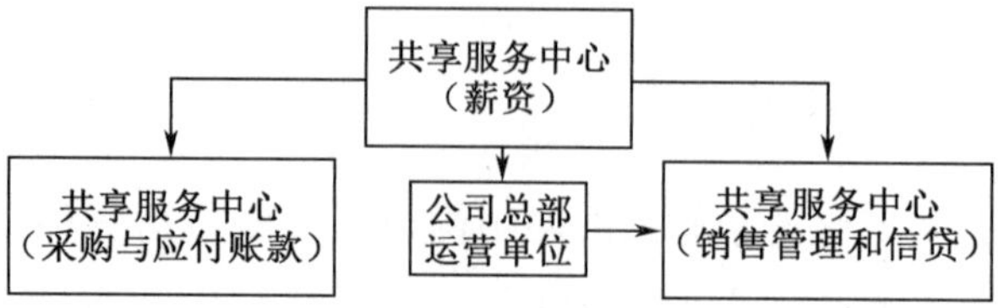

图 1-4 专长中心

各企业集团必须从实际出发,结合公司自身的行业特点、所处环境、发展战略等具体情况,建立适合本企业的财务共享服务中心。

(三)财务共享服务的优势

财务共享服务中心之所以能在大型企业得到广泛应用,是因为它具有以下五个方面的优势。

1. 降低财务工作成本

第一,财务共享服务中心通过流程再造,将业务流程和规则集中起来,并省略一些多余的步骤。这种新的工作模式更加规范、标准,为降低成本、提高效率建立基础。

第二,对流程进行简化集中,这样不仅可以使操作更加简单、规范,还为监督检查工作省去了许多不必要的步骤。集中化的财务管理使得风险也得到一定程度的集中,更加便于对各分(子)公司的风险进行把控,进一步降低企业的运营成本和风险。

第三,财务共享服务中心能够将整个集团的资金集中管理,能够利用资金的规模效应获取更低的融资成本、更高的投资议价能力及更高的资金安全性等。

第四,建立财务共享服务中心所取得的优势可以形成良好的循环,形成基于财务共享服务中心的成本效益循环图,如图 1-5 所示。通过建立财务共享服务中心可以形成规模经济效应,降低成本,提高效率,进而提升企业效益;企业效益提升反过来会进一步促进规模经济效应,降低成本,提高效率。

2. 提高效率和服务质量

财务共享服务中心通过标准化的操作、细致的分工来加强服务的专业化程度,能够为集团公司提供高质量、高效率的财务信息。这些主要依赖于业务流程标准化、信息系统的支撑及管理方法的支持。

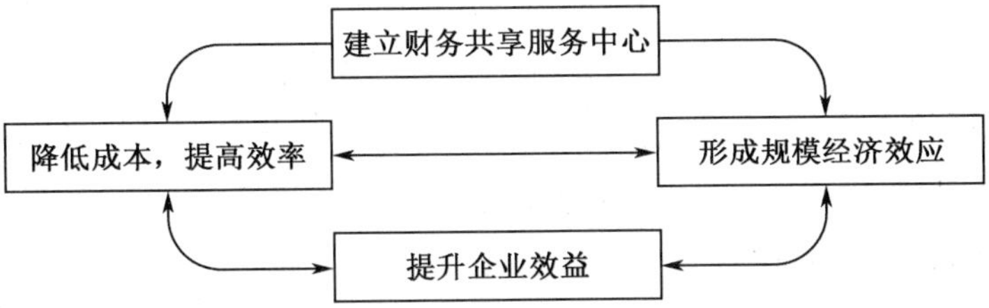

图 1-5　基于财务共享服务中心的成本效益循环图

首先，业务流程标准化使得会计信息获得途径得以统一，分工更加细致，得到高效、高质量的会计信息；其次，信息系统支撑了整个流程的运作，并为异地会计信息的传递提供了工具支撑；最后，通过对财务共享服务中心运营中的绩效、服务、产品质量等管理的支持，能够进一步保障运营效率和产品质量。

财务共享服务中心的建立，可以提高集团公司整体的财务工作效率，为整个集团提供更加优质的财务服务；使财务从简单的职能部门转变为集团公司的战略伙伴，除了进行会计核算工作，还有余力为企业提供更加详细的数据分析。

3. 促进财务部门核心业务的发展

财务共享服务中心拥有较强的流程操作能力，可节省成本，保证公司战略的执行。

财务共享服务中心为集团提供标准化的财务服务，可以有效支持企业核心业务的发展，为内部业务部门和外部客户提供足够的职能支撑财务。

传统财务管理模式中超过 50% 的财务资源都在交易处理和会计业务中，已经无法满足企业价值日益增长的需求，很难发挥其传统功能为企业管理提供决策和战略支持。在这一形势下，决策支持功能在整个财务功能中的占比应该更高，财务人员应该更多地关注能够创造直接价值的财务活动，其具体转换如图 1-6 所示。

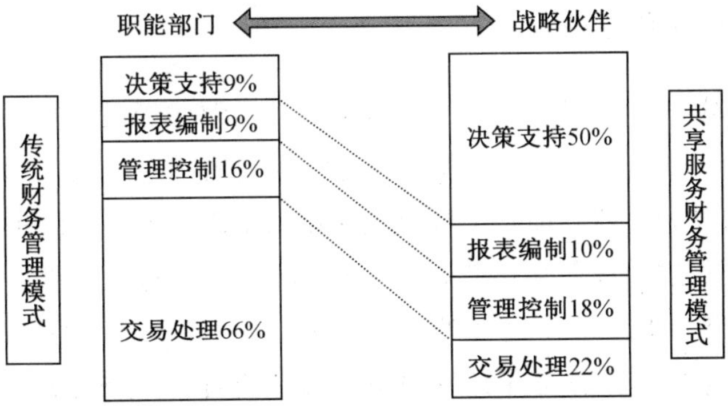

图 1-6　财务共享服务支撑财务转型

集团公司通过财务共享服务中心实现财务转型,在企业快速扩张的时候提供有力的财务支持,也有助于企业实施发展战略,增强企业发展的潜力。当集团成立新的分支机构或兼并、收购其他公司的时候,财务共享服务中心可以标准化的操作、较低的成本和高效率为集团与分支机构提供财务服务,这无疑有效地提高了集团公司的整合能力和核心竞争能力。

4. 增强企业扩大规模的潜力

随着经济全球化趋势不断增强,企业之间的兼并和分立愈发频繁,而企业规模扩大以后,管控难度会增大,风险会增加,常常会出现“大企业病”。财务共享服务中心的出现,为解决这一大难题提供了强有力的支持。财务共享服务中心通过标准化、专业化、流程化的运作,降低企业运作成本,为企业规模的扩大创造了条件。

5. 增加企业价值

企业财务共享服务中心本身就是一个独立的经营实体,它不仅为企业内部业务部门提供服务,还可以为外部客户提供服务,以增加企业额外收益。2017 年,全球服务外包大会在湖北武汉成功举办。根据大会数据显示,我国服务外包企业数量增多,由原来的 500 多家增长至约 4 万家;离岸服务外包金额增长 51 倍,我国成为全球第二大服务外包承接国;全国总共批准了 31 个服务外包示范城市,形成了东、中、西错位发展的总体布局;从业人员猛增,由原来的不足 6 万人增长到 856 万人。这就说明财务共享服务外包为企业开辟了新的市场,创造了新的经济增长点。

二、相关理论基础

(一)规模经济理论

规模经济理论源自美国,反映了大批量生产出现的经济性规模。亚当 · 斯密曾在《国富论》一书中从劳动分工和专业化的角度揭示生产效率的提高主要在于劳动分工,而劳动分工建立在一定规模生产量的基础之上,因此,劳动分工可提高生产效率,从而促进整体效率的提高,达到规模经济。马歇尔对这一理论进行了更深层次的解释。他在《经济学原理》一书中论述了规模经济的两种形成途径:一是企业通过自身对资源的充分有效利用、组织,从而促进经营效率的提高而形成的内部规模经济;二是企业通过兼并、重组扩大行业规模而实现的外部规模经济。美国经济学家保罗 · A. 萨缪尔森在《经济学》一书中指出:“企业里组织生产的最强有力的因素来自大规模生产的经济性。”

规模经济是指在一定时期内，企业产品生产量扩大的同时，单位产品成本下降，从而提高企业的经营利润。财务共享服务就是将企业不同业务部门中重复性高的、烦琐的、标准化程度高的业务集中到财务共享服务中心进行处理，减少员工处理工作的时间，降低业务处理单位成本，提高效率；同时，释放出更多的人力资源投入在企业核心业务上，促进企业核心业务的发展，提高经济效益，从而符合“规模经济理论”这一原理。

（二）标准化理论

“标准”一词由泰勒首先提出，其概念是对活动或其结果规定共同的和重复使用的规则、导则或特有的文件。财务共享服务以标准化原理为支撑，财务共享服务中心通过制定统一的标准、建立标准化的业务流程，降低财务管理成本，提高工作效率。

财务共享服务中心的运营和管理离不开标准化理论的支撑。财务共享服务中心通过制定、发布、实施一定的标准，将业务流程、文档资料和服务方式等规范为统一且可重复的规则，从而使业务能够规范化运作，工作效率得到提高，服务质量得到改善。

（三）委托代理理论

委托代理理论是契约理论的重要内容之一，由美国经济学家伯利和米恩斯在20世纪30年代提出。该理论提倡两权分离，即所有者在保留所有权的同时，将经营权授予代理人，由代理人行使相应的决策权利，委托代理关系由此产生。在委托代理关系中，由于委托人与代理人作为独立个体追求的利益目标不同，委托人追求企业价值最大化，代理人则追求更多的报酬和增加闲暇时间，所以可能导致两者之间发生利益冲突。因此，在企业面临利益冲突与信息不对称的情况下，委托人如何设计最优契约对代理人进行监督和激励成为该理论的主要研究任务。委托方需要制定激励制度来激励代理人做出最有利于委托人的决策行为，同时委托人要加强对代理人代理行为的有效监督。要想解决“代理人问题”，就会产生监督成本、激励成本和剩余损失，所以委托人要寻找使这三者之和最小的措施来解决信息不对称、利益趋向不一致等代理问题。

企业集团规模扩大，分（子）公司数量不断增加，就可以建立财务共享服务中心，促进企业资源整合。股东可以通过财务共享服务中心了解集团信息，这样可以提高集团财务信息的透明度，降低集团公司获取信息的成本，减少集团与分（子）公司信息不对称的情况，有利于集团对分（子）公司的有效管理，确保企业集团可持续发展。

（四）流程再造理论

迈克尔·汉默提出业务流程重组的思想，在满足客户需求的基础上，对企业目前的业务流程进行重组再造，改变企业的传统组织结构和流程。卢克认为，流程的再造和共享是财务共享服务的核心，要根据流程再造理论的内涵开展财务共享服务工作。流程再造首先是从整体出发，对流程中重复性的流程进行再造；其次是对组织架构和业务方式的再造，从而能配合流程的再造，改变企业整体的经营管理方式并相互连接，使流程更加顺畅，并提升企业的整体绩效；最后是注重信息的共享、可靠和及时，为业务处理和决策提供可靠依据。

（五）资源整合理论

企业的资源有不同的来源、内容、层次和结构，而资源整合就是将这些资源通过选择、汲取、激活和融合创造成新的资源，使其更具有柔性、条理性、系统性和价值性的一个动态过程。企业建立财务共享服务中心就是这样一个将资源拆分又整合的过程，其结果是使企业的成本降低、处理效率提升。

（六）扁平化理论

扁平化是通过将原有的多个层级的管理组织进行精简，降低管理跨度，使高层决策能快速地传递到企业的各个管理组织，使基层的各个组织都能了解企业的高层决策并参与其中，促使决策更加透明和准确。财务共享服务正是改变以财务部为中心的传统组织结构，在流程再造和资源整合之后，将基础的、重复性高的财务核算工作放在财务共享服务中心处理，其处理结果可以快速传递和共享，这样从基层到高层都能迅速地获取所需要的财务信息。

（七）系统科学理论

系统是由不同要素构成的一个有机整体，这些要素相互联系和作用。企业财务共享平台就是一个系统，能够系统性地生成、系统性地解决问题，系统性地达到企业降低成本、提高决策能力等方面的目标，是系统科学在企业财务领域、管理领域、价值管理领域、信息管理领域的新的管理方式及应用。在系统科学视野下，探讨企业财务共享服务系统的内外环境、各要素之间的协调合作，探索财务共享服务系统运行的流程、规律及结果，对丰富和发展企业财务共享平台建设具有重要的理论价值与应用价值。

第五节　财务共享服务的发展历程

财务共享服务从 20 世纪 80 年代发展至今已有 40 余年，全球财务共享服务中心的发展历程大致可以分为三个阶段，即 20 世纪 80 年代的初步应用阶段、20 世纪 90 年代的逐渐成熟阶段及 21 世纪初期的成熟和持续发展阶段。

在初步应用阶段，国外几家大型公司开始试水财务共享服务，此时财务共享服务理论刚被提出不久，这一创新的财务运作模式还没有足够的实践经验，实施财务共享服务的主要动力是为了降低随着集团扩张而日益上升的财务管理成本。

在逐渐成熟阶段，财务共享服务得到了进一步的发展，越来越多的跨国、跨地区经营的集团公司建立了财务共享服务中心，信息技术也发生了重大革新。集团对于财务共享服务中心的服务要求不再局限于降低成本、提升效率的初级阶段，开始以提高服务质量作为新的要求。

到了成熟和持续发展阶段，财务共享服务的功能已经从提高服务质量拓展到战略支撑；财务共享服务模式已经开始趋向成熟，并被大型集团公司广泛地采用，成为规模扩张后财务管理的必然趋势。国外财务共享服务中心的发展历程，如图 1-7 所示。

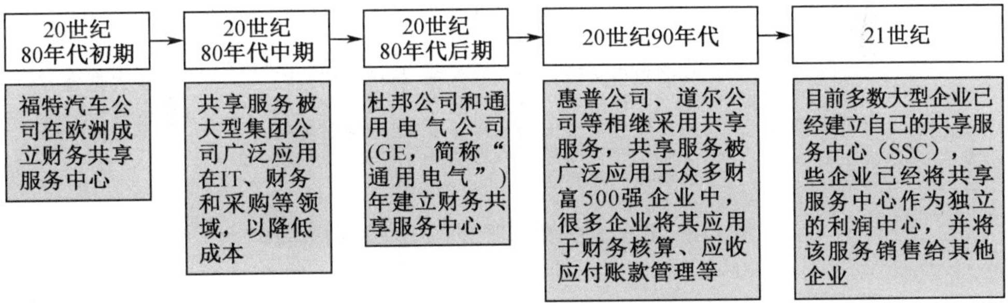

图 1-7　国外财务共享服务中心的发展历程

相对于国外财务共享服务中心的发展，我国的财务共享服务中心发展时间相对较短。从 1999 年外资公司开始在我国建立财务共享服务中心，到 2005 年中兴通讯成立中国全自动的财务共享服务中心，财务共享服务开始在我国发展起来。近年来，财务共享服务中心在我国更是呈现出高速增长的势头。

越来越多的集团公司通过建设财务共享服务中心产生规模效应，降低财务和行政管理成本。集中、标准化的财务流程，将分散于各级机构的财务数据集中起来。通过互联网技术将集团管理权利延伸到基层财务机构，实践效果得到认可，增强了内外部客户对财务共享服务中心财务产品的满意度。

通过梳理国内财务共享服务中心的发展历程，我们发现，在经历了经济高速增长后涌现出的一批大型集团，受到早期运行财务共享服务中心的跨国集团公司的启发，也开始建立适应我国经济环境的财务共享服务中心，但是受制于成立时间不长，这些大型集团对系统构建、人才培养、风险管控等问题的处理还不够成熟，有些集团公司的财务共享服务中心还停留在简单处理基础会计工作层面。因此，财务共享服务中心在我国还处于初级阶段向成熟阶段过渡的时期，还需要一段时间进行更多的尝试与纠正，以提高财务共享服务中心的服务意识与质量。我国财务共享服务中心的发展历程如图 1-8 所示。

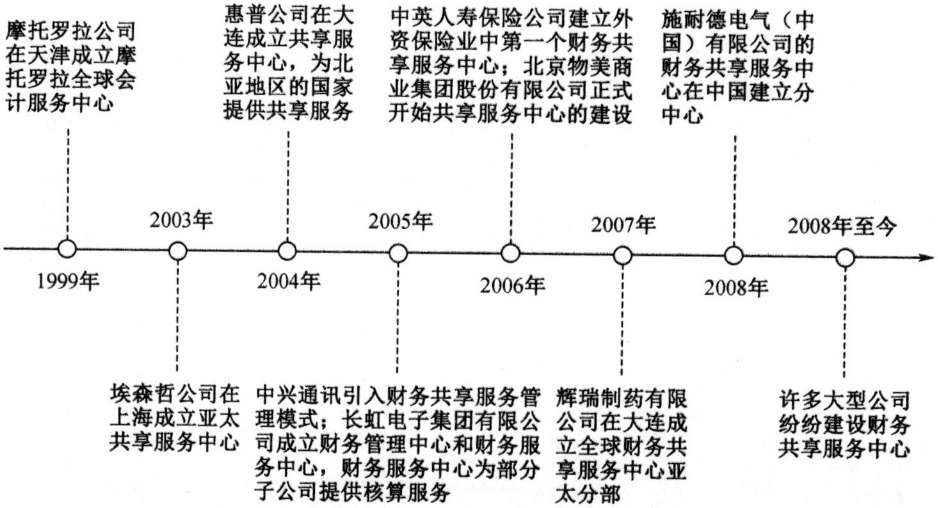

图 1-8 我国财务共享服务中心的发展历程图

第六节 “大智移云”技术对传统财务共享服务的冲击

一、“大智移云”技术概述

“大智移云”一词是在 2013 年 8 月中国互联网大会上提出的新名词。“大智移云”是将大数据(big data)、人工智能(artificial intelligence, AI)、移动互联网(mobile internet)和云计算(cloud computing)综合在一起,彼此相互关联。云计算使处理工具发生天翻地覆的变化,移动互联网使沟通媒介发生质的改变,大数据提供的数据基础成为新发明和新服务的源泉,人工智能使财务工作更加智能化。

大数据又被称为巨量资料。维克托·迈尔-舍恩伯格及肯尼思·库克耶编写的《大数据时代》中说,大数据是一种海量、高增差率和多样化的信息资产。大数据具有“5V”特征,即volume(大量)、velocity(高速)、variety(多样)、value(价值密度)、veracity(真实性)。在大数据时代,每天都会产生海量数据,若仅仅把大数据存储起来,并不会产生太大价值;若在合理时间内对这些海量数据进行攫取、管理和处理,会为企业带来巨大的经济增加值。

人工智能主要是使计算机模拟人的某些思维过程和智能行为(如学习、推理、思考、规划等),主要包括计算机实现智能的原理、制造类似于人脑智能的计算机,使计算机能实现更高层次的应用。

移动互联网是移动通信和互联网相互结合的产物,不仅具备移动通信随时、随地、随身的优势,还具备互联网分享、开放、互动的优势。就技术层面而言,移动互联网是以宽带互联网协议(IP)为技术核心,能够同时提供语音、数据和多媒体业务的开放式基础电信网络;就终端而言,用户使用手机、笔记本等移动终端,通过移动网络随时随地获取移动通信网络服务和互联网服务。移动互联网具有终端移动性的特点,让用户可在移动中接入和使用互联网。移动互联网的高便携性创造了个人计算机(PC)端上网不可比拟的优越性。移动互联网具有隐私性,让用户可使用私有移动设备进行业务处理,能够保证业务内容的隐秘性。当然,移动互联网也存在一定的局限性,可能受到无线网络传输环境和能力的影响,也可能受到终端存储能力大小、电池容量等硬性条件的影响。

云计算的定义有很多。美国国际商用机器公司(IBM)认为“云计算是一种新兴的IT服务交付方式,应用数据和计算资源能够通过网络作为标准服务在灵活的价格下快速地提供给最终用户”。美国国家标准技术研究院(NIST)则将云计算定义为“是一种按使用量付费的模式,这种模式提供可用的、便捷的、按需的网络访问,进入可配置的计算资源共享池(资源包括网络、服务器、存储、应用软件、服务),这些资源能够被快速提供,只需进行很少的管理工作,或与服务供应商进行很少的交互”。简而言之,云计算就是建立一个资源池,将零散的计算资源集中到资源池中进行系统化、自动化处理,让客户可以根据自身需要,随时随地在资源池中获取自己所需的信息和服务。

根据部署方式不同，云计算一般分为以下三种模式。

一是公有云。公有云是云计算服务商或第三方拥有并管理，通过公共网络向非单一的客户提供服务，让客户可以通过互联网来获取资源。公有云成本低，让客户可以根据自己取得服务的多少来支付费用，不存在日常的管理和维护费用；与此同时，公有云也存在客户对云端的资源缺乏控制、数据的安全性不高等问题。

二是私有云。私有云是使用者为单独使用而构建的云计算模式，不对外提供云计算服务。私有云使企业能对数据保密、数据安全、服务质量进行有效把控，但是在企业内部建立私有云对资金和技术的要求非常高。

三是混合云。混合云是公有云和私有云的结合，云计算服务的提供商既能满足自身需求，又对外部客户提供专业服务，它将公有云和私有云的优点集于一身，但同时对云计算服务商提出更高的要求。

大数据、人工智能、移动互联网和云计算四种信息技术相互影响、相互关联的新时代即“大智移云”时代。

二、“大智移云”技术对传统财务共享服务的冲击

（一）大数据对传统财务共享服务的冲击

1. 财务信息呈现出大数据特点

大数据时代下，财务信息随着企业经营范围和规模的扩大，正逐渐呈现出大数据的特点：规模性、快速性和多样性。

第一，财务信息迅速膨胀。大数据时代下，全球数据总量庞大且增长速度快。随着企业经营范围的逐渐扩大，与之相关的财务信息也大量增加，部分企业的财务处理效率远赶不上业务活动的开展速度，长此以往，造成了财务工作的大量积压，从而无法为企业的经营决策及时提供财务数据支持。

第二，财务信息形式多样性。大数据时代下，数据形式种类丰富。传统的数据形式主要以文本、数字为主，而新型的数据形式则包括网页、社交媒体、感知数据等。财务信息往往会随着企业的经营发展而逐渐增加，而且有部分企业目前的财务信息系统将财务信息转化为数字化语言的程度有限，仍然需要财务人员从大量的纸质资料中提取财务信息。而大数据时代的到来能帮助企业将合同、发票等纸质资料进行数据化处理，从而加快财务信息在企业内部的传递速度。

2. 信息种类和格式多样化

企业信息包括财务信息和非财务信息两大类。财务信息主要以货币为计量

单位，对经济交易或事项进行确认、计量、记录和报告，并提供有关会计主体的财务状况、经营成果及现金流量等信息。非财务信息则是指与企业的生产经营活动相关的以非财务数据形式呈现的各种信息，如战略目标、顾客满意度等。企业应当综合考虑财务信息和非财务信息，并在此基础上做出生产经营决策或投融资决策，从而降低企业的运营风险。非财务信息由于可比性较差、记录成本高等，其作用没有得到充分的发挥，目前企业的资源配置和合同治理仍主要以财务信息为基础。大数据时代下，大数据计量成本的大幅度下降使得大量非财务信息更多地被记录和存储，这样有利于提升企业的管理能力，为企业创造更多的价值。

随着信息使用者需求的增多，传统的结构化数据已经不能满足要求，而代表大数据时代到来的另一象征是非结构化数据的普遍运用。大数据时代下，数据信息来源广泛，包括社交网络、顾客来访记录、电子商务网站等。大数据带来的除结构化数据以外，更多的是非结构化数据，如微博、邮件、音频、视频、文本等。大数据时代下，数据间最重要的关系是相关关系而非因果关系，企业可以利用大数据技术对结构化数据和非结构化数据进行定量分析，发现数据间的相关性，由此确定业务的发展方向。

3. 财务职能由价值保值转变为价值创造

传统财务共享服务的财务职能主要是价值保值，包括会计核算、应收应付管理、税务管理、资金结算、报表编制等基础会计工作。大数据时代到来后，财务共享服务中心由原来的费用中心、报账中心、结算中心逐渐发展成为数据中心，为企业各项决策提供数据支持。“1 秒定律”对大数据的处理速度提出了要求。该定律认为，若不能在秒级时间范围内得出数据分析的结果，就会因时间太长而丧失价值。在市场机遇转瞬即逝的经济环境下，短时间内获取完整、准确的财务信息的能力是企业做出正确经营决策的前提。大数据时代下，企业能否科学、高效地利用财务数据，通过数据透视把控财务状况和经营风险，对企业未来的经营发展至关重要。大数据技术可以帮助财务共享服务中心对大量碎片化的数据进行收集、整理、分析、报告等，以满足企业财务决策、经营决策、战略决策等需要，并对传统的盈利分析、绩效分析、预算分析等财务分析工作进行变革，使财务共享服务中心在行使传统财务会计职能的基础上能够充分发挥管理会计职能，帮助企业实现价值创造。

（二）人工智能对传统财务共享服务的冲击

1. 收集、处理与分析数据的自动化

人工智能是一种通过计算机来模拟人类的思维过程和智能行为的技术科学，

其具备感知能力、学习能力和行为能力，可以广泛地运用在诸多领域。在财务管理领域，人工智能可以自主选择会计核算要素、自动整理分析数据、自动识别成本费用的合理性等，即自动化处理目前财务共享服务中心的主要工作。

人工智能是一种虚拟的计算机系统，不受地域限制，各分支机构可以通过采用人工智能的方式来简化其财务人员的工作。人工智能能够自动识别并收集非结构化、半结构化和结构化数据，实时处理和共享财务数据，使企业基于对信息和数据的分析做出正确的经营决策与预测，从而把握住商机。相较于传统的经营预测方法而言，基于人工智能的财务管理可以全方位地收集相关信息，并多层次、多角度地分析和预测与企业经营相关的数据指标，使财务工作由传统的数据记录转向数据处理分析。随着人工智能技术的发展和应用，财务共享服务将不只局限于简单的数据保真和集中核算工作，还将全面支持企业的战略规划、资源配置、资本运营、税务筹划、风险管控等，最终实现价值创造。

2. 业财融合成为必然趋势

由于传统的财务管理技术和业务模式的局限，企业的财务与业务交易分离。财务共享服务中心虽然能对财务工作进行集中化处理，提高了企业的财务处理效率，但本质上并未消除不增值的作业环节，因而不能实现企业价值的最大化。企业财务管理只有实现与业务交易的良好衔接，才能及时、准确地将生产经营中的市场变化、成本费用等信息传递给财务部门，从而充分发挥财务管理的价值分析和控制职能。因此，建立业财融合的财务共享平台将成为企业的选择。

企业应充分利用人工智能、互联网、云计算等技术来构建智能财务共享平台。企业可以在智能财务共享平台的基础上搭建云端企业商城，借助电商平台与上游供应商及下游客户进行协商和沟通，利用电子发票加强经营数据和税务数据之间的联系，实现流程的自动化、交易的透明化和数据的真实化，帮助企业回归以交易管理为核心的运营本质。

（三）移动互联网对传统财务共享服务的冲击

1. 打破共享服务的时间、地域限制

随着移动互联网技术的发展和应用，越来越多的企业利用移动互联网来建设和完善自身的财务共享服务中心，使得某些共享服务可以突破时间和地域的限制，从而提高财务共享服务中心的运营效率和服务水平。

一些企业早在2G时代就曾尝试通过手机短信、彩信等方式实现移动审批，然而受限于当时的网络条件，能够交互的信息量较少，只能进行一些简单的移动审批。随着网络条件的改善和手机软件（App）的广泛应用，能通过财务共享服务中心实现移动审批的业务种类日益丰富。企业可以根据自身的业务情况设计研发一款专用 App。只要员工在 App 上提交业务申请，App 就会自动提醒领导及时审批业务申请，这样就可以帮助企业实现随时、随地审批，同时，员工也不用为了领导的审批签字而奔波，可以有更多的时间和精力投入企业其他更有价值的活动当中。此外，移动互联网同时结合了移动通信技术和互联网平台的优势，促进了信息的传递和共享，能够帮助企业以较低的成本实现生产、运营、管理的移动化。

2. 运营管理移动化

财务共享服务可以利用移动互联网技术将其运营管理体系设置在移动端。在目标管理方面，让员工可以在移动端随时随地地查阅财务共享服务中心的目标，并开设论坛供管理层和员工讨论交流，帮助员工明确财务共享服务中心需要改善的领域。在绩效管理方面，注重企业目标和员工目标的协同，使企业和员工同步成长。财务共享服务中心负责处理员工的考勤、请假、出差、报工等，并将这些作为绩效考核的部分依据，使员工能通过手机、平板等移动端查看自身的绩效考核结果。在人员管理方面，企业可以通过移动端对员工进行在线培训和在线测评，并且定期了解财务共享服务中心员工的学习情况和知识水平。在服务管理方面，财务共享外包服务逐渐打开市场，如中兴通讯就以其丰富的经验为中国电信（香港）国际有限公司建设财务共享服务中心提供方案咨询，长虹电子集团有限公司建设财务共享服务中心之后也为泸州老窖股份有限公司建设财务共享服务中心提供了外部咨询服务。财务共享的外包服务帮助众多的中小企业建设财务共享服务中心，促进了我国财务共享服务的发展。

3. 费用管理移动化

移动互联网的发展为企业财务共享服务中心建立费控系统和商旅系统提供了技术支持，使得报销管理和商旅管理变得移动化、智能化，有效地解决了员工商旅报账难且慢的问题。费用管理移动化将是财务共享服务的未来发展趋势。

目前，市场上存在多种费用报销系统，企业可以选择外购，也可以选择自行构建商旅费用报销系统。企业员工可以将商旅费用报销系统 App 下载在手机等移动端上，用工号登录 App，完善个人信息，根据业务情况设置常用的费用类型、语言、币种等。员工可以在 App 上提前申请机票、酒店等差旅费，并及时上传账单、原始票据等凭证；部门领导可随时随地在 App 上进行商旅管理和审批；财务人员也可根据上传的费用报销凭证等及时入账，实现商旅费用报销即报即得。此外，商旅费用报销系统 App 也能方便企业管理层监控业务费用从发生到最终报销的全过程,提高交易流程和费用报销的可视化、透明化。

(四)云计算对传统财务共享服务的冲击

1. 系统建设"云化"

财务共享服务中心利用移动互联网技术和云计算技术能够为客户提供"5A"服务,即任意客户(anyone)、任意时间(anytime)、任意地点(anywhere)、任意财务信息(anything)及任意设备(anydevice)。客户即使在不知道财务共享服务中心地点和不清楚财务云业务处理流程的情况下,也可根据需要在移动端发起申请,而财务共享服务中心根据申请内容为客户提供所需信息。故而,"大智移云"背景下,企业的财务共享服务将变得更加"云化"。

财务云是财务共享服务利用大数据技术、人工智能技术、移动互联网技术和云计算技术发展出来的产物。财务云将企业的财务共享平台与企业信息系统进行整合,使之成为企业信息系统的组成部分之一,并将各分(子)公司的 ERP 系统和财务共享服务中心迁移至云端,通过云平台共享企业之间的信息。传统财务共享服务中心与财务云在系统建设上的区别如图 1-9 所示。

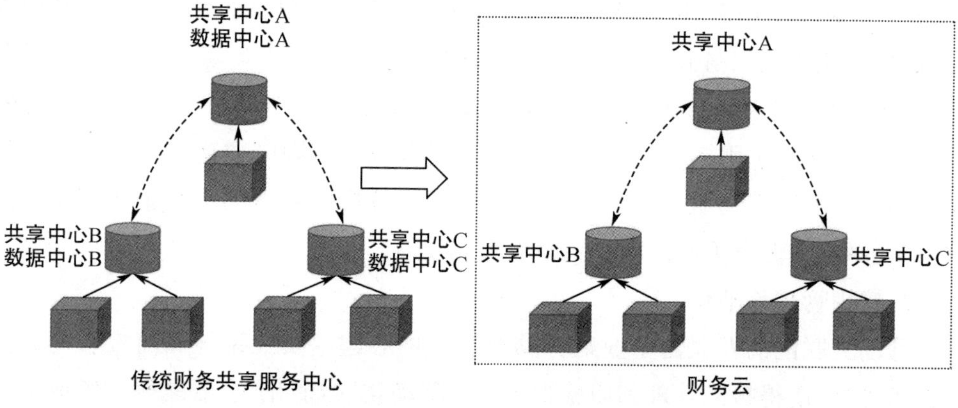

图 1-9 传统财务共享服务中心与财务云在系统建设上的区别

2. 组织架构"云化"

财务共享服务中心的组织架构随着云计算技术的发展逐渐演化为云端和客户端两个部分,且分别包含了不同的层次。

云端的云计算服务器包含了网络服务层、数据管理层、应用支撑层和应用层四个层次。其中,网络服务层向客户提供邮件、网址、认证等服务;数据管理层将数据分为元数据、基础数据、业务数据和决策数据四类,并根据数据类别进行存储;应用支撑层为企业财务共享服务中心的统计分析、网站管理、权限管理等提供支持;应用层主要负责报账管理、集中核算管理、集中支付管理和影响管理。

客户端主要提供给客户使用。客户无须掌握财务共享服务中心的地理位置和运作流程,只需要通过笔记本电脑、手机或平板电脑等移动设备便可向财务共享服务中心发送自己的需求,而财务共享服务中心则通过云端服务满足客户的需求。

3. 运作流程"云化"

财务共享服务中心的员工按照"云"的思维,通过信息系统将业务数据传至云端,云端充分发挥其云存储功能,并从待审核的原始凭据中提取会计要素,自动进行审核和生成凭证、进行账务处理并最终输出财务报表。以云计算技术为支撑的财务共享服务有三个主要的运作流程,即云采集、云处理和云产品。

第一,云采集。财务云通过及时采集经济业务发生时的各类数据信息的方式来反映经济业务的实质。财务云通过先进的信息技术将数据信息传至云端;财务共享服务中心的员工将云端上的数据信息以经济业务类型为标准进行分类、提取和审核,并进行流程化、标准化的账务处理;经过处理的数据信息传至云端存储,方便后续的数据分析和数据挖掘等。

第二,云处理。云处理涉及将企业的业务数据进行筛选、分类、存储及传递的工作。在实务中为了减少人工干预的影响,以确保能准确、完整、及时地处理业务数据,需要科学地设置云处理的工作流程、工作机构、工作环境等。企业可利用云计算技术来进行数据挖掘,利用云存储的空间进行数据存储和备份,并充分利用防火墙、加密技术等手段保护企业的财务业务信息系统,防止企业业务信息、财务信息的不当泄露,保证企业数据信息的安全。

第三,云产品。财务共享服务中心完成云处理后会将输出的云产品传送给客户。云产品既包括单据、会计凭证、简单的会计报表等用于日常核算的简单会计产品,又包括个别财务报表、合并财务报表等用于满足企业经营管理需要和外部监管需要的复杂会计产品,还包括能为客户提供计算财务指标、经营指标并进行数据挖掘、数据分析、动因分析等功能的综合类产品。

第七节 智能财务共享服务中心概述

大数据、人工智能、移动互联网、云计算和物联网等技术的快速发展,促使企业越来越重视数据的采集、应用与分析,并将数据作为企业的核心资产。财务共享服务中心也在积极尝试使用新技术、新方法,更加智能地收集、加工和分析数据,实现财务的数字化转型,推动“财务共享”向“智慧共享”发展。本节主要论述智能财务共享服务中心的核心价值。

一、无人化、定制化趋势明显,颠覆传统集中式财务共享服务模式

随着智能财务机器人(RPA)等大量的数字技术、人工智能技术的应用,财务处理工作越来越虚拟化。原来重复性的标准化工作被财务机器人取代,财务共享服务中心的“无人化”趋势更加明显。随着外部客户、供应商、政府等协同能力的加强,整个财务生态逐步向外拓展,将财务共享作为内部平台建设的传统方式的弊端逐步显现。财务共享服务的 SaaS 定制化应用模式已成为必然趋势,异地协同变得越来越容易,财务共享的组织和地点选择也越来越灵活。实体组织与地理位置将不再是决定财务共享服务中心建设的关键因素,原来以集约型组织、集中化处理为特征的财务共享服务模式,将被彻底颠覆。

例如,大唐资本控股有限公司是大唐集团有限公司的二级子公司,其与其他企业相比具有很多特殊性:点多面广、产品及营业方式灵活多样、业财系统繁多复杂、财务人员少且年轻化等。对于该公司的国债逆回购业务,企业会计人员在操作中需要多次从银行流水、业务系统、财务共享服务中心系统中核对所需数据,而且各步骤均由人工操作,因此,各个步骤操作后仍需要再复核,重复劳动多、耗时长、效率低、错误率高。该公司引入定制的国债逆回购流程套装 RPA(银行流水核对 RPA、填写原始凭证 RPA、逆回购台账生成 RPA)后,无论是进行银行流水核对、业务台账编制,还是进行数据指标计算,只需将基础数据导入 RPA,3~5 分钟就可以生成需要的数据表格,随时发生且可随时生成台账。

二、促进业财深度融合,帮助财务创造价值

财务只有与业务真正一体化,才能发挥出价值创造的效力。但在实际工作中,企业财务体系往往与业务相脱节,业财融合极少能够成功落地。业财融合需要将企业运营中的三大主要流程,即业务流程、会计核算流程和管理流程进行有机融合,建立基于业务驱动的财务一体化信息处理流程,使财务数据和业务数据融为一体,最大限度地实现数据共享,实时掌控经营状况。然而在传统的企业管理体系下,业务流程、会计核算流程和管理流程各自为战,缺乏一种技术手段将其完全连接起来。智能财务共享平台的出现将会改变这一现状。

架构于互联网和云计算的智能财务共享平台可以通过连接与数字化改造,实

现企业财务与业务的实时连带发生，改变了传统交易方式，改善了报销报账流程，真正实现了业务财务的深度一体化。具体而言，基于智能财务共享平台，企业可以搭建云端企业商城，利用电商化平台实现与供应商、客户、现场管控之间的无缝连接，并借助电子发票加强税务数据与交易的关联，回归以交易管理为核心的企业运营本质，重构传统财务处理流程，实现对员工日常消费以及大宗原材料采购的在线下单、支付。企业统一对账结算，实现交易透明化、流程自动化、数据真实化。

例如，北京元年科技股份有限公司在其智能财务共享平台中搭建企业消费商城，商城内不仅有京东、苏宁等标准电商平台，还支持接入企业通过招标确定的材料、服务等私有供应商，方便员工进行比价。交易发生后，供应商与企业统一结算账款，无须员工垫付。结算时，商城系统内已记账的订单自动生成清单，自动进行订单状态的核对。供应商在系统内核对清单、开具发票，而平台通过与税务平台的数据对接，自动获取发票的全部信息。在这样一个全新的业财一体化的体系中，合同、订单、发票的数据以数字化形式记录在系统中，全流程的数字化使得账务处理流程均可以由系统自动完成，业务人员只需把精力完全放在交易的申请、收货上面，消除了烦琐、不增值的报销、报账流程；财务人员则实现了账务和税务自动化，可以从烦琐的劳动中解脱出来，集中在业务分析、风险监控识别等有价值的工作上。

企业通过智能财务共享平台，通过连接和数字化改造，重构了传统财务处理流程，建立了高效、透明的供应商和客户信用管理体系，实现了现金流的归集和统筹使用，极大地提升了财务的顶层设计，为企业创造了价值。

三、联通"信息孤岛"，实现智能共享

基于大数据、人工智能技术，企业能够从交易源头实时获取内部各单位和外部供应商、客户等真实、准确、口径一致的财务与业务数据。这些数据通过数据捕获、智能解析、挖掘治理、可视化展现等技术，可以成为质优价廉、脉络清晰的数据，而利用这些数据，企业可以进行实时的场景化应用，反哺前端业务。随着运营数据的不断积累，财务共享服务中心的海量数据演变为企业的重要资产，满足各级管理者对于财务分析、财务预测、决策分析的需要。

例如，招商局集团有限公司是中央直接管理的国有重要骨干企业，随着集团业态多元化拓展，各板块业务不断做强、做大，但原有的财务管理体系已不能适应集团的战略要求和高速突变的市场格局。财务共享服务中心深化是突破集团转

型瓶颈的重要途径。招商局港口控股有限公司携手金蝶国际软件集团,通过财务共享服务中心深化,逐步统一会计科目和核算项目近2 380项,统一财务政策、制度53项,统一前端多个业务系统,实现财务管理的前移;通过EAS共享平台规范了港口的合同管理、计费规则、应收账款管理、商务管理、操作成本管理、码头操作计费系统,使智能财务共享服务中心成为企业业财一体化管理的重要抓手。

第二章 财务共享服务的发展阶段

第一节 财务共享服务发展概述

纵观近几十年来财务共享服务的发展脉络，不难发现，财务共享服务在不同经济背景、不同企业发展模式、不同信息技术下呈现出不同的特点。最初的财务共享服务中心以“降本增效”为己任，随着经济环境的变化和信息技术的发展，财务共享服务中心的模式和价值也在不断进化。根据其建设模式和价值目标，企业财务共享服务中心的发展大致可以分为三个阶段。

①1.0 阶段。1.0 阶段的财务共享服务依托信息技术，实现了财务业务的集中处理和流程优化，其核心是“共享”。

②2.0 阶段。2.0 阶段的财务共享服务通过自动化和协同化内联企业业务系统，外联商旅平台和税务平台，实现了业财税一体化的财务共享服务，其核心是“互联”。

③3.0 阶段。3.0 阶段的财务共享服务在各个应用场景深度融合大数据、人工智能、内存计算和智能引擎等新技术，实现了业财税深度一体化的智能共享平台，其核心是“智能”。

未来，随着技术的不断深化，财务共享服务将围绕数据共享、构建企业数据仓库、融合管理会计和数据分析技术等，为企业构建以中台架构为核心的数字企业管理及决策平台。

第二节 财务共享服务 1.0 阶段：共享

在 1.0 阶段，财务共享服务是对财务会计工作的集中处理，其核心是“共享”。1.0 阶段的财务共享服务，把标准化的流程、重复性的工作集中起来，交给财务共享服务中心来做，既满足集团管控、财务集中的要求，又能提高工作效率，减轻分(子)公司的专业压力。显然，财务共享服务让分(子)公司的灵活性和集团政策落实及资源协同效果得到更好的发展。

在1.0阶段，随着企业信息化程度不断提高及新技术在财务工作中的应用越来越广泛，财务共享服务中心作为一个信息化平台，通过引入电子影像系统、电子报账平台，对接前端业务系统等方式，逐步将核算、资金、应收应付、合同、报表等财务模块纳入共享范围。同时企业能够系统梳理应用场景，将财务流程标准化，进行流程再造。

但是在1.0阶段，财务共享服务中心基本上只完成财务部门传统工作的流程优化和组织结构调整，并没有减少财务人员特别是核算人员的工作量，只是将在传统财务模式下的业务，搬迁到财务共享服务中心，以不同的地点、不同的系统和不同的流程完成而已。

因此，1.0阶段的财务共享服务只是交易层面的共享，并没有延伸到其他环节。目前国内大多数公司的FSSC仍处于这一阶段。随着数字技术、互联网应用不断深入，有关企业采购、商旅消费的交易环节与财务环节相对独立的系统设计无法满足业财融合的需要，打通交易与财务环节的要求更加迫切。

1.0阶段是对财务会计工作的集中处理，其模式可概括为涵盖“核算共享、报销共享和资金共享”与“共享平台运营”的“3+1”共享模式，在这个阶段，财务共享服务中心只是交易层面的共享，并没有延伸到其他环节。总体而言，我国财务共享服务中心的发展仍处在1.0阶段。

第三节 财务共享服务2.0阶段：互联

如图2-1所示，在2.0阶段，财务共享服务将与采购交易系统和税务管理系统相集成，形成业财税一体化的财务共享服务，其核心是“互联”。

2.0阶段的财务共享服务，一方面，连接外部的商旅、供应商、标准电商等，以及内部的各种资源，搭建企业商城，优化重塑从申请到支付入账的整个采购流程，形成采购交易系统；另一方面，连接政府税务平台，搭建税务管理系统，通过光学字符识别（OCR）、财务机器人等数字技术与税控系统进行信息比对、集成，提高税务工作效率，更好地进行税务筹划。

2.0阶段的财务共享服务深度融合了业务与财务，随着管理模式和技术条件的不断成熟，越来越多的业务环节将纳入财务共享服务系统。一方面，公司统一结算，员工无须垫付资金，报销事项和单据量大幅减少，财务无须处理大量零散发票、记账和支付工作，工作量大幅降低；另一方面，业财融合使得财务数据背后有了更多维的业务信息,为管理决策提供更多的业财融合数据。

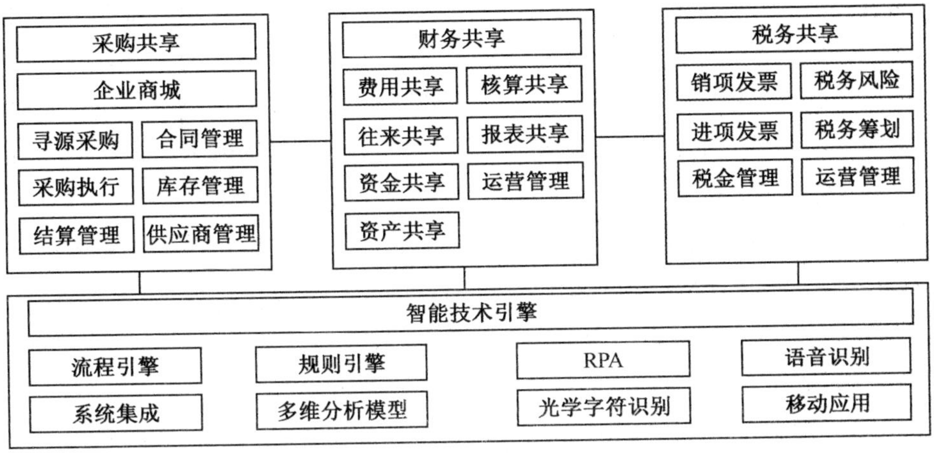

图 2-1　财务共享服务 2.0 阶段

2.0 阶段的财务共享服务中心实现了对集团内交易事项的集中式记录和处理,从源头上掌握了集团内部各单位的交易数据和信息。一些企业开始挖掘共享的附加价值,通过打通业务与财务核算的壁垒,以共享平台支撑共享服务向资产管理、工程分包、合同管理等相关业务领域进行深度延伸。

第四节　财务共享服务 3.0 阶段:智能

如图 2-2 所示,在 3.0 阶段,财务共享服务连接前后台部门的运营和数据中台,承载智能共享服务、智能管理会计和智能数据分析等功能,其核心是“智能”。

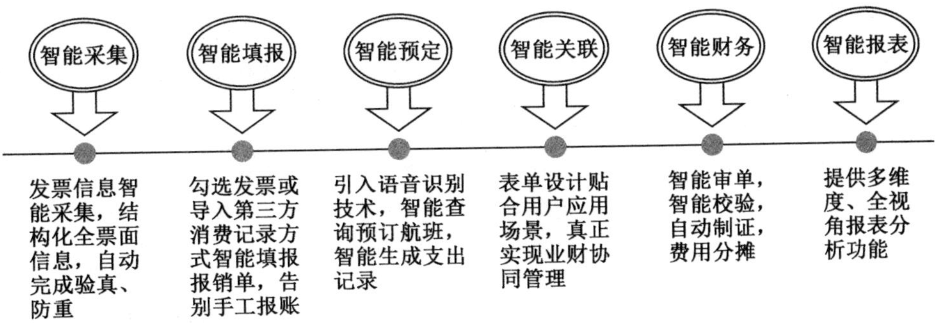

图 2-2　财务共享服务 3.0 阶段

随着信息技术的发展,财务共享服务作为管理会计应用的“基石”,正面临定位与价值的全面刷新。在“大智移云”技术的渗透下，领先企业都在积极探索和建设以数据共享为核心的智能财务共享服务体系，这成为企业未来决策最重要的数据支持平台。3.0阶段的财务共享服务，在新技术驱动下，搭载多项人工智能技术，全力打造用户智能体验，推动企业构建智能财务体系。

3.0阶段是财务共享服务发展的高级阶段。3.0阶段的财务共享服务中心覆盖企业绝大部分的业务系统，成为企业强大的业务中台和数据中台，为更多的分(子)公司提供可以随时调用的业务支持能力。大量的业务交易产生大量的实时数据，使财务共享服务中心成为集团级数据中心，集成核算数据、预算数据、资金数据、资产数据、成本数据、外部标杆数据等，为数据建模、分析提供准确、全面、系统的数据来源，成为企业的业务调整依据和决策指导办法。

3.0阶段的财务共享服务的核心在于构建以数据共享为核心的财务共享服务中心，使其成为集团级数据中心，集成核算数据、预算数据、资金数据、资产数据、成本数据、外部标杆数据等与高层管理和决策相关的信息，成为公司未来决策的最重要的数据支持平台。

第五节　财务共享服务新时代

肇始于20世纪80年代跨国公司的财务共享服务模式，21世纪，逐步被中国企业认知、探索和实践。受益于财务共享的建设，中国不少企业提高了工作效率，降低了运营成本，建立健全了财务管理标准，规范了财务管理模式，并逐步形成符合中国商业环境要求和本土企业管理特色的财务共享管理模式。

回顾全球财务共享服务历程，不同阶段的财务共享服务呈现出不一样的特点和运作模式。财务共享服务刚刚兴起之时，其模式是基于组织和流程，将流水线作业模式引入财务工作，实现对原本分散、重复、可标准化的记账、算账工作的集中处理，从而提升效率、控制成本。随着ERP系统的普及，财务共享服务向专业化、信息化发展，一些企业开始挖掘财务共享服务的附加价值，通过打通业务与财务核算的壁垒，以财务共享平台支撑共享服务向资产管理、工程分包、合同管理等相关业务领域深度延伸。近年来，互联网的普及推动财务共享服务进入发展的第三个阶段。随着企业逐步将业务和财务流程在线化，企业内部与外部供应商、客户、税务、银行之间实现了彼此间的互联互通。基于产业互联网的信息系统，企业的业务与财务逐步实现了端到端的打通，财务共享服务进入业、财、资、税共享新时代，财务共享平台逐步向一体化平台发展。随着新技术在财务领域的深入应用,企业财务处理和管理流程逐步实现自动化与智能化:自动化使大量工作人员可以从“事务性”工作转向“管理型”工作;智能化则为财务共享服务开展数据分析和数据应用赋能。目前,财务共享服务已逐渐迈入发展的第四个阶段,即从过去服务于企业内部基于财务制度、会计准则的流程,扩展到服务于更多的业务伙伴,进而实现价值创造。

如果说,前三个阶段的财务共享服务始终没有跳出以财务日常处理为中心的模式。那么,第四个阶段的财务共享服务则全方位打破了财务共享服务的固有边界,为财务共享服务注入了更丰富的内涵和更大的价值。

一、重塑三大边界

相比传统的财务共享服务,正在到来的财务共享服务新时代,将基于对三大边界的全面重塑,引领财务共享服务走向更广阔的未来。

(一)重塑管财边界:将管理会计思想融入财务共享服务

管理会计与财务共享服务的边界重塑是推动财务共享服务实现变革的根本动力。

近年来,财务共享服务深受“财务转型突破口”这一光环的困扰,很多企业怀揣对财务转型的美好梦想加入财务共享服务的建设大军,却发现财务共享服务只是将人员集中起来办公,预期的财务转型却迟迟没有进展。在经历初期的犹豫后,企业逐渐相信:如果财务共享服务在建设中不能有效考虑管理的需求,不能有效将管理会计与企业流程相结合,那么,充当“财务转型突破口”的愿望将永远只是“水中月”“镜中花”。

作为管理会计的基础,财务共享服务在企业财务管理体系中承担承上启下的职能:向上承接管理会计的管理意图和管理要求,落实到财务共享服务的流程、规则、主数据的管理中,同时向上反馈管理过程中的价值数据,以支撑管理者对经营过程的管理所需信息;向下为基础财务核算提供业财融合的核算数据来源,并自动生成核算账务信息。

将管理会计思想融入财务共享服务,核心是将其融入财务共享流程,将管理会计的能力嵌入财务共享服务系统。通过将财务共享流程与不断变化的数据结果相结合,企业能够在流程的不同节点实时获取商业环境变化对决策带来的影响,并做出及时的分析和评价。管理会计思想融入财务共享服务,使得财务共享服务在业务范围、职能范围都具有了更大、更多的可能性。

（二）重塑业财边界：实现端对端的业财深度融合

传统的财务共享服务中心被定位为“以报销、报账、核算为主的财务日常处理”，前端对接业务系统承接与核算相关的信息，后端对接核算系统生成会计凭证，通过标准化、规范化核算流程，发挥集约效应。但是随着财务共享服务中心的运行稳定，管理者也在思考新的价值增长点，其方向是财务共享服务需要发挥与业务的协同，支撑业务发展。

近年来，财务共享服务被认为是推动业财深度融合的重要抓手。这是因为财务共享服务系统能够连接前端业务系统和后端管理系统，沉淀大量业务财务信息，并推动业务流程、会计核算流程和管理流程的有机融合。目前企业在构建财务共享服务中心时，最重要的一部分工作内容也是对业务和信息处理流程进行梳理，将业务系统和财务系统实现高度集成，打通流程和数据断点，实现业务和财务端到端的自动化流转。

当企业经由财务共享服务中心实现了更深层次的业财融合之后，财务共享服务中心的职能也将得到延展。传统中部分与业务活动结合较为紧密、由业务财务承担的职能逐步纳入财务共享服务中心来统一提供标准化服务。例如，当前一些企业的财务共享服务中心在合同履约和应收款项跟踪、供应商协同、资产的全周期管理等环节，不仅承担基础核算的职能，也承担管控和监督的职能。

（三）重塑人机边界：新技术与财务共享服务的深度融合

在当下人工智能时代，越来越丰富的智能化技术已日益融入财务共享服务系统。从前期的移动报销、审批，OCR 的初步应用到以 RPA 替代简单、重复的财务工作为代表的拓展应用，再到 AI 建模、智能报销、智能审单等深度应用，新技术的融合应用让财务共享服务系统越来越强大、越来越智能。

基于自然语言识别、OCR、知识图谱、AI、RPA 等智能技术，数字员工、智能助手逐渐走入更多企业。数字员工替代了财务人员的大量基础工作，其价值体现在两个方面：第一可替代基础、重复的财务工作；第二打通封闭的异构系统，实现数据交互。数字员工能够承担大量简单、重复、标准化的工作，而面对更复杂的场景，企业还可定制一个智能助手。智能助手有四大应用方向：一是知识赋能助手。其更直观地向用户展现财务共享服务系统中沉淀的大量数据以及积累的大量知识，赋能不同的用户。二是风险预警助手。其通过开展风险识别、预警，追踪到风险的关键人，降低企业经营和管理风险。三是业务流程助手。其协助用户完成流程中的多项工作，减少流程耗用时间，提高工作质量和工作效率。四是数据分析助手。其实现报表查询、归因分析、数据洞察、数据简报等应用场景。

二、四大中心

在财务共享服务领域，管理会计思想的导入、业务与财务的深度融合及智能技术的深入应用这三大关键性的融合正在促进财务共享服务职能的大跃迁。传统以报销、报账、核算为核心的财务共享服务已远去，取而代之的是具备全新多元化价值创造能力的新一代财务共享服务，它不仅具备自动化核算能力，更重要的是还能开展高价值的财务分析、经营决策、预算管理、风险管控等服务。

（一）全面财务业务处理中心

传统财务共享服务的核心职能是核算共享，准确来说是将企业财务核算工作中重复的、标准化的那部分工作共享化。长时间以来，人们相信只有部分业务（比如应收账款管理、费用管理、总账及明细账管理、资金管理、资产管理、发票处理业务这类标准化、流程化的业务）才适合财务共享服务，而一些价值较高、面向业务的、难以标准化的工作（比如税务管理、财务分析、报表编制等）则无法进行财务共享服务。因此，传统财务共享服务更像是标准化财务业务处理者。

而新时代财务共享服务融合了管理会计思想和信息技术，不仅能够承担对标准化财务业务的处理，而且能够承载企业承上启下的集团和分（子）公司的管控与协同业务需求。这令其业务范围能够获得进一步拓展，以往那些复杂的、价值较高的业务也能够进行财务共享服务，财务共享服务也由此从标准化财务业务处理中心跃升为全面财务业务处理中心。

未来，基于业财资税一体化思想，依托强大的技术中台和智能技术，财务共享化的财务业务处理中心将实现对标准化业务的全面自动化处理。这意味着传统财务共享服务所承担的业务职能，将以“会计无人工厂”的全新面貌展现出来。与此同时，由这个“会计无人工厂”所生产和沉淀的大量数据又成为企业重要的数据资产，为财务共享服务拓展控制策略管理中心、经营核算报告中心、业财融合数据中心三大职能奠定基础。

（二）控制策略管理中心

通过将管理会计思想融入财务共享服务，企业可以将内部管控的制度、要求等嵌入业务流程，通过智能化、无感化处理，辅助业务人员开展流程节点的管控；

同时，借助财务共享服务系统中内置的数据处理、数据建模能力形成控制策略，实现多业务场景的数据分析，并将分析结果反哺于企业的流程规范、主数据的标准化管理中，高效实现对企业内部业务流程的有力控制，并实时根据过程管控节点发现管理存在的问题。从这个视角看，财务共享服务将成为企业的控制策略管理中心。

企业财务部门常规使用的管控手段包括预算控制、资金计划、风险监控、税务合规等。传统管控方式是在财务流程中分别设置多个管理控制点，业务事项分别流转到各职能部门或岗位进行专业审核。这种方式下，集团财务、业务财务和共享财务三者需要紧密配合，把各项管控职能落实到位。设立财务共享服务中心后，如果依旧由税务、资金、预算等部门进行审核，会增加大量的审批节点，影响业务处理的效率。因此，将所有财务审核事项集中在财务共享服务中心完成对企业而言意义重大。

近几年，决策智能化和自动化技术得到了长足发展，使财务共享服务系统具备了把各项审核标准和决策要素提炼成规则，并通过规则实现自动审核的能力。控制策略管理中心主要解决财务风险管控流程及职能没有打通的问题，帮助企业提炼业务管控规则，将财务风险管控思想和能力落实在事前、事中和事后，形成有效管理控制措施。财务共享服务新时代，规则管控成为一个重要功能，扮演系统大脑的角色。所有的管控策略和规则都在控制策略管理中心进行统一维护与管理，并借助于AI智能技术，辅助财务人员进行自动化监控和判断。

（三）经营核算报告中心

长期以来，企业一般都是采用这样的路径来完成管理会计报告的生成：首先从企业会计核算系统的会计账目中完成数据抓取，然后在管理会计相关系统中完成数据处理、分析，并生成最终管理会计报告。在这样的路径下，管理会计报告的生成完全依赖于财务会计的核算结果。而财务数据自身由于规则导向所限，运用于管理时存在滞后、片面、失真等问题。

当财务共享服务成为企业全面财务业务处理系统之后，企业完全不需要再像过去一样，从准则导向的会计账目中提取数据。财务共享服务系统作为连接企业前台和后台、内部和外部的中枢系统，拥有全面、完整、实时、可靠的业务和财务数据。通过在财务共享服务系统中搭建一个经营核算报告中心，企业可以财务共享服务系统中的大量业财数据为原料，基于多口径的管理规则进行多维度、多口径的数据提取，通过数据模型形成管理维度上的数据输出，实时生成不同口径的管理明细账，形成管理会计账簿，提供给管理会计报告中心生成契合不同用户需求的更明晰、更直观的个性化管理会计报告。数据经由经营核算报告中心，实现了同源分流、多维核算，可真正实现对经营数据的快速反馈和监控。比如，基于数据集成，企业所有经营管理人员可按天收到不同口径的分析报表，从组织、时间等不同维度中迅速发现业务过程中存在的偏差，进而及时对下一步的生产经营做出有效决策。

（四）业财融合数据中心

数字化时代，企业不仅要实现一切业务数字化，更要推进一切数字业务化。财务共享服务中心在承担企业全面的财务业务处理职能后，必然在系统中沉淀大量业务和财务数据。这些数据不仅可用于生成控制策略、经营核算报告，还可为企业的不同业务场景提供数据服务，为业务发展赋能。

未来，财务共享服务的数据管理系统将成为企业的业财融合数据中心。将数据存储能力、数据集成能力、数据治理能力、数据建模能力、数据分析能力嵌入财务共享服务系统，可在财务共享服务系统内打通内部业财数据和外部大数据，开展实时数据加工处理服务，为企业经营和管理决策提供数据支持。

数据在未来企业的发展中将扮演越来越重要的角色，如何构建企业级的数据中心、如何挖掘数据的价值会受到越来越多的企业的关注。企业常规都会配置大量专职或兼职的数据分析人员，为企业经营和管理决策提供数据支持。在这个过程中数据的收集、整理和校验等工作占用了分析人员大量的时间，不仅影响数据分析的效率和质量，同时造成资源无效消耗。而财务共享服务在打造数据中心能力方面拥有得天独厚的优势条件。首先，财务共享服务系统中自然沉淀了集团和下属企业的海量财务与业务类信息，包括核算、资金、税务、商旅、合约等，这部分数据是日常运营和管理的主要信息来源。其次，财务共享服务中心拥有大量财务专业背景的会计人员，对数据进行加工和分析处理在职业匹配度上无疑也是最佳的。

财务共享服务要成为业财融合数据中心、构建数据服务能力，一方面需要搭建数据中心平台，做好数据标准化工作，建立完善的数据治理和数据资产管理体系；另一方面也需要加强人才能力培养，培养一批既精通财务又熟悉业务的复合型人才，甚至还需要引入数据算法工程师，能够使用专业数据挖掘工具构建各类深度分析的应用模型。

第六节　财务共享服务的未来

建立财务共享服务中心是财务和企业转型升级的第一步。未来财务共享服务中心的发展方向与企业的现实情况、信息技术的发展程度、管理者的前瞻性密切相关。从应用的深度和覆盖的广度两个角度看，未来的财务共享服务将朝着“大共享”和“价值创造”发展，给企业带来更大的价值创造空间。

一、向无边界企业共享平台迈进

从信息技术发展的角度考量，随着信息技术日新月异的发展和“互联网+”时代商业模式创新的不断涌现，未来的财务共享服务中心也需要适应信息技术变化而不断变化。共享中心在互联网+时代将进一步向无边界企业共享平台迈进。主要表现如下。

（一）共享边界扩展

财务共享服务中心不仅要覆盖企业全体员工，还要涵盖企业产业链上下游的合作伙伴，比如供应商、经销商、代理商等。而信息技术的发展使边界的扩展成为可能。对内，财务共享服务中心要和企业的各种系统，包括 ERP 系统、预算系统、资金系统、OA 系统等进行集成；对外，财务共享服务中心可以和银行、商旅、税务等系统进行集成。一方面，打通消费和报销流程，将企业的日常采购和支出的大部分业务活动置于共享中心的支撑与管控之下，实现采购和支付过程的全程管理，极大地提高管理效率，降低资金占用；另一方面，推进实现共享与税务、发票管理等的鉴真、复核的全方位直联，极大地提升企业的运作效率，降低业务风险。

（二）多终端应用

移动终端的普及正在使移动报销、移动预算、移动审批等成为趋势。财务共享服务中心在手机端、平板电脑客户端随时随地应用必将成为共享中心的标配功能。以 TCL 科技集团股份有限公司为例，其基于共享平台的轻量级微信集成应用，使用户可以随时随地处理审批、报销等事项。

（三）云端应用

无论是财务共享服务向产业链上下游扩展，还是其多终端的移动应用，如果能够借助“云技术”,这些变化实现起来都会相对容易。这是因为财务共享服务中心建立后,将产生海量的数据。海量数据的存储和分析,都需要借助大数据技术。如果仅仅靠企业自身增加设备和人员,不但会大大增加企业的成本,而且会阻碍财务共享服务中心的升级换代。因此,为用户提供安全、稳定的云端共享应用,无疑是财务共享服务中心的系统供应商努力实现的目标。

未来,中国越来越多的企业将借助云计算、大数据、移动互联等信息技术建设财务共享服务中心,完成企业财务组织和流程的再造,不断深化财务变革,让财务真正发挥价值创造的作用,成为打造企业核心竞争力的利器。

二、向全球化运营平台迈进

或许未来,大型跨国企业集团遍布全球的分支机构,都需要将合同、票据、报销单据等统一传送至全球化运营平台,在数秒内即可完成操作。

当前,中国大多数企业的财务共享服务中心仍然是分地域运营。今后,随着经济全球一体化的进展,以及中国企业“走出去”步伐的加快,未来的财务共享服务中心将会跨越更大、更广的地域,在全球范围内提供便捷、统一的服务,形成全球化运营的财务共享服务中心。

全球化运营平台需要具备一定的基础。随着中国区财务共享服务中心管理经验的积累,系统、流程的规范与改进,业务容量的逐渐增大,会有更多的企业集团将所有分(子)公司全部纳入财务共享服务中心的业务范围,共享全面的财务服务,实现真正意义上的中国区财务共享服务中心甚至全球财务共享服务中心发展,这一趋势对财务共享服务中心的运作和管理能力也提出了更高的要求。

需要说明的是,建立区域共享中心还是全球化共享中心取决于企业的发展战略和自身需求。越是国际化经营的企业,越需要全球化运营的财务共享服务中心提供支持,以提高竞争力。

三、向利润中心迈进

目前中国财务共享服务中心运营的模式可以划分为企业内部运营、外部独立经营以及内外部结合运营三种形式。

未来,对于大型企业集团而言,从内部运营走向提供外包服务将成为趋势。外包服务不仅可以满足自身财务共享服务的需求,而且可以充分利用已经建设的财务共享服务中心进一步扩大业务范围、降低运营成本,逐渐从成本中心变为利润中心,成为企业创造新价值的独立经济体。

要想成为集团公司的一个利润中心，就要求它在内部运营时，积累丰富的运营经验，建立完全的内部成本核算体系，与分（子）公司签订服务水平协议，对所提供的服务计价管理。

当然，只有运营成本足够低时，财务共享服务中心才能够考虑从事外包业务，否则将没有竞争优势。同时，财务共享服务中心的管理人员不仅要有管理经验，更为重要的是还要有市场营销能力，以及成本控制能力。财务共享服务中心的经营，不再是通过服务补偿成本，而是通过服务赚取利润。

四、向全流程共享服务平台迈进

目前，共享服务能够覆盖 2/3 的职能部门。未来，在财务共享服务中心运作成熟的基础上，其功能将进一步扩展，它的作用预计将逐渐拓展至供应链（从供应商到客户端）的整个过程，从财务领域逐渐拓展至生产经营的整个过程，实现企业经营的全流程覆盖。同时，财务共享服务中心将企业的管理人员从繁杂的非核心业务工作中解放出来，使他们将精力放在为企业提供更高的决策支持、分析及业务管理等关键性工作上，为企业创造出更大的价值，进而实现自身的转型与企业的转型升级。

第三章　国内外财务共享服务的比较分析

第一节　驱动因素比较分析

一、降本增效和战略落地是国外实行财务共享服务的主要动因

降本增效是国外企业实行财务共享服务的主要核心驱动因素。同时，越来越多的国外企业借助财务共享服务来实现财务转型，以更好地支持企业战略落地。

随着企业自身规模的增长和跨国业务的扩张，大型跨国企业对有效控制运营成本以更好应对企业间竞争的诉求越来越强烈。将标准化运营职能集中于一个组织实现服务共享，并设置标准化与集中化的流程和操作以提高单位运营业务效率是实现运营成本降低的有效手段。财务基础工作因本身标准化程度高，成了较早开始试行共享服务的职能类型。在此背景下，国外大型企业尤其是跨国企业纷纷建设财务共享服务中心，或设立包含财务职能的通用型共享服务中心。

实行财务共享服务后，国外大型企业在降低成本、提高运营管理效率以及更好地服务企业战略方面效果显著。例如，IBM 实行财务共享服务为其财务转型提供了基础，更多财务人员从基础财务工作中解放出来从事业务财务和战略财务，公司财务工作效率明显提升，并对公司业务和战略提供了更多支持。

二、加强管控和政策鼓励是国内实行财务共享服务的主要动因

中国企业快速扩张，管理半径日益增大，加强管控的诉求驱动中国企业尤其是大型国有企业实行财务共享服务。近年来，随着中国经济不断快速发展，各行各业逐渐崛起一批规模庞大的巨无霸企业，它们的下属单位众多，项目繁杂，业务遍及全国甚至全球，如何有效加强对下属单位和业务的管控，是这些规模巨大的企业亟待解决的问题。相比受约束较少的国外企业，中国国有企业受到更严格的监管，并且需承担更多的社会责任。一方面，加强财务集中管控，避免出现国有资

产流失是国有企业的基本职责;另一方面,国有企业也需通过加强财务集中管控来落实国务院国有资产监督管理委员会(简称“国资委”)对国有企业提出的各方面的财务管控要求,因此,国有企业对于通过实行财务共享服务来达到集中财务管控的诉求强烈。

建设财务共享服务中心,实行财务集中核算与结算,可助力决策效率提升、风险管控,成了中国企业加强管控的重要途径。以中国交通建设股份有限公司(简称“中国交建”)为例,中国交建在全球 100 多个国家和地区设立了驻外机构,其海外财务管控难度较大,工作量明显增加。2015 年中国交建在建项目 4 000 个,机关财务人员和项目财务人员超过 7 000 人,在分(子)公司实行财务集中管理的情况下,仍无法有效应对工作量的增加,同时各分(子)公司会计核算口径、方式以及会计核算系统的差异也制约了财务信息的效果。因此,建设完善的财务共享服务中心,加强统一的财务管控,对中国交建这类大型企业来说势在必行。

在财务共享服务建设的驱动因素上,中外还存在一个较为明显的区别,即中国企业财务共享服务建设更多受到政府相关政策的影响,而国外则不然。2011 年,国资委发布《关于加强中央企业财务信息化工作的通知》,提出“对于财务信息化水平较高的企业,应当与国际先进企业对标,结合企业实施‘走出去’战略,持续优化财务信息系统功能,推进全球业务信息化、财务服务集中化”,又提出“具备条件的企业应当在集团层面探索开展会计集中核算和共享会计服务”。2013 年,财政部发布《企业会计信息化工作规范》,提出“分公司、子公司数量多、分布广的大型企业、企业集团应当探索利用信息技术促进会计工作的集中,逐步建立财务共享服务中心”。2014 年,财政部发布《关于全面推进管理会计体系建设的指导意见》,提出“鼓励大型企业和企业集团充分利用专业化分工和信息技术优势,建立财务共享服务中心”。系列政府政策性文件的发布使得近年来中国大型企业尤其是大型国有企业财务共享服务建设步伐明显加快。根据《中央企业财务共享服务建设情况报告(2019)》,截至 2019 年 9 月 20 日,有 48 家中央企业已经建设或正在建设财务共享服务中心,占比 49%。

从财务共享服务中心建设阶段看,我们将中央企业财务共享服务中心的建设情况分为已建设、初步试点、规划中、未建设四种类型。

①已建设:已完成集团或者多个下级单位财务共享服务中心的建设,并正式上线运营。96 家中央企业中,32 家企业已建设财务共享服务中心,比例达到 33%,这一比例与 2017 年特许公认会计师公会(ACCA)、深圳市中兴新云服务有限公司(简称“中兴新云”)、通用电气全球运营联合发布的《2017 中国共享服务领

域调研报告》比例相比略低。报告显示在被调研的398家企业中,54%的企业已经建设了财务共享服务中心。

②初步试点:集团层面或者下级单位仅完成个别单位的试点工作,还未进一步推广;或者仅上线了信息系统,人员和业务还未集中。96家中央企业中,有5家企业属于此类别,占比5%。

③规划中:集团或者下级单位已经启动财务共享服务中心项目,但还未正式上线。96家中央企业中,有11家企业属于此类别,比例达到12%。

④未建设:没有任何公开信息表明该企业建设(或规划建设)了财务共享服务中心。96家中央企业中,有48家企业未建设财务共享服务中心,占比50%。

第二节　选址与国际化布局比较分析

一、国内外财务共享服务中心选址影响因素不同

国外企业财务共享服务中心选址的主要影响因素为人力成本与所在区域的语言、文化、时区等;中国企业财务共享服务中心选址的主要影响因素是是否靠近总部所在地、是否便于总部管控。但随着国内人力成本的攀升,成本也逐渐成为中国企业选址的重要影响因素。

根据ACCA、中兴新云与上海财经大学联合发布的《2018年中国共享服务领域调研报告》,对于财务共享服务中心的选址影响因素,外资企业侧重于考虑可接受的人力成本(50.7%)和接近服务对象的时区、语言、文化(49.3%);而中国企业更多地考虑要靠近公司总部(70.8%)或公司办公场所所在地(56.7%),以便于总部管控,由于北京、上海、深圳是众多中国500强大型企业集团总部聚集地,也成了财务共享服务中心总部热门选址城市。

但近几年来,随着一线城市人力及租金成本的攀升,中国企业对于财务共享服务中心的选址也逐渐呈现出与外资企业相似的特征,即越来越看重人力等成本影响因素,越来越多的企业开始把财务共享服务中心转移至包括武汉、成都、西安、大连在内的中西部省会城市及沿海二线城市。另外,为兼顾总部管控与人力、租金等成本控制,近年来逐渐有一些企业只赋予总部财务共享服务中心管理职能,而负责具体运营的财务共享服务中心则设在人力与租金成本更低的城市,如表3-1所示。以中国石油为例,坐落在中国石油总部所在地北京的财务共享服务中心,其职责为管理,而承担具体核算与结算工作职能的财务共享服务中心则分

布在西安、成都、大庆等城市。

表 3-1　2017—2021 年财务共享服务中心主要选址城市在岗职工平均工资　单位:元

地区	2021 年	2020 年	2019 年	2018 年	2017 年
北京	194 651	178 178	173 205	149 843	134 994
上海	191 844	171 884	151 772	142 983	130 765
南京	141 988	138 005	129 605	111 071	101 502
深圳	153 471	137 310	127 757	111 709	100 173
广州	139 802	135 138	123 498	111 839	98 612
杭州	118 835	132 188	120 308	106 709	96 670
天津	123 528	118 918	111 602	103 931	96 965
青岛	116 477	116 115	103 125	90 840	83 539
济南	119 245	108 391	100 593	91 651	84 645
长沙	114 805	105 603	98 459	93 293	85 187
武汉	121 608	104 000	98 043	88 327	79 684
厦门	119 483	108 554	97 779	85 166	75 452
成都	113 853	104 463	97 519	88 011	79 292
西安	111 078	104 363	96 867	87 125	77 774
大连	107 390	98 812	95 442	87 592	81 884
重庆	101 670	93 816	89 714	81 764	73 272

二、国内外财务共享服务中心国际化程度不同

国外企业财务共享服务中心国际化程度高于中国企业,但是中国企业财务共享服务中心建设的国际化步伐也在加快。

以通用电气、壳牌石油公司等为代表的跨国企业,其财务共享服务中心建设起步早,因此较早实现了财务共享服务的国际化布局。以通用电气为例。通用电气在全球设有四大运营中心,负责履行包括财务、人力、法务等在内的多项共享服务职能。四大运营中心分别设立在美国辛辛那提、匈牙利布达佩斯、墨西哥蒙特雷以及我国上海浦东,每个运营中心为所在区域提供共享服务。例如,我国上海浦东的运营中心为通用电气亚太区提供共享服务。

中国除了通用电气、壳牌石油公司、中兴通讯、华为等少数财务共享服务中心建设起步较早的跨国企业进行了国际化布局,多数企业的财务共享服务中心主要

布局在国内。随着近年来越来越多的中国企业走出国门，中国企业的财务共享服务中心的国际化步伐也在加快。以中国交建为例，其业务遍及全球多个国家和地区，是国内最早进行财务共享服务中心建设的中央企业之一。2008 年中国交建率先在中交第二航务工程局有限公司（简称“中交二航局”）试点财务共享，2015 年中国交建财务共享服务中心成立，2018 年中国交建开始推进境外区域分中心财务共享服务中心建设，2021 年中国交建开始布局建设国内、国外一体化的财务共享平台。

第三节　服务范围比较分析

一、国外财务共享服务范围更广

国外大型企业财务共享服务建设起步早，随着财务共享业务运作模式的成熟，服务范围涵盖基础财务和业务财务等多层次业务，并且已普遍拓展至人力、法务、采购等职能。部分大型企业逐渐把财务之外的部分职能纳入共享服务范围，例如人力资源服务、法务服务、采购服务等。以通用电气为例，其共享服务中心被命名为“全球运营中心”，不同区域的全球运营中心为通用电气所在区域提供财务、人力资源、税务、法务、供应链、商业、信息技术等多项服务。再如汉高公司的共享服务中心，除提供财务共享服务外，还根据职能部门和业务部门的需求，提供客户服务支持、市场销售支持、信息技术服务等多项服务。

另外，国外财务共享服务中心提供的财务共享服务相比中国财务共享服务中心提供的财务共享服务范围更加宽泛。中国的财务共享服务中心业务主要集中于基础财务核算和结算，而不少国外大型财务共享服务中心除了提供基础财务服务外，还提供财务分析、信用调查、预算等业务财务服务。而在服务地域范围上，国外财务共享服务中心的国际化程度更高，其服务于全球范围的比例也明显高于中国企业的财务共享服务中心。

二、国内财务共享服务集中于基础财务职能

中国企业的财务共享服务中心建设目前整体还处于起步阶段，除了中国石油、中国石化等少数企业的财务共享服务中心提供人力资源等财务职能以外的服务，绝大多数企业的财务共享服务中心只提供单一的财务共享服务，并且集中于费用报销、资金结算、固定资产核算、总账报表等基础财务业务。

根据ACCA、中兴新云与上海财经大学联合发布的《2018年中国共享服务领域调研报告》,中国的41.6%的企业期望在未来拓展共享服务中心的职能,发展多职能的共享服务中心。预计待中国企业财务共享服务中心建设进一步成熟,多职能的共享服务中心也将被越来越多的企业纳入实施计划并加快落地。

从服务的地域范围来看,目前中国的财务共享服务中心主要服务于国内。根据ACCA、中兴新云与厦门国家会计学院联合发布的《2020年中国共享服务领域调研报告》,受调研企业的共享服务中心有75.43%服务于中国,有12.46%服务于全球。

第四节 外包服务比较分析

相比国外企业,中国企业较少从外包公司购买财务共享服务,但是近年来中国企业对财务外包的态度也在逐渐发生变化。

2010年以后,随着国外外包服务市场的发展,外包公司提供的财务共享服务逐渐成熟与标准化,越来越多的国外企业开始向外包公司购买财务共享服务,以精简机构设置,减少不必要的经营成本,进一步集中精力发展业务。中国企业较少通过外包公司购买财务共享服务,原因在于:一方面,中国企业受儒家文化影响,整体经营文化比欧美企业更加保守,同时中国不少企业在管理上有保密的要求,不愿意对外部公司开放部分信息以获取财务共享服务;另一方面,中国的外包市场并不成熟,市场上能提供高质量财务共享服务的外包公司非常有限,绝大多数外包公司还不能向大型企业提供能够达到它们标准与要求的财务共享服务。

随着中外企业与国际市场的进一步接轨、中国外包服务市场的进一步发展,以及中国企业规模扩张下财务业务量的与日俱增,中国部分企业对待财务外包的态度也逐渐有所转变。近几年来,中国逐渐有企业开始尝试财务共享服务外包。例如,国家开发银行、中国电信集团有限公司(简称“中国电信”)等大型国有企业对部分非核心财务共享业务或流程实行了外包。

第五节 组织结构比较分析

一、国外财务共享服务组织结构模式更多样

国外大型跨国企业财务共享服务普遍采用多区域中心或多特色中心的组织

结构。随着企业发展、战略及经营目标的调整及科技与技术的迭代，财务共享服务中心在企业组织结构中的位置也在不断调整，以更适应企业面向未来的管理目标的需要。目前，国外大型企业财务共享服务组织结构模式主要有以下三种。

（一）全球财务共享服务中心模式

全球财务共享服务中心负责处理企业全球范围内所有财务共享业务，面临各种各样财务共享业务，以及不同国家和地区的财税政策、语言文化的差异，实施起来难度最大，目前仅少量国外大型企业采用该模式。

（二）区域财务共享服务中心模式

区域财务共享服务中心服务于所在区域的所有财务共享业务，由于区域内语言文化以及财税政策趋同，该模式与全球财务共享服务中心相比实施难度较小，目前被较多国外大型跨国企业采用，例如通用电气等。

（三）特色财务共享服务中心模式

单个特色财务共享服务中心负责处理某一项或某几项财务共享业务，例如专门负责费用报销、专门负责会计核算和出具财务报告等。这种模式下企业通常拥有多个特色财务共享服务中心。该模式的优点是不同的特色财务共享服务中心负责固定的某一项或某几项业务，可以充分发挥专长，将所负责业务深化与细化，做到极致。该模式也需要面临不同国家和地区的财税政策及语言文化的差异，但实施难度小于全球财务共享服务中心模式。该模式也被不少国外大型企业采用。

二、国内企业财务共享服务主要采用单中心的组织结构

目前，我国除了华为、中兴通讯、阿里巴巴网络技术有限公司（简称“阿里巴巴”）等少数技术领先的跨国企业以外，多数跨国企业尚未建设起覆盖全球业务的财务共享服务中心。我国绝大多数实行财务共享服务的企业只建立了一个财务共享服务中心。根据 ACCA、中兴新云与厦门国家会计学院联合发布的《2020 年中国共享服务领域调研报告》，受调研的企业中有 81.13%只建设了一个财务共享服务中心，有 18.69%建设了多个财务共享服务中心。同时，我国的财务共享服务中心一个明显的组织结构特征是，多数企业的财务共享服务中心是该企业财务部的下属组成单位，不少财务共享服务中心的负责人同时担任该企业财务部总经理或财务部副总经理，少数企业财务共享服务中心是与该企业财务部平行的独立部

门,极少数财务共享服务中心是独立的法人,对外提供共享服务。

国内外财务共享服务中心组织结构的不同也带来了汇报对象的差异。

国外财务共享服务中心的汇报对象通常是首席财务官(CFO)或者多个共享服务中心的总负责人,而我国企业财务共享服务中心的汇报对象通常是总会计师、CFO或者财务部总经理。

第六节 人员管理比较分析

一、国内外财务共享服务中心面临共同的人员管理问题

在全球从事财务共享服务的新生代财务人员更加重视个人职业进步与发展的背景下,国内外财务共享服务中心面临共同的人员管理问题。根据ACCA“财务新生代”全球调研结果,从事财务共享服务的财会专业人士表示,当初吸引他们进入该领域的首要原因,是财会行业拥有长期良好的职业发展前景,以及发展多种技能的机会,他们既期望快速实现职业晋升,也准备好了通过变换供职机构,获得职业发展所需的各种技能和经验。同时,他们深谙科技的力量,希望在财务共享服务领域通过进一步的创新技术应用获得更大发展机遇。他们将个人的职业进步和发展视为行业吸引与留住人才的一项关键因素。

然而,受访者同时认为在财务共享服务领域获得这样的机会有限。财务共享服务中心将财务工作拆分重组,并通过将工作流程化、标准化来提升效率。相比一般企业财务工作,财务共享服务中心的财务工作标准化程度高、操作难度低。因此,与一般企业财务部门招聘财务人员相比,财务共享服务中心对财务人员的学历、技能等要求相对不高,财务人员只需要按照标准化操作指引去实际操作,可以较快上手并适应工作。随之而来的问题是,财务共享服务中心财务人员承担的工作呈现工作量大、工作内容较为单一枯燥的特征。在这样的环境中,财务人员知识技能提升缓慢,职业发展受到限制,因此财务共享服务中心普遍存在财务人员流动性大、人员流失率高的问题。如何做好从事财务共享服务工作的人员管理,也是中外财务共享服务中心管理者重点关注并着重解决的问题。

二、国内外财务共享服务中心人员管理文化不同

国外财务共享服务中心人员管理更关注个人诉求,我国财务共享服务中心人员管理更注重集体主义。在国外个人主义文化盛行的背景下,国外企业关注个人

的特征尤为明显，文化更加直接与开放，鼓励个人主义。财务共享服务中心普遍关注员工的个人特点和诉求，并想办法满足他们的诉求，激发他们的动力，提升他们的技能，从而实现财务共享服务效益的进一步提升。国外财务共享服务中心通常采用以下方式来满足员工的诉求。

①拓展财务共享职能范围，赋予员工更多从事不同种类共享财务工作的机会。以 IBM 为例，其财务组织架构与职能分工随着公司经营需要不断调整，财务共享服务中心的职能范围从原来的报销、核算、结算等单一基础财务工作拓展到业务流程管理、信用管理、财务分析、预算、风险评估等多维度、多层次的财务工作，这给员工提供了更多的接触更丰富及更高层次的财务工作的机会。

②对员工开展学习培训。对从事财务共享服务的员工进行财务知识与技能的培训，一方面满足了他们对知识与技能提升的诉求，另一方面也能有效提升财务共享服务工作的质量与效率。

③为员工设立职业发展路径。以施耐德电气有限公司为例。施耐德电气有限公司会根据财务共享服务中心员工的不同情况，结合公司的管理类与技术类的发展通道，为他们设立不同的职业发展计划。

④进行精神激励。一些国外财务共享服务中心通过向员工颁发工作年限奖章、定期表彰优秀员工、奖励与高管共进晚餐等多种方式，对员工进行精神激励。

中国企业文化的底色是儒家文化，这种文化趋于含蓄与保守，强调集体主义，重视人伦与人情，这一特点在财务共享服务中心的人员管理上也得到了充分体现。中国企业的财务共享服务中心更擅长通过集体的价值观宣贯来统一思想，通过集体研讨来统一认识，通过集体培训来统一提升技能。例如，国有企业的财务共享服务中心往往通过党建学习与党建活动来统一员工思想，增强员工使命意识与责任意识，进而激励员工将使命感与责任感转化为日常工作的动力。财务共享服务中心人员管理的集体主义还体现在其他方面，例如在招聘时侧重考察候选人的价值观念，以遴选出对组织忠诚的候选人；为员工发放统一服装作为工装，强调整齐划一；擅长开展团建活动，以增强员工的团结协作能力与团队的凝聚力等。

第七节　运营管理比较分析

国外企业在运营管理上有丰富的经验，并将其应用于财务共享服务。我国财务共享服务中心初步建立了运营管理体系，并朝精细化和科学化的方向迈进。

国外大型企业运营时间长，运营管理实践与研究经验丰富，六西格玛、精益管理等运营管理工具早已在国外大型企业中得到较为普遍的应用。以通用电气为例,其于 1996 年引入六西格玛并将其运用于质量管理。截至目前,六西格玛已广泛应用于通用电气的研发、营销、人力资源管理等各个运营领域。国外大型企业结合财务共享服务中心的特点,将多年积累的富有成效的企业运营管理经验运用于财务共享服务中心的质量管理与流程管理,并根据财务共享服务中心的具体业务情况和人员特征等优化六西格玛、精益管理等工具的使用,进行流程的改造与质量的提升,建立更为成熟高效的财务共享运营管理体系。

中国的财务共享服务起步晚,运营管理经验相比国外还较为匮乏。现阶段,多数财务共享服务中心只是初步建立了运营管理体系,虽然不少财务共享服务中心定期对运营管理数据进行统计与分析,找出其中影响运营效率的关键因素,并逐项改进,但与国外相比,中国的财务共享服务的运营管理还不够精细与科学。另外,中国的财务共享服务中心不擅长使用六西格玛、精益管理等在国外已运用比较成熟的运营管理工具。

随着中国企业财务共享服务中心建设的持续深入推进,财务共享运营管理的价值进一步凸显,中国企业也越发重视财务共享运营管理的优化,并且国外财务共享的运营管理经验也在被中国企业借鉴学习。

中国企业"走出去"与国外企业"引进来",使国外企业先进的管理与运营经验被中国企业广泛借鉴。在中国经济持续增长的大背景下,中国企业持续扩张与发展,业务规模更加庞大,公司治理更加规范,运营管理更加先进,技术支撑更加强大,与国外企业的总体差距在不断缩小,加之政策鼓励共享服务的发展,由此也带来中外财务共享服务差距的缩小。

第八节　绩效管理比较分析

一、国内外财务共享服务中心绩效管理水平存在差距

国外财务共享服务中心绩效管理已趋于成熟,并更擅长使用绩效考核工具,我国财务共享服务中心绩效管理还处于起步探索阶段。

绩效管理分为组织绩效管理和人员绩效管理。组织绩效的完成建立在人员绩效完成的基础上,人员绩效是组织绩效的分解,采用何种绩效考核方式来充分激发人员完成绩效,以达成组织绩效目标,是中外财务共享服务中心共同关注的问题。

国外财务共享服务中心建设起步早，财务共享职能范围广，经过多年经营改进，绩效考核维度更加多元与全面，许多国外的财务共享服务中心通过平衡计分卡或基准分析等工具来实现多维度的考核。以花旗银行为例，其通过运用平衡计分卡，对财务共享服务中心进行多维度绩效考核，并将考核指标分解到个人，年底根据考核结果决定员工的职位及工资的调整。花旗银行对员工个人的绩效考核主要有以下几个方面：个人业务与技术熟练程度、对内对外关系、领导力、执行程度、对客户的效率、整体结果的贡献、社会责任及全球效力等。

中国财务共享服务中心建设起步晚，对于绩效考核管理，多数财务共享服务中心还处在前期摸索阶段。以国内知名物业公司彩生活服务集团有限公司（简称"彩生活"）为例，彩生活财务共享服务中心成立初期，以岗定薪，员工"吃大锅饭"的情况较为普遍。而后管理团队希望打破这种机制，尝试采用报销单的"抢单"模式，但效果不佳。2017 年，彩生活财务共享服务中心实行多劳多得的计件制考核方式，这种考核方式极大激发了员工的积极性，人均效率较原来提升一倍以上。但是，计件制考核方式也有其明显弊端，一方面计件是单纯的数量统计，未考虑业务处理的难易程度；另一方面，工作完成数量只是绩效评价的单一维度，财务共享工作也需要其他考核维度，如业务处理的时间、业务处理的质量、客户满意程度等。近年来，国内学者对该问题也有较多研究，并根据国内外财务共享实践提出了使用平衡计分卡来进行绩效考核的建议。目前，国内少数大型企业财务共享服务中心采用了平衡计分卡的绩效考核方式。

二、中国财务共享服务中心绩效考核市场化程度偏低

国外财务共享服务中心通常采用高度市场化的绩效考核方式，人员职位升降和退出与绩效考核紧密挂钩。而中国财务共享服务中心绩效考核市场化程度相比国外偏低，原因在于：

一方面，中国是一个以公有制经济为主体，国有经济占主导的国家。相比国外企业，中国的国有企业需承担更多的社会责任，在就业及社会稳定方面，需发挥就业市场"稳定器"和维护社会稳定"压舱石"的作用。因此，国有企业对裁员通常较为谨慎，以避免出现影响社会稳定的因素。这一特点也影响到中国财务共享服务中心的人员绩效考核方式，尤其是国有企业在绩效考核的同时，还需要考虑人员稳定因素。因此，中国国有企业的财务共享服务中心很难采用完全市场化的绩效考核方式，相比国外市场化绩效考核主导下财务共享服务中心人员的频繁变动，中国国有企业财务共享服务中心人员相对更为稳定。但是，随着国资委主导

下的国有企业改革的推进，近年来，国有企业的绩效考核市场化程度也在提升，财务共享服务中心绩效考核市场化程度也随之有所提升。

另一方面，中国社会是儒家文化影响下的人情社会。与国外高度工具化与市场化的绩效考核方式相比，中国企业的绩效考核往往会考虑到人情的因素，例如员工在企业的工作年限、员工态度与忠诚度等。这种人情文化同样影响了财务共享服务中心的绩效考核管理。

未来，中国的财务共享服务中心将借助共享理论的完善、运营能力的提高、技术的创新应用，实现财务共享服务中心的全面发展，逐渐达到国际先进水平。

第四章　管控服务型财务共享及其建设

第一节　管控服务型财务共享概述

一、管控服务型财务共享的内涵

管控服务型财务共享是大型企业集团通过建立统一的财务共享服务中心，将企业分散在各个区域运营单元中易于标准化和规范化的财务业务进行流程再造与标准化，集中处理，降低成本，提升业务处理效率；同时借助财务共享服务中心的数据及流程支撑，纵向上加大对下属运营单元的管控力度，横向上将业务进行延伸，实现业财一体化，全面支撑企业集团的管理决策，更好地为经营管理服务。企业集团管控服务型财务共享服务平台的运行逻辑如表 4-1 所示。

表 4-1　企业集团管控服务型财务共享服务平台的运行逻辑

决策财务	董事会	决策层
	集团办公室	
管理与控制财务	专业财务管控职能部门（司库、成本、税务、预算、考核等）	控制层
业务财务	财务共享服务中心（1~N 个） （费用报销、会计核算、纳税申报、财务报告等）	执行层
非财务	集团共享服务平台（国内外云端业财大共享）	保障层
	流程优化部、信息安全部等	

相对于传统财务共享专注于提升效率、降低运营成本，局限于服务、效率、规模三个方面，新型的管控服务型财务共享方案以“借助共享模式、加强财务管控”为核心，打造“柔性共享、精细管控、业财一体”的新模式，帮助企业集团实现财务共享服务中心与财务管控之间的深度融合。管控服务型财务共享与传统财务共

享都建立在信息技术及系统之上。不同的是,传统财务共享的管理目标有两个:一是通过提供企业集团的制度标准化、运行流程简约化的运行机制,实现降低成本、提高效率的目标;二是强化集团内部集中管控,降低运行风险。管控服务型财务共享更强调管控和服务并重,而且管控是首要目标。在企业日常经营活动中,管控组织是相对刚性的,是业务执行的保障。通常来讲,财务共享服务中心的建设不应该破坏原有的业务管控体系,即原有的独立核算主体不变、财务管理监督权不变,以及成员单位的财务审批权、资金所有权及使用权保持不变。财务共享服务中心是服务组织,可根据企业的特点灵活设置,提供的服务内容也可以按需规划,强调管控组织和财务共享服务中心刚柔并济。

相较于以费控系统为主的一般服务型财务共享服务中心的建设,管控服务型财务共享服务中心的工作流程不是以报账为起点,而是以业务驱动为起点,即先有业务后有财务,强调横向的业财一体化管控,在原有集团财务及 ERP 系统的基础上,建立共享平台与业务系统的横向连接,包括由业务系统发起报账流程及从报账系统追溯业务单据,提供全价值链的财务管理服务。

管控服务型财务共享服务中心与一般服务型财务共享服务中心除了在管控和业财一体化上有很大不同外,在发展背景与动机、价值创造等方面也各有特点,二者的区别如表 4-2 所示。

表 4-2 管控服务型财务共享服务中心与一般服务型财务共享服务中心的区别

类型	管控服务型财务共享服务中心	一般服务型财务共享服务中心
发展背景与动机	经济迅猛发展,企业集团规模迅速扩大。财务监管理念和手段落后,财务核算“被空心化”	经济发展缓慢和全球化扩张的产物,成本因素是企业推行财务共享服务所考虑的首要因素。泰勒主义和福特主义是其存在的理由和根源
价值创造	财务信息质量提升,财务风险可控,战略支撑	效率提升,运营成本降低,服务满意
组织定位	面向集团内部进行业务扩展,强调业务的可靠性和稳定性,对规模扩张和营利性要求并不突出	趋向成为独立运营的利润中心,将营利性作为重要的业务发展依据
组织发展	集团财务部下属职能部门之一	独立的服务机构,企业服务资源共享
组织考核	成本中心,财务部主要面向内部提供财务服务	利润中心,依据服务水平协议(SLA)进行收费,可以向外部提供服务

表 4-2(续)

类型	管控服务型财务共享服务中心	一般服务型财务共享服务中心
人员来源	部分来自内部,一般不采用计件工资	社会外聘,注重低成本,一般采用计件工资
职能角色	管控模式仍立足于财务领域和职能,并在提供财务共享服务时考虑企业集团内部其他专业性财务管理要求	去职能化,定位于基础性服务平台,只是在服务水平协议框架内考虑其追求的主要目标(服务、效率和规模)
选址	一般前期选址在总部所在地	考虑成本、地方政策支持、人力资源、人员成本、综合办公成本、城市基础、IT 设施等因素,综合考虑后进行选址
信息系统	系统设计重视业务流程的协同性,财务共享服务系统与 ERP 系统有机集成	财务共享服务系统趋于独立,系统设计重视业务人员的操作便捷性

二、管控服务型财务共享在中国企业集团实施的合理性

管控服务型财务共享为中国企业带来的价值包括强化风险管控、统一信息平台、促进财务转型和降低财务运营成本四个方面,因此,比一般服务型财务共享更适合持续扩大与走向国际化的企业集团。如何根据企业自身状况来建设财务共享服务中心,是目前中国企业集团需要斟酌的关键问题。管控服务型财务共享服务中心建设在实际应用中往往会出现差异,会受到多种实际因素的影响,如企业的主营业务类型及集团管控类型等。下面重点从企业集团管控类型这个因素入手,探讨管控服务型财务共享在中国企业集团实施的合理性。

(一)集团管控模式——财务共享建设的基石

企业集团是现代企业的高级组织形式,以一个大企业为中心,以产品、资本、技术和契约等为纽带,将多个具有法人地位的企业联合成为有紧密利益关联和共同战略目标的经济组织。近年来,随着中国市场化导向经济的深入,企业集团无论在规模上还是在数量上均迅猛发展。

企业集团管理控制是总部管理者为实现集团组织目标、提高企业效率和经营效果、高效获取使用资源的过程。集团管控模式主要是指由于集团管控理念和目标的差异,母子公司之间的管控方式、管控重点、管控组织、管控深浅等方面不同,

从而组合成若干典型的管理控制方式。企业集团运用不同的典型的管控模式来指导实践运作,从而有效实现集团战略目标和达到管控效果。

1. 影响企业集团选择管控模式的三要素

影响企业集团选择管控模式的要素有三个,分别是业务相关程度、业务重要性和业务成熟度。

(1)业务相关程度

业务相关程度是指集团总体定位及集团总体业务发展战略与集团子公司业务经营项目的一致性程度。母子公司业务战略的一致性越大,业务相关程度越高,两者之间呈正相关关系。业务相关程度反映了子公司在集团产业结构布局中所扮演的角色和业务板块定位。因此,它是影响母子公司管控经营模式的一个重要因素。

(2)业务重要性

业务重要性是指集团子公司业务经营项目在集团总体业务中的地位和贡献程度。业务重要性可以用以下四个指标来进行说明。

①资产贡献率,是指分(子)公司的业务单元净资产在企业集团净资产总额中所占的比重。该指标表达了集团总部对分(子)公司业务的主导能力。分(子)公司受集团控股比例越大,其业务重要程度越高。

②利润贡献率,是指分(子)公司业务单元净利润在集团净利润总额中所占的比重。分(子)公司净利润在集团中所占比例越大,分(子)公司的业务重要程度就越高。

③市场地位,是指分(子)公司各业务单元的规模、地域范围及市场覆盖率。该指标反映了分(子)公司在行业内的竞争水平和地位。

④协同效应,是指分(子)公司业务为集团其他业务拓展带来的支持程度。它包括战略价值定位协同效应及业务板块协同效应,前者指客户、渠道、产品、品牌等方面的协同性,后者指资金、共享服务、管理流程等方面的协同性。

(3)业务成熟度

业务成熟度是指集团分(子)公司业务经营项目收益、发展和管理成熟程度。业务成熟度可以用净资产收益率、发展阶段和管理成熟度这三个影响因素进行考量。

①净资产收益率,考察分(子)公司各业务板块自身的获利能力,这是业务成熟度的一个重要指标。

②发展阶段,是指分(子)公司在企业成长周期所处的不同阶段。一般分(子)

公司所处的发展阶段越靠后,企业业务和管理越成熟。

③管理成熟度,是分(子)公司治理机制的完善程度、组织结构成熟度和管理制度健全度等综合能力的体现。

2. 集团管控的三种模式

集团管控模式是企业集团管控研究的核心内容。根据集团总部集、分权的不同程度,总部对下属企业的管控模式可以划分成三种,分别是运营管控型、战略管控型、财务管控型。

(1)运营管控型

采用运营管控型模式的企业集团,其集团总部作为经营决策中心和生产指标管理中心,会对企业资源集中控制和管理,以追求企业经营活动的统一和优化,直接管理集团的生产经营活动或具体业务。运营管控型模式与战略管控型模式和财务管控型模式相比,对各业务流程的控制更加严格,考核时会涉及业务运营各类指标,即总公司通过总部职能管理部门对下属企业的日常经营运作进行管理。为保证战略实施和目标达成,集团各种职能管理非常深入。总部保留的核心职能包括财务控制、战略、营销、销售、新业务开发、人力资源等。例如,人力资源管理部门不仅负责全集团的人事制度政策的制定,而且负责各下属企业二级管理团队及业务骨干人员的选拔、任免。运营管控型模式的主要特征是经常性地组织协调和集中化处理集团业务。

实行这种管控模式的集团,为保证总部能够正确决策并能应付、解决各种问题,总部的职能人员人数众多、规模庞大,各下属企业业务的相关性很高。例如,某集团为保证其全球“随需应变式”战略有效实施,各事业部都由总部进行集权管理,计划由总部制订,下属企业则负责保障实施。

(2)战略管控型

战略管控型模式以战略规划和战略评估两部分内容为主。该管控模式中的绩效考评是以战略相关指标而不是客观财务指标作为评价基础的。采用战略管控型模式的企业集团,其总部作为战略决策中心和投资决策中心,以追求企业总体战略控制和协同效应为总目标,采用统一战略规划和业务计划体系进行管理。企业集团总部除了在资产上对下属企业进行控制,还负责集团的财务、资产运营和集团整体的战略规划。同时,各下属企业或事业部也要制定自己的业务战略规划,并提出达成规划目标所需投入的资源预算。总部负责审批下属企业的计划并给予有附加价值的建议,批准其预算,再交由下属企业执行。企业集团对下属单位的管理主要通过年度报告或者季度报告的形式来表现。战略管控型模式是介于集权和分权之间的一种模式,既能避免财务控制的分散风险,又不影响经营的灵活性。

实行这种管控模式的集团,对各下属企业业务的相关性要求很高。为保证下属企业目标的实现及集团整体利益的最大化,集团总部的规模并不大,主要集中进行综合平衡、提高集团综合效益等工作,例如平衡各企业间的资源需求、协调各下属企业之间的矛盾、推行"无边界企业文化"、培育高级主管、管理品牌、分享典范经验等。这种模式可以形象地表述为"上有头脑,下也有头脑"。目前,世界上大多数企业集团都采用或正在转向这种管控模式。

(3)财务管控型

财务管控型模式主要强调投资项目的财务指标,如高回报和较短的回收周期等,业绩考评主要依据客观财务指标,因此,财务管控型模式属于一种结果导向管控,需要被投资企业能够在短期内达到确定的投资回报。集团总部只负责集团的财务和资产运营、集团的财务规划、投资决策和实施监控,以及对外部企业的收购、兼并工作。集团总部每年会给下属企业制定财务目标,而下属企业只要达成财务目标就可以。虽然财务管控型模式也有相应的事前部分,如预算控制,但主要强调事后的财务结果,因为职业经理们的薪酬也主要与能反映经营业绩的财务指标联系在一起。在实行这种管控模式的集团中,各下属企业业务的相关性可以很小。

财务管控型的集团财务主体包括集团总部、事业部、子集团、分(子)公司、上市公司、生产单位等,呈现出多元化的特点。集团财务决策包括董事会决策、董事长决策、经理办公会决策、总经理决策、总部部门决策、分(子)公司内部决策等层次,呈现出多层次化的特点。集团通过设立分(子)公司,实行资本放大效应,使得财务数据呈现出杠杆化的特点。投资领域多元化则具体指集团的投资具有跨地区、跨行业、多主体、频次高等特点。

以招商局集团有限公司为例,该集团作为国家驻香港大型企业集团,采用了财务管控的模式。招商局集团有限公司的财务管控主要有两部分内容,分别是聚焦核心产业和统一财会系统。在统一财会系统方面,招商局集团有限公司所有子公司都是集团总部战略的执行者,是成本中心。招商局集团有限公司业务复杂,对于不同业务,先统一会计核算系统,目的是把现金流量和资金全部控制起来,做到集团财务一体化。总部通过财务管控来动态监控产业整合、结构调整带来的一系列变化,从而为进一步决策提供依据。

总的来说,三种管控模式中,运营管控型模式最严格,控制程度及深度最高,同时对管理水平的要求也最高,要求集团总部管理层能够正确决策并解决各种问题。如果大型企业集团采用运营管控型模式,可能会以牺牲分(子)公司的业务运营效率为代价。战略管控型模式的管控程度相对适度,但需要平衡各个分(子)公司之间的资源需求,协调它们之间的矛盾。同时,在战略管控型模式下,战略控制与评价管理难度相对更大。财务管控型模式最为宽松,控制程度及深度最低,多采用财务指标控制,它的缺点在于容易“失控”。运营管控型模式和财务管控型模式是集权和分权的两个极端,而战略管控型模式则处于中间状态。根据实际运用情况,通常又将战略管控型进一步划分为战略控制型和战略设计型,前者偏重集权,后者偏重分权。明确总部的功能定位之后,总部与下属企业间的相互关系和职责分工就比较容易理顺了,集团的具体管控模式的选择、组织形式的确定、组织内各部门职能的定位和职责划分等工作都有了明确的依据。

企业只有在明白自身的发展现状,选择合适的管控类型之后,才能做出正确的抉择和战略规划,才能在这个“新财务、大共享”时代选择适合自身现状与发展的财务共享服务模式,从而全面增强企业的竞争力与生命力,实现企业的可持续发展。

(二)中国企业财务共享服务中心建设加强管控的必要性

中国企业集团的长久发展需要适合自身的集团管控模式进行支撑,具体到企业的财务共享领域,也应该加强管控。一般的浅层次财务共享的核心仅在于提升效率、降低运营成本和会计核算标准化。但对于企业集团来说,在共享的基础上强化管控才能够真正实现业财一体化的深度财务共享。管控与服务并重是财务共享服务中心建设的首要目的。管控服务型财务共享更符合当前企业集团的管理需求。

根据北京国家会计学院发布的《2017 中国财务共享服务中心调研报告》,国内企业建设财务共享服务中心更多地考虑能否通过财务管理模式的转变而更好地支持企业管理,提高集团化管理水平。从理论上说,成本降级与加强管控是管控服务型财务共享服务中心建设的根本动因。但从被调查者的反馈来看,集团管控与会计核算服务并重的职能定位成为大多数被调查者的选择。在这次调查中,集团管控与会计服务并重的职能定位占比为 49.41%;为集团核算提高会计服务质量的职能定位占比为 29.41%;侧重于发挥集团管控职能的职能定位占比为 21.18%。由此可见,加强集团管控是国内企业建立财务共享服务中心的首要驱动因素。

企业的迫切内需推动了管控服务型财务共享的发展。下面给出了几个现实中的案例，从例子中可以看出，建设管控型财务共享服务中心是如今大部分企业尤其是大型企业集团的强烈需求。

销售类企业在做赊销业务的时候，一般对于客户都是有信用管理的，也就是授信管理。比如说，对某客户授信500万，那么对该客户的发货应收累计达到500万后，就不能够再进行发货，必须要求客户将前期欠款需要按期支付的部分全部予以支付。有了授信额度之后，企业才会在额度内再次发货，但是企业的业务人员为了完成收入指标，经过多次与企业财务人员的口头保证，私自提高了客户的授信额度，前后累计发货达到2 000多万。最终客户因经营不善，资金链断裂，宣布破产，从而导致公司2 000多万应收账款无法收回，给公司造成严重的损失。从这个例子中可以看出，集团下属企业财务组织分散、各自为政，集团总部缺乏有效监管，导致“有法不依，有章不循”的局面出现。

又如，由于业务模式单一、跨地域经营、毛利率低等，物业类企业集团会面临无法支撑分支机构的快速扩张、财务人员需求激增、人员成本增大等一系列挑战。

企业集团的管控需求是管控服务型财务共享服务中心发展的内在驱动力。新IT技术是影响企业未来共享趋势的外部力量。集团自身的业务管控类型和管控内需决定了管控服务型财务共享服务中心更适合中国企业集团的战略发展。

第二节　管控服务型财务共享服务中心的五大共享模型

五大共享模型，即核算共享、报账共享、标准财务共享、业财一体化财务共享和大共享。

一、核算共享

在五大共享模型中，核算共享的应用最为广泛。核算共享模型的本质是将企业的财务工作集中起来，由一位财务人员处理多主体的日常财务工作，从而解决财务人员成本投入过大的问题。具体来讲，核算共享就是将企业集团下属的多个分(子)公司在会计核算、账务处理等方面的工作集中到总部的财务组织进行统一核算和处理。

核算共享的建设是通过互联网技术将企业集团下属的公司进行集中与整合，提供标准化、流程化及高效率的会计核算共享服务。

在这个模型中,集团的管理者将核算工作授权给总部的财务人员,财务人员通过电算化系统进行集中记账。核算共享服务中的内容覆盖了整个企业集团全部的核算业务,总账发挥辅助核算的功能。同时,所有的业务核算均需集团的财务人员协同合作,并没有专人专岗的区分。简而言之,核算共享模型是一种企业集团财务管理的新应用,也是一种资源整合与规模经济在财务管理过程中的尝试。企业集团之所以会考虑选择核算共享的模型,主要是因为其下属的多个分(子)存在着同样的会计核算诉求,因此建立会计核算共享模型有助于企业集团实现多个方面的目标。

在财务共享的初级阶段,核算共享的信息化水平最低。企业还未建设核算共享的时候,会计核算通常采用按会计主体进行分级核算的模式,也就是说,下属分(子)公司仍保留着原来固有的财务组织,而且财务机构会随着企业经营规模的扩张而扩张。通常,企业集团每建设一个分(子)公司或者分支机构,在分(子)公司或者分支机构达到一定人员或者业务规模后,就会设置一个财务机构来满足当地的财务需求,这就造成了一种分散型财务核算模式。这种模式在一些国内的大型企业中很常见,通常由每个分(子)公司设置的财务部门进行独立核算,最后将报表层层上报,并由集团总部的财务人员进行汇总。如此一来,“不同的地方,相同的财务标准”的会计模式,虽然可以保证自身业务的完善处理,却存在着很多弊端。这些弊端主要体现在三个方面:第一,大型企业集团的分(子)公司或者分支机构的增多在一定程度上会导致管理层次与会计主体的增加,由此很有可能会导致企业集团产生大量的内部交易,核算的复杂程度也会因此增强。这将意味着合并报表的工作人员数量增多,复杂程度增加,此外,也会导致财务报告层次多、流程长、效率低。第二,各下属分(子)公司通常开设各自的银行账户,资金被分散存放和闲置,会导致资金周转速度缓慢、使用效率低下。第三,分散核算导致会计信息的准确性和及时性低,不利于企业集团做出正确决策。下属分(子)公司由于缺乏有效、及时的监管,形成一个个信息孤岛,使得企业集团整体的信息收集和政策制定都存在信息不对称的情况,从而埋下隐患。

虽然核算共享的管理成熟度的水平在这五级成熟度模型中最低,但它仍旧减少了企业财务人员成本的大量投入,大大提高了企业效率。随着 20 世纪 90 年代因特网和企业资源计划的发展,财务信息系统的集中成为可能,集中的财务模式得以发展,例如所有分支机构的会计凭证通过扫描传送等方式交由总部统一核算。集团总部将财务人员、银行账户、资金及资源配置权、管理控制权都集中于总部,能够加强整个集团的财务管控。这种集中处理业务的方式将会减少核算层次，避免内部交易抵消不充分的现象，并且有助于缩短财务报告流程，规范会计核算，提高财务监控能力。此外，核算共享能促进资金的集中管理，降低资金成本；打破信息死角，使得会计信息得以充分共享、财务政策得到有力执行。

二、报账共享

报账共享建立在核算共享的基础上，把前端的网上报账纳入进来，通过财务人员的共享，借助影像管理，完成共享模式下财务人员处理多单位的报账稽核及会计核算工作。比起初级的会计核算共享，报账共享在财务核算的基础上增加了费用预算、费用报账等共享服务。

目前，国内已有相当一部分企业采用了报账共享的管控服务型财务共享模型。这些集团以集团发展战略为驱动，在集团总部构建财务共享服务中心，利用信息系统，将财务人员从繁重的基础会计核算工作中解放出来，提质增效；同时，打破信息孤岛，加强风险管控与决策支持，从而提升集团管理水平。

通过与 OA 系统的集成，财务共享服务中心可以直接获取报账单据信息；同时，可以将费用标准提交给 OA 系统，用于员工报销控制。通过与影像系统的集成，财务共享服务中心可以对报账单据、原始单据、电子影像进行调阅、联查。通过与资金系统的集成，财务共享服务中心可以将报账单据付款信息传入资金系统，以便于资金系统执行付款任务。通过与财务核算系统的集成，财务共享企业平台生成费用凭据后，可以直接将其传入财务核算系统，并获取正式凭证号。

财务共享服务中心能够将报账流程标准化，统一集团及各下属企业的报销单据格式、内容及集团费用项目，加强集团集中管理水平，实现 OA 系统、HR 系统、财务共享服务平台、影像系统、资金系统、财务核算系统等多系统的数据对接，以及各企业高效、准确的数据交互，为管理决策提供数据支撑。

影像系统平台能够实现从报销申请到填报环节的影像扫描，摆脱纸质单据在不同地域、不同岗位间流转的束缚，提高协同办公效率与无纸化办公水平；通过规范费用预算填报、审批等工作，夯实了费用控制基础。

三、标准财务共享

标准财务共享模型相对于核算共享模型和报账共享模型来说，共享的成熟度使企业通过前期规划，调整了组织架构，进行流程设计和优化，采购一系列软件并结合企业资源计划来实现标准财务共享。标准财务共享模型的应用，帮助企业成立独立的财务共享服务中心，将财务人员集中起来并进行专业化分工；帮助企业搭建财务共享平台，以任务为驱动进行高效作业，实现财务职能的分离。在初期，标准财务共享模型帮助企业建设独立的财务共享服务中心，而财务共享服务中心的建设为企业提供了标准化的服务。人员专业化分工及流水化作业模式意味着组织、人员的根本性变革和共享模式效率的进一步提高。标准财务共享服务对流程进行了优化，对操作设置了标准，对人员进行了专业化分工，以一个独立运营的“服务部门”进行财务核算工作。基础的财务工作由专业的财务会计人员来完成，所以保证了会计记录和报告的规范、标准。财务管理人员从繁杂的财务工作中解放出来，有利于将精力集中于经营分析和战略规划，提高了对企业的经营决策支持。财务管理人员的职能得以转型，成为企业管理者的参谋、业务伙伴和企业策略合伙人。

四、业财一体化财务共享

业财一体化财务共享是在标准财务共享的基础上，将财务管理向前延伸，通过深度的业财一体化，将以报账为起点转变为以业务为起点，管控前移，降低财务风险，支撑企业精细化管理及内控。

在一个企业中，最核心的业务部门包括三个：采购部门、生产部门和销售部门。这三个部门对应的财务业务分别是应付、成本和应收，这三个业务也是财务中最核心的业务。在使用业财一体化的管控服务型财务共享模型时，不同类型的企业因为共享的重点不同，所以建设的具体方法也不尽相同。以金融、服务为主的企业，费用所占比重较大，因此在建设财务共享服务中心时，推荐以费用共享为主；拥有下游客户、代理商、经销商等的企业，应收账款业务更为繁多，因此需要加强对应收账款的管控；那些在供应链中上游的公司，则需要加强对应付账款的管理；那些拥有较多工厂或者生产部门的企业，则需要加强成本管理。

在费用、应收账款、应付账款、成本等项目中，应付账款与应收账款更多地关系到采购和销售，最能体现业财一体化的重要性。应收与应付关系到企业的现金流、生存和发展，因此需要重点管理。业财一体化的重要性还体现在，如果财务人员不懂采购业务，不知道采购数据，则对账、三单匹配、付款等方面就会出现问题；如果财务人员不懂销售业务，不知道销售数据，则开票、对账、核销清账、收款等方面就会出现问题，如此，将会增加财务和采购、销售、供应商、客户等的沟通成本与管理成本。

对于业财一体化，大多数人一般会简单地理解为业务和财务信息互通。其实，业财一体化可以分为三个阶段：第一阶段是在数据层级上，让业务和财务做到信息互通。例如,让财务人员更加了解业务流程,这样在付款和收款的环节就可以减少麻烦,降低错误率。第二阶段,在财务与业务做到信息互通后,财务部门可以针对业务数据进行分析,从而得到相应的数据报表,并根据财务指标分析结果,进一步发展和完善业务,在战术或战略层面为企业的业务发展提供有力的支持。但是,在建设财务共享服务中心时,仅仅实现业务数据分析还是不够的,因为财务共享本身就是流程的再造与优化。因此,在第三阶段,财务部门甚至可以承担业务部门的工作,从而实现深层次的共享。

业财一体化时,采购、销售等业务涉及供应商、客户、员工,因此建议企业在建设财务共享服务中心时,不要把共享当成一个独立的主体,而要将资源连接在一起,费用报账能为员工提供服务,应付账款能为供应商提供服务,应收账款能为客户提供服务。

根据财务共享服务中心涉及的范围,业财一体化共享的建设会涉及两种用户,分别是内部用户和外部用户。内部用户包含财务部门和业务部门。在财务部门,业财一体化的管控服务型财务共享服务中心通过结算平台统一处理上下游结算业务,包括对账、开票、收付款项、沟通协调、信息披露、报销凭证、应收和应付款项的核查等。业财一体化,意味着财务人员也会参与到企业的部分经营活动中。因此,在财务共享服务中心建设中,业务财务部门将发挥对账稽核和业务监控的双重功能。业务财务人员不仅要对有异议的对账单进行稽核,跟进分析处理,并在结算平台跟踪处理状态,还要对企业的业务进行监控。业务财务人员可以通过结算平台生成业务分析报表,对业务部门的经营活动进行监控和指导。

业财一体化的财务共享服务中心建成后,财务部门对应财务职能中的控制层,深度参与价值链的各个环节。分布在全国甚至全球的各个子经营体成为经营决策团队的重要成员,提供全价值链业务财务管理,包括各业务单元的分析、计划、预算和业绩管理,融入业务,促进企业价值最大化。同时,业财一体化后,业务财务与企业的战略财务有效互动,使得业务财务能更加深入地落实战略财务的政策意图到基层岗位,并将基层需求反馈给战略财务层,让企业财务管理层能随时了解一线业务的情况。

企业采用业财一体化的管控服务型财务共享模型时,从建设业务财务团队出发,促进了财务对业务价值链的支撑和服务;明确了企业业财一体化的定位。集团的业务财务是财务部门选派到业务单位的财务代表,扮演业务单位合作伙伴的角色,对业务单元的经营提供财务服务、支持和管理,还负责企业相关财务战略、制度在基层业务单位的宣传和落实,及时反馈经营中存在的问题,起到纽带作用。

同时,财务融入业务后可以深度参与价值链的各个环节,成为业务单元经营决策团队的重要成员,提供全价值业务财务管理,是一种新型的业务合作伙伴关系。

业财一体化的管控服务型财务共享模型,促进财务与业务共同办公、相互交流,能较为及时、全面地了解财务数据背后的经营问题,并能够提出有针对性的建议供业务单位参考,提升财务在业务单位中的权威和地位。

五、大共享

财务共享服务中心的未来是大共享,意味着财务共享服务中心不只涵盖财务业务,人力资源、集中采购、市场管理、信息技术等都将纳入财务共享服务中心管理范畴。在最终的大共享模型中,企业将在共享平台上建立财务共享服务中心、人力资源共享服务中心、采购共享服务中心、市场管理共享服务中心和信息技术共享服务中心。这意味着除了费用报销、应付结算、成本归集、收入与成本、总账、财务报表等方面要实现共享外,员工招聘、薪酬福利核算和发放、社会保险管理及住房公积金等人力资源管理也将被放在共享平台上运行。此外,上下游的供应商、客户管理也将被纳入共享服务范围。业务和财务融为一体,管控的力度和深度也进一步加强、加深。管控与服务并重是财务共享建设的首要目的。财务共享作为共享服务的先行者,也将统领未来大共享的发展。因此,企业要结合当前的管理现状、业务需求,选择适合的财务共享服务模式,并明确未来的优化方向。

企业在选择财务共享服务模式、建设财务共享服务中心时,需要根据企业自身的管控类型及特点,对可能面临的风险进行管控,小心规避风险,确保财务共享服务中心建设的顺利实施。

运营管控型的企业集团,集团总部作为运营控制中心,对集团的所有经营进行直接管控,实现一体化的业务类型,有效整合成为产业供应链;所有下属企业成为整个价值链中的一个环节。运营管控型的企业集团还可以整合内部资源,包括内部的人力资源管理、资金调配、物流配送、集中采购、集中销售等,集权程度很高。运营管控型的企业集团更适合业财一体化的管控服务型财务共享模型。

战略管控型的企业集团,集团总部对分(子)公司的干涉较强,分(子)公司有一定的自主权,通过绩效管理、精英队伍管理、预算和统一资金手段进行管理。集团总部作为战略控制中心,要求在整个集团范围内统一优化配置资源,对关键业务有一定程度的控制,对集团的战略统一规划并监控执行。业务的多元性会导致业财一体化的财务共享模型难以实施。核算共享和报账共享的财务共享服务模式很难帮助战略管控型企业实现对整个集团业务的有效控制。建立标准化的财务共享服务中心，是战略管控型企业的最佳选择。随着业务成熟度和业务相关度的提高、集团管控模型的发展和进一步优化，企业的财务管理可以不断向前延伸，管控前移，建设业财融合的管控服务型财务共享服务中心。

财务管控型企业集团的业务类型多呈现无关多元化，企业的核算管理诉求在于降低资金运营风险。集团总部作为投资决策中心，以追求资本价值最大化为目标。通常总部不参与日常业务运作，通过股权控制分(子)公司的重大决策，主要通过下属企业发送的报表和报告进行管理。多元化的业务类型导致财务管控型企业很难直接建设业财一体化的财务共享服务中心，必须从核算共享和报账共享等共享服务的初级阶段做起。

就中国企业集团而言，不同管控类型的企业集团对下属企业的财务共享管控模型并不存在一个“标准”或“万能”的模型，也没有“最佳”的模型，只有“最适合自己”的模型。企业集团的整体战略和管控类型会随着一些外界因素的变化而不断调整，而财务共享建设的模型也会随之改变，不断优化。当前，由于企业面临的内外部环境快速变化，企业在选取和设计业务模式、管控体系的时候不能一劳永逸，更不能简单地将一种财务共享服务模式进行到底，需要经常评价其合理性和有效性，根据业务发展的不同阶段以及公司的战略和战术规划进行动态调整。

第三节　管控服务型财务共享服务中心建设核心及阶段

明晰管控服务型财务共享对中国企业集团的价值后，如何将管控服务型财务共享服务中心建设落到实处，是需要企业斟酌的关键问题。在建设过程中，强化管控及实现业财融合，是管控服务型财务共享服务中心建设的两个核心点。

一、建设核心：强化管控与业财融合

建设管控服务型财务共享服务中心，强化管控及实现业财融合是两大核心问题。对于如何强化管控这一核心问题，可以通过柔性共享来解决。柔性共享的建设模式有很多种，包括在集团总部建立财务共享服务中心、按照板块建立财务共享服务中心、按照区域建立财务共享服务中心、以项目为中心建立财务共享服务中心等。通过财务共享服务中心强化总部管控，是企业在这一过程中需要重点考虑的事情，除此以外，无论是按照区域、板块或者项目，都不能影响原来的二级集团、三级集团的管控方式。

L 集团作为世界 500 强企业，其财务共享服务中心的建设处于国内领先水平。就该集团而言，很多大项目如果由各个二级单位承包，会产生竞争力不足及内部单位的恶性竞争等问题。因此，该集团把工程分段，将每段工程交给不同的二级、三级单位，并建立以项目为主线的财务共享服务中心。为实现大项目的通关，L 集团在总部建立财务共享服务中心，对大项目进行统一记账，实现对项目的监控，并解决同一项目在不同管理维度下的标准财务处理问题。在项目付款时，各二级、三级单位分别审批完成后再交由总部财务共享服务中心进行会计处理并付款。为支撑这个管理体系，L 集团进行了柔性共享服务中心建设：在不打破原有管控组织体系的情况下，面向多级管理出具内部管理报告。此外，基于项目建立的财务共享服务中心，以项目为中心，为各个标段提供服务。

管控服务型财务共享建设的第二个核心问题是如何通过财务共享服务中心实现业财融合。建设财务共享服务中心的时候往往有一些误区，把那些标准化、规范化、事务性的会计处理工作集中到财务共享服务中心，这就很容易造成会计处理工作和业务工作、管理工作切断，从而带来很多麻烦，降低财务共享服务中心的价值。对此，要横向打通业务系统和财务共享平台，实现业务同源入口，并建立联查追溯机制，提供全价值链财务管理支持。财务共享服务中心要实现业务延伸，不仅要做总账、成本、税务、资产的核算，还要与资金收付款、电子档案、供应链、销售、合同管理等业务相结合。

管控服务型财务共享建设要实现业财融合，需要将资金纳入财务共享服务中心。将资金纳入财务共享服务中心主要有三种模式：第一种模式，把资金结算职能全部纳入财务共享服务中心，包括单位内部结算、资金中心结算，这是最常见的模式；第二种模式，把企业内部的结算纳入财务共享服务中心，将资金中心的结算业务保留在资金中心；第三种模式比较简单，把资金结算全部保留在资金中心，财务共享服务中心只承担开凭证的职责。

要实现业财融合，还应将税务纳入财务共享服务中心。管控服务型财务共享服务中心除了进行税务核算等常规业务，还可以从统一发票、统一认证等方面加强对发票风险的管控，并且为集团平衡税负提供有力支撑。如在财务共享服务中心有一笔资金，用于采购扫描设备。税务管理为了识别税务发票，也要购买一批共享服务设备。这种情形下，税务管理和财务共享服务中心会共用设备。随着"营业税改增值税"的推进，将税务管理纳入财务共享服务中心也将成为一种常态。

二、管控服务型财务共享建设的三个阶段

（一）高层设计阶段

在初期的高层设计阶段，企业应该结合自身的战略定位，明确建立管控服务型财务共享服务中心的顶层规划，在顶层规划蓝图的指导下，定义财务共享服务中心的建设模式与运营模式，确定财务共享服务中心的选址。在该阶段，企业需要从集团层面进行整体业务规划。同时，企业应将易于标准化和规范化、较快取得收益的低风险业务纳入共享服务业务范围，如应收应付、总账核算、固定资产核算、费用报销，以及成本的分摊核算、资金管理等业务。另外，企业应在设计阶段做好相关的组织调整、人员配备等筹备工作，结合企业管理架构、企业战略及共享业务等进行规划，全力支撑集团管控。在该阶段，企业应结合战略、组织机构、业务等方面来设计管控服务型财务共享服务中心建设的多种可选方案，或咨询相关专业公司进行方案设计，然后评价每种方案的风险并与企业集团高层进行确认。

（二）设计和实施配合阶段

在设计和实施配合阶段，企业需要根据财务共享服务中心的初步设计方案，从信息系统维度出发，完善每个分支系统的建设和各个系统之间的协作匹配。在实施过程中，一般的财务共享服务中心由五大平台支撑：网上报账平台、业务操作平台、运营支撑平台、运营管理平台和资金管理平台。五大平台的建立帮助企业集团实现财务核算系统、资金管理系统的集成，同时可帮助企业建设财务共享服务中心，提升企业财务业务的处理效率及质量，充分发挥财务共享服务中心对基础财务核算业务的监控和指导作用，提升企业整体的财务管理水平。在实施过程中，企业要结合具体的实践成果，对初始的设计方案进行完善，并应用于系统开发和实施，反复摸索，不断总结并汲取其他企业的经验，从而设计出新的方案。

（三）持续优化阶段

到了持续优化阶段，意味着企业的管控服务型财务共享服务中心已经成功建成，但仍需要持续改进。在该阶段，为保障财务共享服务中心的有效运作和发展，企业应该不断加强运营管理。管控服务型财务共享服务中心的运营管理包括强化培训管理、建立绩效管理和提升服务管理等方面。

管控服务型财务共享服务中心的运营管理目标包含成本、质量、效率、满意度

等。在运营成本上企业要关注价值链的成本控制，在降低成本的同时，发起成本管理举措。企业应注重全业务流程的效率提升，关注流程中的各个风险点，通过标准化、自动化的流程实现财务核算质量的大幅度提升。此外，建设管控服务型财务共享服务中心还需不断地关注内部客户的满意度，从而提升价值链上的满意度。

强化培训管理，要求管控服务型财务共享服务中心建立完善的知识管理平台和在线学习平台，实现个人经验、外部知识、企业文化等统一的知识积累、分享、互动。

建立绩效管理，要求管控服务型财务共享服务中心改进过程管理，通过现场走访、电话访谈、网络问卷等途径获取服务质量数据，从而实现业务流程、管理制度、信息系统的不断优化。

提升服务管理，要求管控服务型财务共享服务中心提供规范化的核算与报表，然后通过财务抽检评价等方式，确定财务共享服务中心人员完成质量的目标；同时，关注员工的核算专业能力、沟通能力、问题解决能力，对能力突出者给予轮岗、升职等优先权。企业要重视内部客户的满意度，由下属企业对管控服务型财务共享服务中心的服务内容、服务速度、服务态度等做出评价，根据评价结果进一步变革方案，持续改进服务。

"新财务"时代，财务共享服务中心已成为财务部门数字化转型的天然推动力。在实际建设过程中，管控服务型财务共享服务中心的建设包含两个建设核心、三个建设阶段，其中，核心一是通过柔性共享强化管控，核心二是强化业财融合；从高层设计阶段、设计和实施配合阶段，再到持续优化阶段，管控服务型财务共享服务中心的建设循序渐进、持续优化。最重要的是，在建设过程中，企业集团始终要持有大共享思维，为财务共享服务中心的持续优化做好铺垫。

第四节　基于 ERP 系统的管控服务型财务共享服务中心设计

一、基于 ERP 系统建立管控服务型财务共享服务中心的意义

ERP 系统是管控服务型财务共享的重要支撑。管控服务型财务共享服务系统的运行离不开 ERP 系统的支撑。ERP 系统建立在信息技术的基础上，集信息技术与先进管理于一身，是建设管控服务型财务共享服务中心的核心手段。ERP

系统是以系统化的管理思想为出发点，为企业员工及管理层提供决策手段的管理平台，它实现了企业内部资源和企业相关外部资源的整合，通过软件和平台把企业的人、财、物、产、供、销及相应的物流、信息流、资金流等结合起来，实现资源优化和共享。

管控服务型财务共享服务中心的 ERP 系统跳出了传统企业边界，从供应链范围去优化企业的资源，优化了现代企业的运行模式，反映了市场对企业合理调配资源的要求，对于改善企业业务流程、提高企业核心竞争力具有显著作用。ERP 系统的作用：在财务核算方面，实现复杂的财务会计和管理功能，如建立初始账户，处理会计凭证、账簿管理、会计报表查询，月末、年末结算处理等功能；在资金管理方面，对银行基础数据、银行账户管理、内部网银、资金结算、内外借贷、票据管理等进行集中管理和控制，可以有机地融入各种业务流程和环节，实现对整个集团多方面的管理；在供应链方面，把从供应商到客户的所有企业连接起来，同时，以“面向客户、协同集中”的核心理念为基础，为企业提供一个稳定、开放、先进的基于网络的供应链管理平台；在生产制造方面，为企业提供了全面细致的生产计划、有序的车间管理和快捷简单的成本核算模块，帮助企业理顺生产管理，消除后顾之忧。财务共享服务中心需要以 ERP 系统为基础构建自己的信息体系。基于 ERP 系统建立财务共享服务中心有着积极的管理意义。

首先是 ERP 系统的实施能够彻底改变企业内部原有的工作分工，实现业务处理信息化、会计核算自动化。ERP 系统使整个会计工作的内涵都发生了变化，会计的基础核算职能更多地变为审核业务单据，会计凭证则由 ERP 系统内置的会计核算规则自动生成。传统的会计记账工作完全被系统所替代，彻底抛弃了无效的重复劳动，核算工作的准确性和工作效率大大提升，为核算规模化和财务共享服务提供了坚实基础。ERP 系统推动财务共享服务实施，使具体财务核算工作摆脱低附加值的业务操作。会计人员由日常核算记账向财务管理工作转型，由应付烦琐的数据处理向强化数据预测管控转变，参与到市场营销、运行维护、计划投资和管理决策支持等活动中，逐步成长为可以信赖的业务支持顾问，从而参与管理决策。

其次是 ERP 系统的实施对财务管理工作变革产生重要影响。ERP 系统根据业财一体化的管理要求，真正实现了“财务管理系统+业务专业系统”的一体化集成。会计人员通过加强整个活动过程中的信息与成本管理，提高了对企业运营成本的控制能力，实现了职能演变。会计人员更多地参与预算执行、分析、决策、控制等高附加值活动，实现了财务共享服务集中化、决策支持属地化的转变，进而推进了企业的财务管理转型。

最后是ERP系统使财务共享更有利于财务工作价值的体现。相比传统财务共享通过简单集中财务核算工作,减少人工的方法降低成本,在ERP平台下的财务共享,不但使财务人员摆脱核算工作的束缚,而且可以关注高附加值的财务管理工作,体现出财务管理的应有作用。有了ERP系统的大力支持,财务核算工作更加规范标准,并可实现内部垂直管控,信息共享透明,强化了内控流程管理的执行力,有效防范了管理漏洞风险。财务人员的主要精力将聚焦于决策支撑工作,快速适应变革需要,支持企业的战略和业务发展。企业通过建立专业的财务共享服务中心,充分利用信息化系统实施评价分析,确保信息准确、评价真实,实现财务共享服务质量的提升。

二、ERP模式下建立财务共享服务中心的主要内容

在ERP模式下建立财务共享服务中心的主要内容包括信息系统支撑、统一业务流程支撑、组织架构支撑及人员配置支撑四个方面。

第一,在信息系统支撑方面,主要包括如下五部分。

①信息的采集,确保大量业务信息的采集效率与质量,尽量实现系统自动操作,特别是要确保业务系统与财务系统实现信息对接。

②信息的传递,着力解决信息跨地域传递的时效问题,如通过网上电子审批的方式,让原始单据影像等资料实现信息化流转传递,加快信息传递的速度,改善实体单据传递的效率问题。

③财务的账务处理,采用集中制证和支付等操作模式。

④运营资金管理,实现资金账户的统一集中管理,削减冗余账户、资金集中结算支付和资金账户信息变动实时监控等功能,在提高付款效率的同时,解决银行对账等问题。

⑤财务信息查询,在ERP系统中嵌入企业管理报表内容,定期向各级单位推送相关财务信息,及时准确掌握各基层单位的财务及业务数据。

第二,在统一业务流程支撑方面,会计核算的职能从各个分(子)公司分散处理调整为在集团或省公司的财务共享服务中心集中处理,统一建立相关的制度规范,如统一业务报销的标准和处理规则;梳理企业实施财务共享服务后的各个业务流程,建立统一的业务操作规范,明确分(子)公司与财务共享服务中心的职责分工,确定原始单据及档案的传递方法。

第三,在组织架构支撑方面,分(子)公司的财务职能转向以财务管理为主,兼

顾辅助核算,如单据初核等,同时,要将更多精力向业务活动渗透,从单纯的事后记录反映转变为事前参与决策制定、事中参与流程控制、事后参与考核评估,为业务经营管理提供更多服务与支撑。分(子)公司的财务人员转型包括:加强制度执行力,精细化管理运作,提出改善建议;为业务部门提供良好的服务与支撑,成为业务部门的合作伙伴,共同为管理层提供有价值的信息与决策支撑。

第四,在人员配置支撑方面,在实施财务共享服务的过程中,强化专业的分工和技能,提升财务管理精度与水准,统筹安排财务人员梳理工作岗位,评估人员的工作经验与知识背景,实现人尽其能;同时,在人员转型过程中注重人性化管理与辅导,实现平稳过渡。

在实施财务共享服务的过程中,更要着重加强风险控制,主要体现在业务报账、会计核算及资金结算(支付)三个环节上。在业务报账审核环节,保留分(子)公司的初核职能,减少低级错误和退单往复;在会计核算环节,设置业务信息和会计科目的映射关系,自动转换业务信息为财务信息,有效减少人为判断的差错;在资金结算环节,减少资金的周转,实时监控资金账户变动,强化资金稽核力度,降低资金支付风险。最后,在技术层面还要强化信息系统的支撑与维护,因为信息系统是业务流程重组的载体。

三、ERP 模式下建立财务共享服务中心的注意事项

首先,企业要具备建立 ERP 系统的条件,具体内容有:企业达到集团经营的规模,分支机构众多且分散;企业经营的主业类别相对单一,如大型连锁经营类企业、电力业、电信业、银行业等;企业内部各个分支机构的财务业务能够实现按统一的规则和流程进行处理;企业总部对各分支机构运营的掌控力下降,有实现集中财务管理的需求,以强化对各分支机构的管控;企业对集团内部风险管理的要求较高,通过流程的科学、标准化以及制度的强执行力来管控内部的经营风险;企业内部的信息化、网络化较为普及,信息获取渠道通畅;企业内部具备信息化管理所需的技术人才储备和较高素质的财务人员队伍等。

其次,在 ERP 系统的选择上,企业应该根据自身的运营特点和长远发展战略选择适合自己的 ERP 软件,这是 ERP 项目是否能够成功实施的关键因素。选择软件要考虑企业自身的具体需求、管理基础、员工素质、信息化程度、设备软硬件、投资能力等多方面因素,从企业实际出发,量力而行,不要盲目跟风攀比,过分追求大而全。企业在选择前一定要依据自身的条件做好前期准备工作,切忌贸然行事,应结合自身特点,先评估一下自身的实施基础和能力,认真考察国内外众多

ERP 软件的应用成熟程度、产品的可靠性和稳定性、系统设计的人性化程度，以及软件供应商的自身实力、产品服务和二次产品开发能力等多个方面的因素；同时，最好能够借鉴同行业其他实施成功企业的宝贵经验，实地考察应用情况和效果，最终选择最适合自己的 ERP 产品，以达到与企业内部实际管理需求的相适应性。

目前主流的 ERP 软件供应商主要有国外的 Oracle、Sap 和国内的用友、金蝶等。虽然国外的 ERP 软件在产品兼容性、可扩充性、全球多语言支持性等方面具有明显优势，是面向国际化市场竞争的产品，适用于开拓海外市场、参与国际竞争，但其融合了西方的管理思想和管理标准流程，往往存在本地化程度不足、与国情存在较大差异、对企业管理制度的规范性和统一性要求较高、管理流程再造难度较大、系统开发前期投入精力较多、购买和维护成本较高等诸多问题，对企业自身的经济实力和管理水平均提出了较高要求。相反，国内的 ERP 软件在国内易用性较强，操作简便，符合中国人的使用习惯，并且购买和维护费用较低，适合自身实力还不够强大并且主要立足于国内市场的企业。

最后，在选择合适的 ERP 平台之后，企业要建立财务共享体系，还要有明确的共享规划目标和方案。从战略上讲，企业通过财务共享服务要达到的目标是提高财务管理工作的运作效率，降低企业内部管理成本，优化财务管理流程，实时监控分(子)公司的财务运行状况和经营成果，推进企业集团发展战略的有效实施，提高企业在国际、国内市场的竞争能力。从战术上讲，企业制订具体的实施规划方案，确定实施步骤、实施试点等，也是能否有效实施财务共享的关键。

财务管理的主要内容如下。

一是实行集团范围内的财务管理制度的标准化。财务管理制度的创新主要体现在整个集团财务管理制度的标准化，这是构建财务共享服务模式的基础。

二是从分散式的管理模式向集中式的管理模式转变。财务共享服务是一种非常典型的集中式组织模式，它通过将财务共享服务中心和分(子)公司分离的方式，重新确定企业集团和分(子)公司之间的业务内容与财务业务关系，将从事标准化财务共享服务的财务人员从原单位中分离出来，划归到财务共享服务中心，从此实现财务人员的集中化管理。集中的组织模式能够实现内部资源的有效共享，一个财务共享服务中心可以向多个分(子)公司提供服务；此外，使原来基于整个企业集团，按照各分(子)公司进行的财务部门构建转变为基于业务类型需要的财务部门构建，将从事业务基础核算类型的财务部门剥离出来，划归到财务共享服务中心。

基于以上两点，下一步重点考虑如何通过 ERP 平台来进行财务共享流程的再造和借助信息、网络资源共享来实现财务共享服务中心工作效率的最优化。

进行原有流程的梳理、再造,实现财务共享服务中心的业务数据和财务数据的整合;满足财务数据业务化、业务数据全程共享化、财务管理流程标准化、财务业务流程模块化,将基础记账业务与财务分析管理功能分离管理等要求,最终借助 ERP 系统的信息共享技术实现财务共享服务中心整体运行能力和效率的提升。将财务制度、预算管理功能固化在统一的 ERP 平台中,包括财务共享服务中心的作业流程等都在系统中进行统一设定,任何分(子)公司不得随意修改,从而保证集团总部的战略得到有效贯彻和落实。

这样就在一个企业集团内部完善了整个财务体系,形成了基于财务共享服务模式的管理决策思想。在财务共享服务成功实施后,借助信息和网络技术的广泛运用,以及 ERP 系统与账务记账系统、内部办公网络系统、网上银行支付系统等子系统的高度集成,信息技术先进的财务共享服务中心就能够实现财务审批全过程的电子化以及自动记账、自动支付等功能,使财务共享服务工作高效率地运转起来。

四、基于 ERP 系统的财务共享服务中心的体系结构设计

(一)设计原则

管控服务型财务共享服务中心的设计原则如下。

第一,性能提升原则。在原来 ERP 系统的基础上,落实那些能够显著提高财务流程效率、提高资产及资金安全性的措施,将 ERP 系统中的报账、应收应付账款、工资、账务处理、报表管理等环节集中起来,建立专门数据库,方便核算和控制。

第二,数据集中与标准集中原则。通过建立财务共享服务中心,带动公司内所有数据集中共享以及公司所有标准的集中管理。

第三,流程优化原则。规范各分(子)公司之间的核算数据传递流程,整合费用报销流程和财务报告编制中关键事项的确认流程,建立统一的财务报告数据模板。

(二)体系结构设计

财务共享服务中心需要利用原有的信息化平台,以 Internet/Intranet 及云计算平台作为数据传输渠道,重新部署数据库服务器,开发现有系统平台,重新确定组织机构和岗位任务,其体系结构如图 4-1 所示。

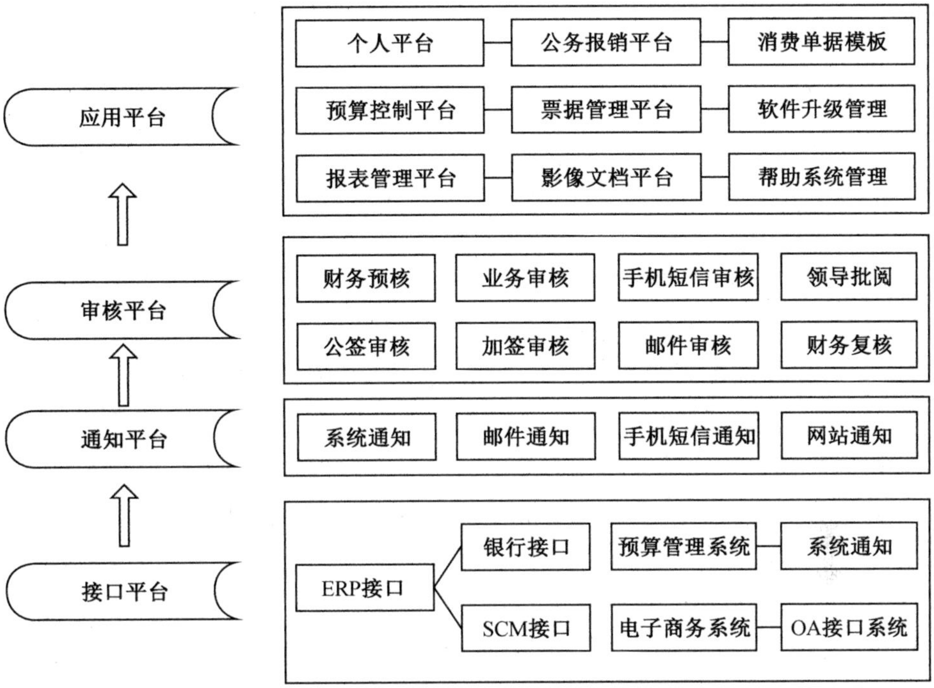

图 4-1　基于 ERP 系统的财务共享服务中心的体系结构

体系结构分为四层，最高层（第四层）是应用平台，由各种应用平台构成；第三层为审核平台，包括财务预核、业务审核、手机短信审核、领导批阅、公签审核、加签审核、邮件审核等形式和财务复核等环节；第二层是通知平台，主要有系统通知、邮件通知、手机短信通知和网站通知四种形式；最底层（第一层）是接口平台，提供财务共享服务中心与其他业务系统的接口，与 ERP 系统对接。要求 ERP 软件必须支持端到端的业务流程，流程自动化，无手工流程，系统部署能跨地域数据传送，支持自主门户和交互中心，能与供应商、客户、员工及合作伙伴协同工作。

五、基于 ERP 系统的财务共享服务中心架构设计

ERP 系统是在制造资源计划（MRPII）的基础上发展起来的，以供应链为核心，强调流程的规范化，通常包括财务、供应链、生产制造、人事劳资、计算机辅助设计（CAD）/计算机辅助制造（CAM）、成本管理等模块，是实现企业管理信息化的主要技术手段。

ERP 系统的基础是财务子系统，是业务管理与财务管理的一体化软件，各个子系统产生的单证都需要汇入财务子系统中生成记账凭证，并登记到总账和明细

账中，作为报表编制的依据，它执行的是财务的核算功能。

财务共享服务中心则是将财务核算功能从各个子系统中抽出来集中管理，从而由事后核算向事中控制和数据挖掘及决策职能转移。财务共享服务中心颠覆了传统财务会计的工作方式，建立了类似流水线的运作过程，借助精细化的专业分工、标准化的流程和发达的信息技术，以“服务”为定位从事财务业务。服务的客户越多，表现出来的规模优势越明显。

ERP 系统与财务共享服务中心的关系：ERP 系统的财务管理模块被抽取出来，进入财务共享服务中心，各个子系统中与费用相关的业务全部交给财务共享服务中心管理。财务共享服务中心组成一个相对封闭的环境，按照提交—审计—复核—生成凭证的流程报账、登账。在建立财务共享服务中心之前，ERP 系统直接与外部环境联系，而建立财务共享服务中心之后，则允许财务共享服务中心与银行、客户等外围系统直接对接。

基于 ERP 系统的财务共享服务中心的架构可以分为三个应用子系统，即影像管理子系统、网上报销子系统和账务管理子系统。另外，为方便员工进入财务管理中心报销费用及查询信息，需要设计三个模块，即个人信息平台模块、系统管理模块和流程引擎模块。需要注意的是，企业可以依据实际情况开发其他应用子系统。

个人信息平台相当于系统为员工建立的个人账户，员工的财务信息均可以在此平台上被查询到。其主体部分是财务共享服务中心。

在 ERP 系统的基础上实现财务管理的规范化，运用相对独立的系统、组织机构和统一的标准，构建财务共享服务中心，为企业提供了一种降低管理成本、提高管理效率的运行模式，将众多的财务人员从重复性劳动中解脱出来，将时间和精力转向财务管理工作，必将受到企业（特别是大型企业）的欢迎。

第五章　财务共享服务中心建设规划

第一节　财务共享服务中心建设可行性评估

一、项目评估分析的思路和重要性

实施财务共享服务的时机选择是建设财务共享服务中心面临的主要风险之一,这便涉及最初的项目评估问题。项目评估是建设财务共享服务中心的起点,决定了建设财务共享服务中心是否能够满足企业需求。

开展项目评估分析,首先必须通过充分的调研、行业比较来了解建设实施前企业集团中存在的问题,指明中心未来的优化方向;其次,从实现企业发展战略的高度与解决目前实际问题的角度评估项目实施的效益。这包括初步拟定财务共享服务中心远景和战略目标,建立财务共享服务中心的运作模型(包括实施范围、组织和资源),制订实施计划,进行项目目标的投资效益分析。

所有这些行为的目的在于为项目参与者带来动力与激情,为项目的成功实施奠定良好的基础。如果在这个阶段企业没有讨论清楚现有问题和改进方向、没有充分实施行业标杆案例举证、没有进行投资的成本效益分析等重要的项目论证工作,就容易出现管理者决策缓慢、反复辩论、反复汇报的情况,导致项目延迟。这无疑会增加不必要的成本和费用,未来实施的效果可能也不尽如人意,对实施财务共享服务的企业来说则可能面临项目推进搁置的重大风险。

二、实施主体的评估分析

尽管企业建设财务共享服务中心已经成为一种趋势,但并不是所有企业都适合建设财务共享服务中心,其变革的复杂性要求企业必须遵循一定的规律。为了保障财务共享服务中心顺利建设,建设完成后能够适应企业的发展,需要企业在财务共享服务中心建设前期对所处环境及自身进行全方位的评估。一般企业应从以下几个方面和具体因素入手,分析财务共享服务中心建设的可行性。

(一)行业及企业特点分析

企业所处行业及业务特点不同,利用财务共享服务中心的程度也不同,因此需要对企业所处的行业特点、自身规模、扩张程度、业务特征进行详细分析。

1. 所处行业的数字化程度

考虑到数字化和智能化的发展背景,企业建设财务共享服务中心的目的呈现出多元化的趋势,众多企业选择通过建设财务共享服务中心加速财务数字化转型,进而推动企业整体的数字化转型。上海国家会计学院(2021)的研究报告指出,共享服务中心发展至今,已经远远不是单纯的共享服务中心的定位,未来共享服务中心将承载企业"运营中心+数据中心"的核心职能,支撑企业整体的数字化转型。

当前,不同行业的数字化程度有显著的差异,这种差异也同样体现在财务共享服务中心建设和财务数字化转型中,行业数字化程度越高,对建设财务共享服务中心越有利。麦肯锡全球研究院(2017)发布的《数字时代的中国:打造具有全球竞争力的新经济》报告显示,在中国国内生产总值(GDP)占比较高的行业中,数字化水平最高的行业是信息通信技术、金融和保险、批发贸易等;数字化水平中等的行业包括高端制造、基础产品制造、化工和制药等;而建筑、农业与狩猎、房地产业的数字化水平最低。

与此相呼应的是,在针对企业财务共享服务中心建设以及智能化技术应用的调研中,受访企业也大多来自数字化水平相对较高或中等的制造业、信息通信技术行业、金融业等。可见,财务共享服务中心的建设本身就需要该行业具有一定的信息化和数字化基础,具有一定的行业差异性。而为了实现财务共享服务助力数字化转型的目标,企业在评估建设可行性时,也必须站在长远的角度,考虑自身所处行业的数字化程度,思考未来财务共享服务中心的定位以及数字化转型的优势和劣势,有针对性地采取相应措施。

2. 企业的规模和扩张程度

规模大、采取扩张战略的企业更适合建设财务共享服务中心。规模经济理论是共享服务的核心理论基础之一,是指所有的投入要素以相同的比例增加时,单位成本下降。大型企业的业务覆盖范围广,分支机构和附属单位多,有的在战略上还在不断扩张,甚至处于全球化经营阶段,因此也就需要在国内乃至世界各地的分(子)公司中建立相应的财务组织,负责财务核算和报销工作。财务共享服务中心可以将各分支机构中的职能集中起来,避免组织重复建设;使用标准化乃至自动化的操作批量处理业务，显著降低单位成本，实现规模效益。因此，规模大、采取扩张战略的企业更能发挥财务共享服务的成本优势。

除成本因素外，规模大、采取扩张战略的企业也更需要依靠财务共享服务提升集团管控能力。结合前面提到的集团管控模式，大型企业在初期大多采用分权的财务管控模式，大幅放权给各业务单元，鼓励其多元化经营和扩大业务规模。当达到一定规模后，集团就缺乏对分（子）公司的管控，容易导致管理失控，不利于整体战略目标的实现。此时，集团总部可以利用财务共享服务，将一部分财务职能中的关键控制流程集中整合到一起，由集团总部财务部门负责，以控制各业务单元的权力，规范经营，例如往来结算、现金管理、筹资等。《2015 安永财务共享服务调查报告》显示，有 53%的财务共享服务中心正在为 50 家以上的分（子）公司提供支持，预计未来将有 67%的财务共享服务中心达到此规模。由此可见，财务共享服务中心建设需要考虑企业规模。

3. 业务类型的同质化程度

企业业务类型的同质化程度越高，建设财务共享服务中心的可行性就越高。流程再造是财务共享服务中心实施的核心思想，其创始人迈克尔·哈默指出，流程再造要打破企业按职能设置部门的管理方式，代之以业务流程为中心，重新设计企业管理过程，提高运营效率和顾客满意度。一般而言，企业流程再造首先需要对现有流程进行全方面分析，明确所有流程的关键步骤，然后基于消除非增值步骤、简化必要步骤、为顾客创造价值等角度设计新的流程，在数字化与智能化的背景下，还需要考虑信息技术的运用方案。

可见，流程再造需要考虑的问题数量和复杂程度，取决于业务流程本身的特征和复杂度，越简单、同质性越高的业务越易于进行梳理和重新设计。从财务工作类型上看，可以纳入财务共享服务的工作大多具有同质化、重复性强、劳动密集等特征，而且具有统一服务标准、行为方式与业务规则，甚至是可自动化处理的业务内容，这样才能体现效率提升和标准化程度。从企业自身业务类型上看，主营业务最好是专门从事某一行业的工作，这样不仅有助于财务共享服务中心建设时业务流程的梳理，还有助于统一设计控制标准，最大限度地实现企业内部的标准化。有的企业集团采取多元化经营战略，业态五花八门，这就意味着需要根据不同的业务活动重新设计流程，兼顾不同的业务标准和风险承受程度，并且可能出现相互冲突的情况，建设财务共享服务中心将比较困难。

（二）企业管理基础分析

财务共享服务中心是集管理创新、制度创新、流程创新和信息技术于一体的新型管理模式,对企业的管理能力本身就是一次考验。本书认为,判断企业是否适合建设财务共享服务中心,需要对其管理基础进行分析,主要包括企业文化和价值理念、企业机制和组织结构、企业规范建设与标准化基础三个方面。

1. 企业文化和价值理念

财务共享服务中心的建设是企业行为的组成部分,理所当然要依赖企业文化和价值理念的指引。财务共享服务中心建设作为一项管理变革,是否有创新的企业文化和价值理念做支撑,集中体现在高层管理人员对财务共享服务中心建设的态度,管理层越支持,越有助于推动财务共享服务中心建设。否则,当变革触及当前一部分人的利益时,工作就会遇到阻碍。同时,建设财务共享服务中心的根本目的是促进管理会计工作的有效开展,因此还需要考虑高层管理人员对财务职能的认知。如果高层管理人员不重视财务职能的转变,即便建成财务共享服务中心,也可能只是企业的一个会计集中处理机构,无法实现进一步的职能转型。

2. 企业机制和组织结构

企业机制和组织结构是企业的科学化、现代化管理问题。企业作为一个经济有机体,为适应外部经济环境应具有相应内在功能和运行方式。企业机制决定了企业经营行为的各种内在因素及其相互关系,通过共同约定的组织结构框架,保证资源和信息流通的有序性,提升企业的经营效率。任何组织都必须有相应的机制和组织结构来保证其最终目标的实现。

财务共享服务中心无论是作为企业的职能部门,还是未来成为一个独立运营实体,都必须具备相应的机制和组织结构保证其业务正常、有序开展,不同的发展阶段也需要不同的机制和组织结构与之匹配。财务共享服务中心建设初期,应根据集团现有运行机制与组织结构,设置自身合理、高效的运行机制与组织结构,保证财务共享服务中心能够融入集团内部、运行顺畅,各项业务与集团需求紧密衔接。

3. 企业规范建设与标准化基础

企业规范建设是为了加强管理能力,通过制度建设、管理创新、流程优化及技术开发等方式,建立规范的工作秩序。对于财务共享服务中心而言,管理创新与流程优化再造正是其自身的重要优势之一,因此,财务共享服务中心在建设初期,要评估企业规范建设的成熟度,及时发现现存问题,依据企业现状"对症下药",有效解决企业存在的问题,充分发挥财务共享服务中心的优势。同时,财务共享服务中心强调高度的集中化、标准化、规范化,也需要企业注重规范和标准化的建设。当企业有一定的业务集中和标准化基础时,在实施财务共享服务模式时就可以从这些已经集中的职能和业务流程着手,以取得事半功倍的效果。

(三)企业管控模式分析

管控模式是集团对下属企业基于集、分权程度不同而形成的管控策略,它与企业的组织架构、业务流程紧密相连。管控模式决定了组织架构和业务流程的设置,组织架构和业务流程又制约了企业管控模式的实施效果。因此,管控模式是工作流程设计和优化的依据,是保证企业整体工作流程高效运行、促进业务流程再造的基础。

财务共享服务中心在建设初期,通过对实施主体的管控模式进行分析,考虑如业务战略目标、人力资源管理、工作流程体系及管理信息系统等重要的外界因素,可以快速明确集团管控模式现状,更好地从集团角度出发,进一步提高集团的工作效率,防范集团经营风险,提升集团管理能力,提高集团决策的科学性。

企业的管控模式并不是一成不变的,它将随着集团的整体战略转型而进行动态调整,因此在财务共享服务中心建设初期,应充分考虑未来如何及时适应企业因战略转型而带来的管控模式调整,如何高效地帮助企业完成转型并实现转型目标。

(四)企业信息化基础和技术应用条件分析

除了行业整体的数字化程度以外,企业本身的信息基础和技术应用条件也是实现财务共享服务的基础和保障,主要体现在以下几方面。

第一,财务共享服务中心需要通过信息系统将再造后的标准化、流程化作业进行固化,在技术上要有统一的系统支持。财务共享服务系统要能够覆盖核算、报告、资产、费用、出纳、应收、应付等共享业务,还需完成与影像系统、业务管理系统等其他系统的对接,实现业务流、价值流和实物流的协同。因此,企业实施财务共享服务模式前,需要确保可以利用信息技术资源来建立适合自身的信息系统平台。

第二,财务共享服务中心需要信息系统的支撑来打通信息流通渠道,传递相关的财务信息,未来还需要在强大的信息化平台支撑下,将分散的财务数据统一到一个集中处理的平台,利用更为复杂的分析、对比,为企业后续的决策提供数据支持。这些都对企业的信息系统条件提出了一定要求。

第三,企业还需要根据财务共享服务中心的工作范围、业务量大小,购置合适的硬件、软件设备,并安排专人进行系统管理与维护,为财务共享服务中心的建设提供基础设备的支持。

因此,企业在建设财务共享服务中心初期要对IT系统进行充分评估,熟悉系统的优缺点,有针对性地进行开发和优化,尽可能改造并整合现有业务系统,同时开发必要的核心系统功能,以满足财务共享服务的要求。

(五)企业建设财务共享服务中心的资源分析

虽然建设财务共享服务中心的一个出发点是降低企业的财务成本,但在建设前,企业应当评估自身是否具备相应的资源以支撑财务共享服务中心建设项目的开展,包括人力资源和资金支持。

1. 人力资源因素

人力资源对财务共享服务中心的建设起着支撑作用,是保障财务共享服务中心高效运转的重要因素,企业应全方位考虑人力资源的数量和素质。

财务共享服务中心员工岗位根据工作内容不同可分为:负责具体处理业务流程任务的业务处理岗和负责财务共享服务中心运营管理的业务管理岗。从数量上看,流程的集中化和业务处理的自动化减少了企业对业务处理岗人员的需求。但是,业务处理人员由于工作难度相对较小、可替代性高,薪资相对偏低,而且由于标准化程度高、工作岗位划分细,从事的工作内容相对单一,发展空间有限,流动性大、流失率高,这成为财务共享服务管理的一大难点。企业应合理预测财务共享服务的实施是否会导致人员的高流动率,并且评估应对人员高流动率的方案是否切实可行。从质量上看,业务管理人员是财务共享服务的核心,他们的综合素质影响财务共享服务应对风险的能力和发展创新的能力,而且,整个流程的统一性要求所有员工对流程有一定基础的了解。因此,企业在财务共享服务中心建设初期应保证各地员工得到培训,使人员素质达到实施财务共享服务的条件。

2. 资金支持因素

经济基础决定上层建筑,建设财务共享服务中心作为一项需要人力、物力、财力投入的管理变革,还依赖于企业的经济基础。调查表明,绝大部分企业集团在财务共享服务中心建设方面的投入会在短时间内收回,但经济的可行性是基础。由于建设财务共享服务中心需要支付办公场所租金、购买服务器以及各种软硬件设备等,投入成本大,因此在建设前期需要评估企业能否为项目提供资金支持。

三、实施财务共享服务技术可行性评估原则

财务共享服务是一种新型的财务管理模式,实施过程中必然会面临很大的压

力，主要表现在以下四个方面：第一，意识形态的变革是困难的。分（子）公司独立寻求最大化自身利益的理念难以改变。第二，组织结构的财务调整。企业财务部门处理的业务由财务共享服务中心和部门共享，职责划分不清晰，可能造成互相推诿，内部沟通成本上升。第三，启动成本较高。调查规划、信息系统开发和组织结构的调整产生高昂的财务成本和机会成本。第四，员工情绪不稳定。专业化流程标准的建立以及信息处理平台的推广，必然导致财务人员数量的减少，这在一定程度上会影响员工的积极性。因此，企业在进行财务共享服务项目的技术评估时需要考虑正确的指导原则，包括全局性、先进性、适用性、经济性和安全性在内的五个基本原则。

（一）全局性原则

财务共享服务中心建设应坚持全局观念，立足于整个企业集团的利益，相互配合，密切协调，加强各级管理人员和财务人员的沟通，以免意识形态未改变、员工情绪不稳定等因素导致项目遇到阻碍，影响项目的可持续性发展。

（二）先进性原则

财务共享服务中心建设项目的评估人员应当以技术先进为标准进行项目的技术评估。财务共享服务中心建设应尽可能采用世界上先进的技术，这是一个长期的过程。

（三）适用性原则

建设项目评估人员应当以技术是否适用为标准进行建设项目技术评估。适用性原则要求采用与建设项目所在国家或地区的技术发展水平、市场需求、原企业的技术水平和人力技术等方面相协调的先进技术，确保绩效考核制度与财务共享服务模式的新业务相适应，如图 5-1 所示。

（四）经济性原则

建设项目评估人员应当以经济利益最大化为标准进行建设项目技术评估，既要考虑最低技术成本标准，即在进行项目技术分析和评价时应当优先考虑成本较小的技术方案，以通过节约技术成本，实现投资收益的最大化，又要考虑净收益最大化标准，即通过收益与成本的比较、分析，评价技术方案的合理性。

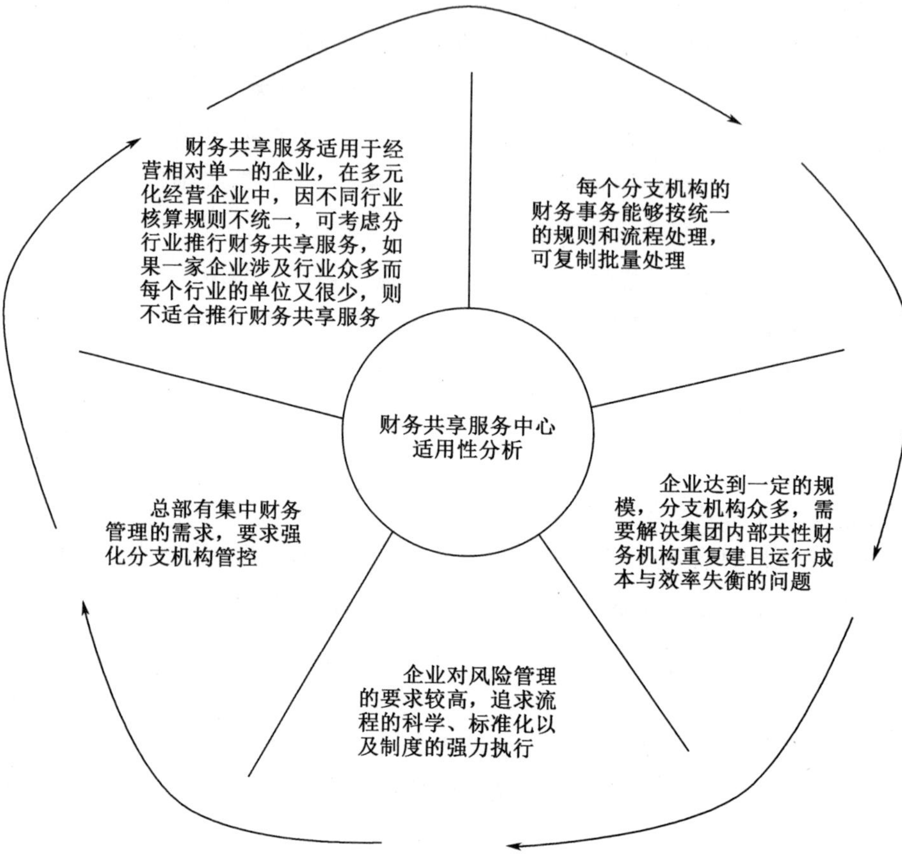

图 5-1　财务共享服务中心适用性分析

（五）安全性原则

建设项目评估人员应当以保证技术的安全性为标准进行建设项目技术评估。网络系统的开放增加了财务信息失真的风险，一方面，如果软件供应商不能从技术角度确保客户会计数据的安全性和完整性，则信息可能会被泄露和损坏；另一方面，电子数据可能在网络传输和在线存储过程中被导出，从而导致会计信息失真。安全既是建设项目质量的保障，也是建设项目生产的产品质量的保障。财务共享涉及企业的经营状况和相关数据，通常都是商业秘密，因而不仅要关注建设项目技术能否保证项目竣工投产后生产出符合设计要求的质量和数量的产品，而且要更加关注能否保证项目产品的安全生产及使用安全。

第二节　财务共享服务中心的战略定位

财务共享服务中心的战略定位是指为了配合企业整体经营战略而确定的财务共享服务中心未来工作的主要目标，以及为达成目标而采取的行动。战略定位是建设财务共享服务中心首先需要考虑的内容，对其他方面起着决定性的作用。

战略定位主要包括财务共享服务中心的战略目标、运营模式和战略结构。

一、战略目标

企业在着手建设财务共享服务中心之前，首先需要从企业战略的高度，确立财务共享服务中心的目标。当然，不同的企业建设财务共享服务中心的战略目标可能各不相同。同一个企业，在财务共享服务中心建设的不同阶段，战略目标也会有所不同。

根据国内外已经建设财务共享服务中心的企业的实践情况，建设财务共享服务中心的战略目标主要有以下几个。

（一）降低成本，提高效率

降低成本是所有建设财务共享服务中心的企业的一个共同目标，因为企业是以盈利为目的的经济体。事实证明，财务共享服务中心对于成本降低成效显著。据埃森哲公司在欧洲的调查，30 多家在欧洲建设财务共享服务中心的跨国公司平均降低了 30%的财务运作成本。

建设财务共享服务中心，需要统一企业的财务制度，梳理企业的财务流程，最终促使企业财务的统一和标准化，这既有助于降低企业的财务成本，又有助于提升企业的财务效率。据 ACCA 对中国企业的调查，超过 50%的中国企业认为，实施共享服务对于降低财务成本、提升财务流程效率非常重要。

（二）加强财务控制，降低风险

在建设财务共享服务中心之前，很多企业的财务组织和人员往往比较分散，分（子）公司甚至公司的部门内部都建有财务组织，配备有财务人员。这种分散的财务管理模式不但削弱了企业对财务的控制力，而且隐藏着巨大的风险。建设财务共享服务中心，就要将分散的财务加以集中。对于企业而言，这是加强财务管控的重要途径。财务管控的加强，自然可以降低与管控有关的风险。

（三）促进财务转型

财务转型对于中国企业来说可能显得更为重要。因为当前国内大部分企业的财务部门和财务人员主要从事核算工作，而在决策支持上相对不足。企业通过建设财务共享服务中心，使大量基础财务工作标准化、流程化，提高财务核算工作的效率，降低对财务人员的需求量，使财务人员能够从烦琐的核算工作中解放出来，从事战略财务和业务财务，使企业的财务实现转型升级。

除了以上三个主要目标外，建设财务共享服务中心的战略目标可能还包括：提升财务能力、提高财务工作质量、提升内部和外部客户满意度、加强财务对决策的支持力度、强化企业内部管理等。

二、运营模式

最初，财务共享服务中心只是进行基本财务业务的处理，随后，慢慢发展成一个运作与控制分离的职能部门，最后发展为独立经营模式，成为一个独立的营利组织。比如，壳牌石油公司建立的“壳牌石油国际服务公司”，每年约10%的收入来自向外界提供服务。从只为内部客户服务，到同时向外部客户提供自己的财务共享服务；从降低企业的运作成本到为企业创造利润。随着共享服务不断发展进步，逐渐走向成熟，财务共享服务中心向企业内外部客户提供了优质的服务、丰富的服务内容和服务形式，以满足客户的需求和选择。

企业需要根据自身的经营情况、组织结构、信息化程度等，确定财务共享服务中心的运营模式。按照组织发展的阶段，财务共享服务中心的运营模式分为以下五种类型：基本模式、市场模式、高级市场模式、独立经营模式以及财务众包模式。

（一）基本模式

基本模式通常处于财务共享服务中心发展的初期阶段。这种模式下，组织内部的基础运营与决策权统一在集团总部。出于集中管控、降低成本以及提高效率等方面的考虑，这种运营模式会强制性地要求各分支机构将总账、应付账款、应收账款、固定资产等典型的财务工作集中到财务共享服务中心处理。这种类型的财务共享服务中心比较注重选址、人员测算、最优工作量标准核定等。

（二）市场模式

市场模式是财务共享服务中心发展到一定阶段的产物。它分离了公司职能内部的基本运作权和决策权,使财务共享服务中心成为相对独立的经营实体,拥有基本运作权;使机构更加灵活,只需执行总部规定的相关政策,并受总部的监管。集团内部分支机构的客户不再被动接受托管性的服务,可以根据自己的意愿做出是否接受这些服务的决定。这种模式的财务共享服务中心,不仅要提供基础的业务服务,还要提供更专业的咨询服务,要不断提升自身的服务质量,根据确定的服务流程与标准提供服务。与此同时,财务共享服务中心开始通过服务收费抵偿成本。我国大多数企业集团采用这种服务模式。

(三)高级市场模式

高级市场模式的财务共享服务中心,是市场模式的进一步发展。和市场模式最大的不同是高级市场模式引入了竞争,其核心目标是为客户提供比竞争对手更优的服务。此时,企业内部各机构的客户具有更多的自主权。因为市场上有更多能够替代的系统软件服务商,这种财务共享服务中心在收费标准上,按照市场价格或成本加成收取相应费用。目前这种运营模式的应用在我国不是很多,一些具有雄厚实力的大型企业集团会采用这种运营模式。

(四)独立经营模式

独立经营模式是财务共享服务中心的高级模式。这一阶段的财务共享服务中心,需要不断提高技能,充实各种咨询服务知识。此时的财务共享服务中心以盈利为出发点,成为能够创造价值的利润中心,其服务收费采用的是市场价格模式。独立经营模式的财务共享服务中心具有完全的独立性,并且通过服务与产品的不断改进或升级,发展壮大其市场,提高客户满意度。国外跨国企业或咨询公司一般应用这种类型的运营模式,我国企业集团对该模式的应用还很少。

(五)财务众包模式

“众包”概念由美国专家 Howe 于 2006 年提出。借助于“互联网+”和互联网思维、技术,财务业务也可以在逻辑上集中、物理上分散,由此产生了“财务众包”的概念。这也意味着,财务共享服务中心本身的管理可以分散进行,员工即使分散在不同的地区也可以完成同一个工作。

2016 年 10 月 17 日,阳光保险集团股份有限公司(简称“阳光保险”)发布“阳光财务众包平台”,将会计作业与新兴的互联网结合,开创“互联网+会计”的共享经济新模式。该平台将会计作业拆分成微任务,并面向互联网用户进行任务招募，由互联网用户抢单、随时处理完成。阳光保险也由此成为首家面向社会大众、采用财务众包模式处理会计事项的企业。

由于财务共享服务中心的业务都是统一、标准化的，依托目前的互联网技术，从操作层面来说，财务共享服务中心采用财务众包模式是具备可行性的。但是对于一向把财务视为企业核心商业机密的企业，对这一模式的选择会更多考虑安全性问题。

第三节　财务共享服务中心模式及选择

财务共享服务按照不同的划分维度，可以分为不同的模式。本书将按照发展阶段、服务范围、组织形态三种划分方式分别介绍。

一、按发展阶段划分

从国际财务共享服务实践经验及传统财务共享服务发展理论看，财务共享服务的发展经历了四种最常见的模式：基本模式、市场模式、高级市场模式、独立经营模式。随着企业数字化转型的推进，在部分数字化程度较高的企业还出现了第五种模式，即数字原生企业运营模式。

（一）基本模式

基本模式通常建立于财务共享服务中心发展初期，它以降低成本、流程规范化和标准化为目标，通过合并和整合日常的事务处理工作、交易活动与行政管理工作，消除冗余，最终实现规模经济。基本模式类似于将集团企业的后台职能进行集中处理，其基础运营和决策权统一在企业总部。例如，基于集中管理、成本降低以及内部控制等方面考虑，基本模式会强制性地要求各地经营部门将工资支付、员工报销、应付账款等典型内部托管服务交由集中机构或者是总部进行集中处理。虽然这样的管理模式在名义上不称为共享服务，但实际上已与共享服务初级阶段相类似。基本模式下财务共享服务中心的建设比较重视选址、人员测算、最优工作量标准核定等。

（二）市场模式

市场模式与基本模式相比，主要特点如下：一是控制权与服务权出现分离；二是咨询服务内容更加专业。两者具有因果关系。市场模式将企业内部职能的基本运作与决策权分离,使共享服务的客户(集团内部的其他组织)不再是被动的服务接受者,他可以根据自己的意愿做出决定是否接受这些服务。也就是说,服务不再是托管式的,决策权掌握在接受服务的客户手中。这时,财务共享服务中心为了证明自身服务的专业性,需要不断提升自身服务质量,优化流程,加强沟通,根据确定的服务流程与标准提供服务;需要基于基础信息,提供专业顾问服务以帮助决策,即增值服务;引入成本补偿机制,通过服务收费的方式抵偿成本。

(三)高级市场模式

高级市场模式相比市场模式最大的不同是引入了竞争,目的是向客户提供、推荐最有效率的供应商,供客户进行决策选择。高级市场模式兼顾了市场模式的特征,客户存在更大的自主权,他们可以在现存的两个以上的共享服务机构中进行选择,如果他们认为内部服务机构的服务数量或者质量难以满足需求,可以更换,甚至从外部购买自己所需要的服务。企业建设高级市场模式财务共享服务中心,有利于加强内部控制,在兼顾成本效益原则的同时,保障信息的安全性。

(四)独立经营模式

独立经营模式的特征主要体现在“独立”二字上,这时的财务共享服务中心开始作为一个独立的经营实体来进行运作,它不仅向企业内部客户提供产品和服务,同时还服务于外部客户。该模式下的财务共享服务中心凭借其本行业的专业技能、技术及知识开始与第三方外部服务机构、主要的外部咨询机构等展开完全竞争,同时服务收费也完全呈现市场化态势。因此,其已经完全没有来自投资企业的先天庇护,开始创造稳定的收入和利润,并且通过服务与产品的升级或更新,吸引新客户,维持老客户,不断发展壮大。目前来看,我国已经实施财务共享服务的集团公司中实施这种模式的还很少,一般集中在国外的跨国公司、大型咨询企业。

(五)数字化原生企业运营模式

2018 年第二届世界智能大会指出,未来所有企业要么是数字化原生企业,要么成为数字化转型企业。与传统企业数字化转型不同,数字化原生企业本身就建立在技术和数据的基础之上,在内部和外部运营中均利用数字技术作为竞争优势。

数字化原生企业运营内部业务的方式已经形成下一代共享服务的雏形,甚至超越了共享服务的范畴,它主要通过企业的高度数字化运营,以更便捷、更高效、更有价值的方式完成一般意义上共享服务应承担的工作。换句话说，未来财务共享服务的运营模式已经成为企业数字化运营的一部分，由技术和数据提供运营服务。例如，企业可以在整体数字化转型的规划下，部署人工智能算法来代替大型组织中的数百名员工完成应收账款流程。可见，基于企业整体的数字化运营将成为下一代财务共享服务的新模式。

二、按服务范围划分

财务共享服务中心的构建和发展与企业的经营战略相匹配，因此也就受到企业战略布局、经营范围和管控方式等因素影响，形成相应的服务范围。根据服务范围不同，财务共享服务可分为统一模式、区域模式、产业模式和项目模式。

（一）统一模式

统一模式下，无论集团企业有多少种业态，也无论其在全国乃至全球范围内有多少个经营单位，只设立一个全集团统一的财务共享服务中心，该共享服务中心向集团所有成员单位提供共享服务。统一模式比较适合集团强管控、强执行、标准化、规范化程度较高的企业。该模式统一规划，统一建设，集中管理，能减少重复投入（但一次投入较高），减少不同外围系统对接的成本，更大限度地发挥规模化效益，有利于更好地促进集团统一管控。建设过程应该遵循流程尽可能统一、标准尽可能集中且循序渐进的原则。

统一模式的高级形态就是全球商业服务中心（global business services，GBS）。随着经济全球化的深入，越来越多的企业朝集团化、国际化和多元化的方向发展，单一职能的共享中心逐渐走向跨地域、跨职能的整合，意味着共享中心逐渐向 GBS 发展。德勤（2019）将 GBS 的特征总结为跨职能、跨区域、多地点、多来源以及多业务五个方面。其中，跨职能和跨区域是 GBS 最直接的体现，意味着 GBS 中包含多个不同的职能部门，并为集团所有业务区域提供服务，使共享服务走向全球化。

（二）区域模式

区域模式是指企业根据下级组织的区域分布情况，灵活设置多个财务共享服务中心，向一定区域范围内的组织提供共享服务。例如，华为从 2006 年开始在全球范围内建立了包括深圳、成都、马来西亚、罗马尼亚、阿根廷等七大区域财务共享服务中心。区域模式比较适合按区域进行管理，区域分布广、覆盖深，且区域在财务共享服务中心建设进度等方面可能存在一定差异的企业。该模式建设过程中应关注不同区域的组织权限、数据与信息权限隔离的问题。

(三)产业模式

产业模式下,企业根据不同的产业板块分别建立多个财务共享服务中心,向该产业集团所属成员组织提供共享服务。产业模式适合多元化发展且产业板块业务差异较大的大型综合性集团企业。集团可根据条件成熟度、紧迫程度等,选择或批准分(子)公司先行建设财务共享服务中心,后续推进完成其他产业集团的财务共享服务中心建设,因此,全集团的建设进度、风险、标准相对容易管控。

(四)项目模式

当前,一些企业集团在海外经营重量级大型基建项目,这些项目的特点是投资额度大、类型复杂、涉及专业众多、工期要求严格,通常需要产业链上多家专业公司共同参与实施。由集团内平台公司对外承接项目,集团内产业链上下游各专业子公司共同参与实施项目已成常态。为有效管理和核算项目,可建立项目化的财务共享服务中心,以统一科目、统一核算规范、统一流程、统一标准、集中管理,进行独立账外核算。

三、按组织形态划分

从组织形态看,财务共享服务中心可以划分为实体财务共享服务中心和虚拟财务共享服务中心两种。企业应该根据集团成员的区域分布、业务同质化程度、人员招聘难易度、财务人员编制等因素选择不同的财务共享服务模式。

(一)实体财务共享服务中心

实体财务共享服务中心是将原有企业集团内分布在不同财务组织中的财务人员集中到一个或多个特定地点,通过物理组织上的集中、业务财务流程的优化、财务核算标准的统一等措施,建立财务共享平台。这是一种典型的实体组织,是实现财务共享的常用方法,也是目前国内外大多数财务共享服务中心所采用的模式。

实体财务共享服务模式根据具体的构建操作,可以进一步划分为集中式、业务单元式和联邦式,这一划分实际上和按业务范围划分的建设模式有一定相同之处,但是从实体的角度看更倾向于分析组织架构上的区别。

1. 集中式

集中式以集团的财务共享服务中心作为中枢机构,往下划分为集团财务共享服务中心的各财务流程小组，再往下划分为集团财务共享服务中心的产业板块小组。此种财务共享服务模式的必要条件是集团内部必须实现会计科目和核算流程的标准化与统一，各产业板块内部实现核算规则的统一，部分流程的核算规则在产业板块之间存在差异，以及在集团层面建立统一财务共享平台。这种模式的优势是集团总部对共享中心的管控力度较强，基础财务信息透明且集成，部分流程实现集团统一，允许与业务紧密相关的核算流程在各产业板块间存在差异，按流程一次性做系统开发，上线成本较低。但这种模式下通常按照业务板块、财务流程划分信息系统并分别上线，在未实现所有流程系统上线之前，通常面临较大的沟通成本。

2. 业务单元式

业务单元式以各产业板块的财务共享服务中心作为各中枢机构，往下划分为产业板块的财务共享服务中心的财务人员。实现此种财务共享服务模式的必要条件是产业板块内部必须做到会计科目、核算规则和核算流程的统一，以及在集团层面建立统一财务共享平台。其优势是产业板块各自共享平台可满足个性化需求，各产业板块可根据自身情况安排共享平台上线，推行阻力小等。但面临的挑战是各个产业板块的财务信息散落在各自系统中，数据口径不一致，管理分析结果不准确，难以及时为集团管理层提供决策支持。若各产业板块各自开发共享平台，则投入巨大，无法确保数据的集成与交互等。

3. 联邦式

以集团总部财务作为中枢机构，搭建产业板块的财务共享服务中心，往下划分为产业板块的财务共享服务中心。实现此种财务共享服务模式的必要条件是产业板块内部必须做到会计科目、核算规则和核算流程的统一，在集团层面建立统一财务共享平台。其优势是共享实施难度低、上线快，基础财务信息透明且集成，可以满足各产业板块的个性化需求等。但面临共享平台的功能模块在各板块间的复用程度低，各产业板块实施上线的周期长、投入大，系统运维成本高等挑战。

（二）虚拟财务共享服务中心

虚拟财务共享服务中心与实体模式最大的区别在于，它不是将所有共享中心的人员集中到统一的地点，而是采取虚拟组织的形式，利用先进的网络平台和通信技术（如视频会议技术）等，连接不同区域的员工，完成财务共享服务的工作，实体财务共享服务中心的虚拟化。要厘清虚拟财务共享服务中心的特征和产生的原因，需要从“虚拟组织”这一概念谈起。

1. 虚拟组织的概念及价值

技术是影响组织形态的关键因素，技术变化与组织形态变化有明显的对应关系。虚拟组织作为一种创新组织形式，是随网络信息技术的发展而产生的。伴随着历次工业革命，企业分别呈现出直线式、职能式、矩阵式等组织形态。第三次工业革命后，网络信息技术赋予了人类前所未有的远程协作能力，依托这种信息沟通的优势，企业在人员招募、组织形式和管理技术等方面都实现了创新，并产生了虚拟组织。

虚拟组织是一种特殊的组织形态，其特殊之处体现在"虚拟"二字上。"虚拟"与"实体"相对应，是指通过技术实现对实物的仿真。对组织而言，虚拟意味着组织并不是以实体的表现形式存在。相反，虚拟组织既没有中心办公室，也没有组织结构图，更没有任何垂直上下的层级，它主要是运用网络技术手段，把分布在不同地理位置的企业员工动态地联系在一起，完成组织内外部的协作。Byrne（1993）最早指出虚拟组织是一种技术环境下企业组织形态的变革，它通过信息技术加强了成员之间的信息传播能力，使其在保持地理位置不变的情况下，整合利用跨组织人员的智慧，实现各种人才的集合。虚拟组织突破了传统组织结构，创造性地实现了组织职能及目标。

从虚拟组织产生的背景看，技术应用以及技术带来的组织变革是其两大核心特征。第一，虚拟组织通过网络信息技术实现信息沟通。虚拟组织起源于信息技术的发展，企业不再以传统的物质形态进行信息互通，从而提高了组织内外信息传播的效率，组织间沟通协调更加迅速与便捷。第二，虚拟组织通过创新沟通方式实现组织变革。由于采取虚拟的方式，企业内部的信息、人才和资源的流通更加自由，不再受物理空间的限制，模糊了组织边界，有助于企业进行组织变革。

随着第四次工业革命的爆发，世界正在由工业经济时代向数字经济时代发展。数字经济是指以数字化的知识和信息作为关键生产要素，以现代信息网络作为重要载体，以信息通信技术的有效使用作为效率提升和经济结构优化的重要推动力的一系列经济活动。数字经济背景下，网络信息技术的作用愈发明显，技术的发展也进一步加快了信息的流通速度。同时，技术的发展也对企业的反应速度、敏捷程度提出了新的挑战，企业需要创新组织形态来适应数字经济的要求。工业经济时代形成的组织结构和层级制度严重阻碍了企业的灵活性和创造性，传统组织形态的分工、分权、分利的思想使得组织内外部协同情况不佳。虚拟组织作为在信息技术发展下产生的组织形态，自然具备数字经济发展的一系列特征，并从以下三个方面满足数字经济时代企业对于组织创新的要求。

第一，通过虚拟化和平台化提高协同能力。数字经济时代需要企业有更强的整合能力，能够将企业内外部的资源集中在统一的平台上，虚拟组织恰好通过虚拟化和平台化两个步骤实现了这一目的。首先，通过虚拟化，企业可以利用信息技术，使组织中的所有实体要素以信息的形式存在，打破了传统组织明显的地域和空间限制；其次，以虚拟化的信息体系为基础，企业可以在单个独立的实体组织之上形成线上的平台，平台上的组织具有可协同、可集中、可整合的特征。如此一来，虚拟组织使原本划分层级运作的组织向扁平化、开放共享的平台转变。平台上的员工、合作方都将成为资源整合单元。在虚拟组织构建的平台中，成员可以通过即时通信技术实现动态合作。虚拟组织相比传统组织对外部环境的反应更加敏捷，降低了由于信息滞留造成的信息失真，还可识别和发现部门间的不协同现象，提升组织运作效率。

第二，通过突破组织边界实现价值共享。打破组织边界也是数字经济时代的新要求。无边界意味着对外开放，意味着组织内部、外部均在共同利益最大化的驱使下开展组织活动。在这种内外部共处模式下，企业将更好地适应数字经济下时常发生的颠覆性创新，以应对不确定的外部环境。虚拟组织最早以团队形式出现，就是为了跨越现有的组织和地区，以明确的目标进行组织之间的临时合作，甚至在目标完成后即行解散。例如，早期福特汽车公司就将世界各地的设计师通过虚拟组织的方式集合，专门进行某项款式设计工作，极大地提高了工作效率，保证了目标的实现。可见，虚拟组织模式打破了原本的组织界限，并依靠网络连接，在不同的地域、职能节点上实现即时沟通，组织成员可通过高度一致的价值取向共同完成任务，这将有助于实现价值共享，快速达成组织目标。

第三，通过组织状态的动态变化提高灵活性。数字经济时代，信息传播迅速，市场机会转瞬即逝，许多传统的组织架构设置成为企业应对市场变化的掣肘。传统组织呈现出静态、稳定的特征，在具体设计组织架构时，往往涉及工作专门化、部门化、指挥链、管理幅度、集权与分权以及正规化六个关键要素。因此，一旦组织架构确定，工作职责、部门设置、管理权限等因素也随之确定。对比而言，虚拟组织则呈现出动态多变的特征。它不像传统组织按照功能划分人员，而是以特定任务、项目为导向召集人员；虚拟组织也不一定遵循单向层级、自上而下的决策运行方式，而是通过多向交互、共同参与的方式解决问题。虚拟组织动态变化的特征使得组织更具灵活性，更有助于不同职责、不同工作量职位之间的协调安排。

当然，虚拟组织也存在一定弊端，主要体现在：一方面，由于缺少经常性的面对面沟通，仅仅依靠线上联络还是会产生沟通问题，不同地域员工之间合作困难；另一方面，虚拟组织内部信息沟通的关键在于信息系统的建设，信息的加工处理能力是虚拟组织协同合作的保障。虚拟组织所需要的内部网络、信息平台等设施条件往往对企业信息化建设水平提出了更高的要求。

2. 虚拟组织成为未来财务共享服务组织模式的发展趋势之一

随着 ERP 系统的完善和网络技术的发展,集团出于加强组织协作、进一步压缩成本等目的,将虚拟组织理论与财务共享服务实践相结合,产生了虚拟财务共享服务中心的组织模式,并逐渐成为未来发展的趋势之一。

虚拟财务共享服务中心具备虚拟组织的特征,在组织的物理位置、组织形态和工作流程上都与实体财务共享服务中心不同。从物理位置看,实体财务共享服务中心出于人才招募、运营成本和组织沟通的考虑,选址主要在一、二线城市或总部所在地。虚拟财务共享服务中心不需要集中在某一个地点,员工可以通过网络和移动终端在任何地方完成工作,实现异地办公。从组织形态看,实体财务共享服务中心都有专门的部门划分,或是作为集团财务部下属或平级部门,或是独立于财务组织的事业部,或是独立运营的公司。虚拟财务共享服务中心是一个虚拟的网络平台,它的某些服务和功能不设在同一个地点,而是利用全面电子化、网络化实现成员之间的工作沟通和联系。从工作流程上看,实体共享服务是工业化时代的产物,它是通过对企业流程的再造,把价值链中相同的工作进行集中来实现的。而虚拟共享服务可以视为数字化思维的产物,它不但将工作流程进行标准化和拆解,而且将部分对专业技能要求不高的环节通过网络平台分发出去,让网络平台中的员工通过抢单的方式进行作业并结算。若网络平台连接到企业外部,还可以实现“众包”作业,让所有网络用户都成为虚拟共享的虚拟员工。

虚拟财务共享服务中心的产生受技术、组织和成本三大因素的驱动。首先是技术动因。信息技术特别是移动互联网、云计算技术的发展,为企业构建虚拟平台创造了条件,进而使企业的财务共享服务可以分布在全球各个区域,并且突破了语言障碍,解决了招募优秀人才难等问题。其次是组织动因。虚拟共享服务是虚拟组织与共享服务相结合的产物。随着企业虚拟化经营程度的不断提高,不同的企业会建立盟友关系,形成范围更广的虚拟组织。当原先发生在企业内部的共享服务的范围扩展到虚拟企业的盟员之间时,就会产生“虚拟共享”这种组织形式。最后是成本动因。持续的成本节约是财务共享服务中心赖以生存的根本。当办公场所及人力成本没有降低的空间时,财务共享服务为了持续降低成本,就会选择利用虚拟组织形式克服地域限制,解决成本压力大的问题。

四、一般企业选择财务共享服务模式的考虑因素

企业财务共享服务模式的选择是一个复杂问题。我国经济发展的事实也证

明，我们不可能一味模仿甚至完全照搬国外共享服务的成功模式，需要兼顾我国企业自身的建设目的、体制机制、经营范围等因素。下面将分析一般企业选择财务共享服务模式应考虑的因素。

（一）考虑追求降低成本还是提高质量

最早选择实施财务共享服务的大型企业集团，更多的是看重它避免重复组织建设带来的成本投入降低，由于标准化、自动化的操作可以批量处理业务，有显著降低单位成本的优势，能够发挥规模经济。削减成本固然是财务部门持续关注的，但在企业高质量发展、推动数字化转型的背景下，未来的发展之路应该是站在为企业创造价值的角度来构建财务共享服务。

当前，很多西方企业在建立财务共享服务中心时，成本预期所占的比重远低于其对标准化、高业务质量的预期。这些西方企业很多时候愿意使用更高的人力成本来从事共享服务业务，以获得更高的绩效。我国大型企业集团发展之初，由于片面地追求速度、规模经济产生负面效应，加大了对于成本降低的迫切需求，但是，目前很多企业集团也已认识到，大不等于强，企业集团应加快由速度规模向质量效益转型，推进企业实现由做大到做强、做优的转变，而这个转变必须从管理上要质量、要绩效。

因此，我国企业集团财务共享服务模式的选择应结合企业集团所处的发展阶段，在市场模式或高级市场模式之间进行选择，不能单纯地定位于简单追求成本降低的基本模式，而是应在降低成本的基础上，逐步通过财务共享服务实现高绩效。财务共享服务不是单纯由成本驱动的，在这个过程中还会涉及人力资源的重新调整、程序和技术的重新设计、组织机构的重新构建，这些都是为了增加价值和改善财务服务。如果选择模式的定位起点较低，甚至会使企业集团的高层在针对财务共享服务建立的短期投资预算上就树立起成本意识，财务共享服务机构将以恶劣的服务质量宣告共享服务的失败，甚至带来更高的成本。

以数字化转型的视角思考成本和质量的问题，结论也是如此。非数字化原生企业进行转型的核心目的是改善运营业绩，不仅要通过数字化精益管理的手段实现降本增效，更重要的是改变产品设计、管理方式、营销模式乃至生产经营的方方面面，用数据创造新的价值增长点，成为数字原生企业。因此，在成本降低基础上的质量提升应作为财务共享服务模式选择的标准，具有明确数字化转型目标和路径的企业可以尝试向数字原生企业运营模式发展，通过企业的数字化运营逐渐取代共享服务模式。

(二)考虑单纯服务还是兼顾管控

当前,在国内财务共享服务实践中,存在两种不同的观点:一种观点认为,财务共享服务中心应当作为服务及作业机构存在,仅基于既定的政策审批结果进行标准化的操作,但在过程中不承担任何管控职责。例如,对于员工报销业务来说,费用报销政策均应由独立于财务共享服务中心以外的财务部门制定,在报销业务的处理过程中,财务共享服务中心基于财务部门对于政策合规的审定结果,直接进行账务处理和后续的结算工作。另一种观点认为,财务共享服务中心是财务信息最直接的接触者,它能够更好地管理和落实财务政策,应当作为实施财务管控的重要工具存在,承担管控职责。同样,以员工报销业务为例,这种观点认为财务共享服务中心应作为财务政策制定的重要参与者,并且在业务处理过程中,对报销业务直接进行政策的合规审核,并进行账务处理和后续的结算工作。

事实上,上述两种不同的观点也正体现了财务共享服务模式中市场模式和基本模式的最重要的差别。王兴山对比了一般财务共享服务中心与管控型财务共享服务中心的区别,发现一般财务共享服务中心在组织定位上趋向于成为独立运营的利润中心,将营利性作为重要的业务发展依据,更多采取市场模式甚至独立经营模式。而管控型财务共享服务中心主要面向集团内部进行业务拓展,强调业务的可靠性和稳定性;作为财务部下属职能部门之一,面向内部提供财务服务,更多选择基本模式。

对于我国企业集团来说,当前存在分散管控、集权管控以及正在由分散向集权管控转变三种模式。对于分散管控模式的企业集团来说,往往不会在集团层面建立财务共享服务中心,在这里不做深入探讨。对于已经实现集权管控模式的企业集团来说,其自身已经能够形成比较完善的财务管控体系,无须依托财务共享服务中心实施财务管控。而对于正在由分散向集权管控模式转变的企业集团来说,财务共享服务中心的建立是其实现集团财务管控的重要契机;依托财务共享服务中心能够在尚未形成健全管控体系的情况下,快速构建集团层面的管控能力,并在后期集团财务管控体系健全后,逐步将这些管控能力移交。

基于上述分析,从单纯服务还是兼顾管控的视角考察,对于已经形成完善集团管控体系的集权型企业集团,可以直接采用市场模式建立财务共享服务中心,而对于正在由分散向集权管控模式转变的企业集团来说,应考虑采用基本模式建立财务共享服务中心,在此基础上吸收市场模式在质量绩效方面的优点,逐步向市场模式转变。

（三）考虑业务范围和产业布局

一般而言，业务集中度较高的企业会建立统一模式的财务共享服务中心。例如，中国铁塔股份有限公司（简称“中国铁塔”）是由中国移动通信集团有限公司（简称“中国移动”）、中国联合网络通信集团有限公司（简称“中国联通”）和中国电信三家运营商合资成立的专门负责信号发射塔建设和维护的公司。中国铁塔成立的初衷就是采用共享模式，减少重复建设，实现资源利用最大化。因此，公司成立初期便在集团总部建立了统一的财务共享服务中心，按照统一的核算标准、数据标准，实现了单塔核算的目标，确保每个铁塔都能够出具独立的资产负债表和利润表，以及各维度的管理分析报表。

区域模式财务共享服务中心的选择主要考虑地理位置因素，为所在区域的运营单元提供共享服务。区域模式财务共享服务中心通常以一个中心区域为核心，辐射周边的分支机构，最后统一纳入共享中心进行集中管理；选择多元化战略发展的企业通常涉及多个行业领域，适合选择产业模式财务共享服务中心。例如，华润集团在地产、医药、燃气、水泥等板块分别建有财务共享服务中心，为各自板块提供服务。

企业集团为建设某一个特大型项目，通常会有众多二级单位、三级单位参与进来，这时就适合以项目模式财务共享服务中心。以中国交通建设集团为例，很多大型项目，如城市地铁，如果由多个二级单位独立承包，会有竞争力不足等问题。为此，中国交通建设集团常以集团总部的名义承包项目，再把工程分段后由各个二级单位承建，但对于跨法人的大型项目管理就需要建立基于项目的财务共享服务中心。

（四）考虑利用技术实现组织模式创新

近年来，随着企业数字化转型的深入，越来越多的企业采用虚拟组织、虚拟财务共享服务模式。判断是否采用虚拟财务共享服务模式，企业主要考虑以下两点。

第一，地理位置和人员配置。财务共享服务中心的建设涉及选址、人员调动、人才招募等问题，往往因为物理位置带来阻力。信息技术特别是移动互联网、云计算技术的发展，为企业构建虚拟平台创造了条件，进而使企业的财务共享服务中心可以分布在全球各个区域，并且突破了语言障碍，解决了招募优秀人才难等问题。

第二，成本问题。持续的成本节约是财务共享服务中心赖以生存的根本。当办公场所及人力成本没有降低的空间时，财务共享服务为了持续降低成本，可以选择利用虚拟组织形式克服地域限制，解决成本压力大的问题。

第四节　财务共享服务中心业务范围确定

确定财务共享服务中心的业务流程范围是实施共享服务的首要任务。一般而言，重复性高、劳动密集型、能够实现、容易见效或者已经具有标准化工作流程、可自动化处理的财务业务，应纳入财务共享的服务范围。业务范围的确定可以从定性和定量的角度进行对比、分析和筛选。

一、定性分析

定性分析需要考虑流程是否满足业务量大、重复发生且没有必须保持分散的约束条件。一般而言，越具有同质性的流程，越有可能成为财务共享的目标。以资金流程为例，由于资金账户开设在机构当地，部分流程必须保持分散状态，如表 5-1 所示。

表 5-1　流程定性选择实例

一级流程	二级流程	流程步骤名称	SSC 是否集中	说明
资金类	账户管理/网银管理	账户管理/网银管理	不集中	本地账户
	资金报表	资金报表	不集中	现金在当地
	编制银行存款余额调节表	获取银行对账单，打印银行存款余额调节表	不集中	本地账户
		导入银行对账单信息，编辑银行存款余额调节表	集中	
	资金申请	提交特殊资金需求	不集中	本地更了解当地业务需求
		汇总全省本级资金需求	集中	
	资金计划	编制资金计划	不集中	账户在当地
		审核汇总资金计划	集中	
	非直联保费收入户资金的手工上划	保费收入户资金的手工上划	不集中	账户在当地
		编制资金手工上划凭证	集中	
	头寸下拨	申请头寸	不集中	业务需求在当地
		编制头寸下拨凭证	集中	
	头寸上划	头寸上划	不集中	账户在当地
		编制头寸上划凭证	集中	

二、定量分析

定量分析主要通过基于活动的成本分析法(activities-based cost method,ABC)来确定流程步骤,分析现有流程的全职工作人员(full time employee,FTE)效率及流程的成本,并考虑实施共享服务之后的流程工作人员数和成本,以方便进行投入产出比等相关分析。

三、财务共享服务中心的业务范围

纳入财务共享服务中心的业务通常具有重复性高、劳动密集型、能够实现、容易见效或者已经具有标准化工作流程、可自动化处理等特点。财务共享服务中心所提供服务主要包括四类:一是会计账务处理,包括往来账、应付账款、应收账款、固定资产、存货等;二是现金管理,包括资金管理、工资管理、现金存量和流量管理等;三是财务报告,包括公司内部管理报表、对外财务报表、报表合并等;四是其他会计业务,包括发票管理、差旅费管理、税务筹划等。

根据《2017 中国财务共享服务调研报告》,在最初实践中,大多数企业秉承简单易行、平稳可控的原则,主要针对交易量大的基础性业务流程进行共享。早期的财务共享服务中心主要处理应收账款、应付账款、费用报销、工资支付及总账、单体报表等工作。随着共享服务的不断成熟、专业水平的持续提升、技术手段的优化升级,原本留在本地的很多专业程度较高、难以标准化的工作也越来越多被纳入共享服务范围,如合并、分析报告、税务筹划管理等,当然除此之外还包括其他财务职能。

总体而言,财务共享服务中心最主要的业务类型可以划分为会计核算、资金管理、税务管理、数据及报表管理和会计档案管理。

(一)会计核算

会计核算的内容是指应当及时办理会计手续、进行会计核算的会计事项。《中华人民共和国会计法》(简称《会计法》)对会计核算的基本内容做过规定,《会计基础工作规范》重申了《会计法》的这一规定,即要求对下列会计事项,必须及时办理会计手续、进行会计核算。

1. 款项和有价证券的收付

款项是作为支付手段的货币资金,包括现金、银行存款和其他货币资金,如外埠存款、银行汇票存款、银行本票存款、在途货币资金、信用证存款、保函押金和各种备用金等。有价证券是具有一定财产权利或者支配权利的票证,如股票、国库券、其他企业债券等。

款项的收付经常发生,在有的单位其发生额还很大。有价证券收付的频繁程度在多数单位要低一些,但发生额一般都比较大。款项和有价证券收付的业务涉及较易受损的资产,绝大部分业务本身又直接造成单位货币资金的增减变化,影响单位的资金调度能力,所以通常要求进行严密、及时和准确的核算。目前实际工作中在这方面存在的突出问题是,有的单位款项收付未纳入单位的统一核算,而是转入了"小金库";或者单位资金管理失控,被非法挪用,甚至发生贪污、抽逃等问题。因此,必须加强对款项、有价证券的管理,建立健全内部控制等管理制度。

2. 财产物资的收发、增减和使用

财产物资是一个单位用来进行或维持经营管理活动的具有实物形态的经济资源,包括原材料、燃料、包装物、低值易耗品、在产品、自制半成品、产成品、商品等流动资产和机器、机械、设备、设施、运输工具、家具等固定资产。

财产物资在许多单位构成资产的主体,并在资产总额中占有很大比重。财产物资的收发、增减和使用业务是会计核算中的经常性业务,有关的核算资料往往是单位内部进行业务成果考核、控制和降低成本费用的重要依据。此外,会计核算还对各种财产物资的安全、完整具有重要监督作用。对国有企业、行政事业单位来说,这也是保护国家财产的一个重要关口。

3. 债权债务的发生和结算

债权是一个单位收取款项的权利,包括各种应收和预付的款项。债务则是一个单位需要以其货币资金等资产或者劳务清偿的义务,包括各项借款、应付和预收款项以及应交款项等。

债权和债务都是一个单位在自己的经营活动中必然要发生的事项。对债权债务发生和结算的会计核算,涉及单位与其他单位以及单位与其他有关方面的经济利益,关系到单位自身的资金周转,同时从法律上讲,债务还决定一个企业的生存,因而债权债务是会计核算的一项重要内容。会计基础工作薄弱的单位,往往不能正确、及时办理债权债务的会计核算,使单位的信誉和经济利益蒙受损失。也有的单位利用应收应付款项账目隐藏、转移资金、利润或费用,涉嫌违法乱纪。对此问题,会计人员必须制止和纠正。

4. 资本、基金的增减

资本一般是企业所有者对企业净资产的所有权，因此亦称所有者权益，具体包括实收资本、资本公积、盈余公积和未分配利润。基金主要是指机关、事业单位某些特定用途的资金，如事业发展基金、集体福利基金、后备基金等。

资本、基金的利益关系人比较明确，用途也基本定向。办理资本、基金增减的会计核算，政策性很强，一般都应以具有法律效力的合同、协议、董事会决议或政府部门的有关文件等为依据，切忌盲从单位领导个人或其他指示人，未经法定程序认可或未办理法定手续的任何处置意见。

5. 收支与成本费用的计算

收入是一个企业在经营活动中由于销售产品、提供劳务或提供资产的使用权等取得的款项或收取款项的权利。支出从狭义上理解，仅指行政事业单位和社会团体在履行法定职能或发挥特定的功能时所发生的各项开支，以及企业和企业化的事业单位在正常经营活动以外的支出或损失。如从广义上理解，支出是一个单位实际发生的各项开支或损失。费用的含义比支出窄，通常使用范围也小一些，仅指企业和企业化的事业单位因生产、经营和管理活动而发生的各项耗费和支出。成本一般仅限于企业和企业化的事业单位在生产产品、购置商品和提供劳务或服务中所发生的各项直接耗费，如直接材料、直接工资、直接费用、商品进价以及燃料、动力等其他直接费用。

收入、支出、费用、成本都是重要的会计要素，从不同角度度量单位的经营管理水平和效率，是计算单位经营成果及其盈亏情况的主要依据。这些要素会计核算的特点是连续、系统、全面和综合。在实际工作中，问题突出的有虚报收入(人为压低或拔高)、虚列支出和乱挤乱摊成本、费用等。这已成为严重影响会计信息质量的根源之一，会计人员有责任制止和纠正这种现象。

6. 财务成果的计算和处理

财务成果主要是指会计主体在一定的时期内通过从事经营活动在财务上所取得的结果，具体表现为盈利或亏损。

财务成果的计算和处理包括利润的计算、所得税的计缴和利润的分配(或亏损的弥补)等，这个环节的会计核算主要涉及所有者和国家的利益。在实际工作中存在的问题主要是“虚盈实亏”和“虚亏实盈”，一般视单位的所有制性质而异，呈典型的利益驱动倾向，其共同特点是损害国家或社会公众利益，是一种严重的违法行为。

7. 其他会计事项

其他会计事项是指在上述六项会计核算内容中未能包括的、按有关法律法规或会计制度的规定，或根据单位的具体情况需要办理会计手续和进行会计核算的事项。单位在发生这类事项时，应当按照各有关法律、法规或者会计制度的规定，认真、严格办理有关会计手续，进行会计核算。

合理地组织会计核算是做好财务工作的一个重要条件和基础前提，对于保证财务工作质量、提高财务工作效率、正确及时地编制财务报表、满足相关信息使用者的需求具有重要意义。企业可根据自身情况，选择将全部或部分核算业务纳入财务共享服务中心进行操作处理，也可以在设立财务共享服务中心后分批次、有选择性地逐步纳入。

（二）资金管理

在从企业集团完整、全面的业务开始发生到财务入账、支付、凭证归档的整个过程中，资金管理业务是财务共享服务中心整体业务范围的主要内容之一。无论企业集团采用何种财务共享服务模式，对应的资金管理业务基本保持在银行账户管理、资金收付管理、票据管理等基本业务上。强化资金的集中管理、提高资金的运作效率、防范资金的交易风险、降低资金的流动成本以及建立多渠道方式的结算机制，可以为企业集团创造更多的价值。

1. 银行账户管理

银行账户管理是企业集团资金管理工作的基础。企业集团的账户通常具有如下几个特点：一是整体账户数量庞大，分（子）公司等下级基层公司账户数量占比大（图 5-2）；二是账户开设标准不统一，主观因素较大；三是账户集中化程度不高，使用效率有限。上述三个特点给企业集团的银行账户管理工作带来一定难度。强化企业集团银行账户的管理要求，加强银行账户开户、变更和撤销管理，新增网上银行（银企直联）管理，构建合理的企业集团账户体系，理顺集团成员单位账户的架构，可以为加强财务管理、有效进行资金的集中运作提供基础。

2. 资金收付管理

资金收付管理按照收支管理对象的不同，可分为收入、支出业务的集中管理，集团公司与下级子公司及分支机构间的资金上收、下拨管理。加强资金收付的集中管理，可以全面控制资金流向，整合公司资金集中优势，有效提高资金的使用效率；强化资金收入、支出的内部控制，有效地控制资金风险，降低资金机会成本；明确各项资金收付审批权限及审批程序，进一步加强公司内部财务管理。加强企业

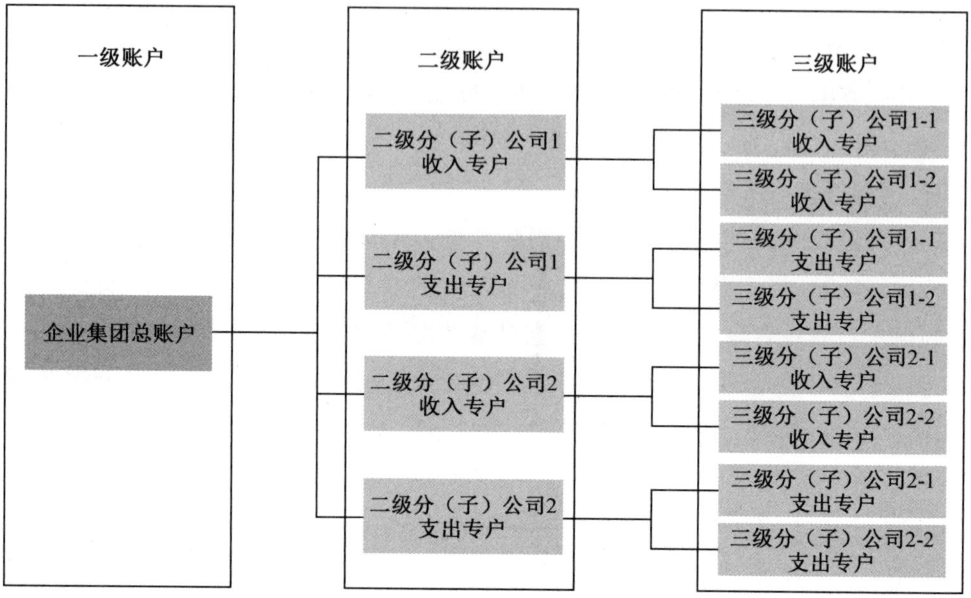

图 5-2　资金管理体系下的账户管理体系

集团下级子公司及分支机构的资金归集，将大量滞留在基层公司的资金进行归集，可以提高企业集团对下级子公司及分支机构的资金风险管控能力。

3. 票据管理

票据管理包括有价单证及重要空白凭证管理。票据集中管理，实现票据在购买、领用及保管等方面的全面管控，满足集团对票据信息可查、可控的动态监控，对于“零现金”管理的企业集团意义尤为重大。企业集团通过票据的集中管理，有利于调整和控制下级子公司及分支机构的资金需求和使用计划，监督和把握企业集团及各成员单位的预算执行情况，为管理层提供管理数据，并有效降低融资成本，在一定程度上提高了资金的使用效率，降低了企业集团的财务风险。

4. 资金收付渠道管理

在企业集团资金集中管理过程中，资金收付渠道管理包括：根据企业集团资金收付特点，确定主要合作银行及第三方收付渠道；收付渠道方及收付新业务接入资金系统的需求评估、协议签订、接入安排、日常管理及调整等工作。此外，企业集团在选择合作的银行及第三方收付渠道时，应考虑合作银行及第三方支付公司的业务网络、资金调拨效率、成本费用、服务水平、业务需求响应能力等因素。只有资金收付渠道在企业集团资金管理系统中良性发展，才可提高资金的使用效率，降低手续费成本，提高企业集团资金资源配置效率和财务监控能力。资金的集中管理提升了企业集团与银行及第三方支付公司的合作水平。企业集团资金收付渠道的合理配置,为与银行开展全方位的合作、扩大融资额度和拓展融资方式打下了坚实的基础。

(三)税务管理

税务管理是企业财务的日常工作,也是非常重要的一项任务,因此,税务管理是财务共享服务中心不可或缺的功能。结合财务共享服务中心的运营特点,可纳入共享中心的税务作业应当具有可远程操作、可标准化处理等特征,通常包括税务政策咨询、税务合规监控、纳税申报数据整理及网上纳税申报业务等。企业需根据当地税务监管要求,结合自身业务情况,有选择地将部分具有以上特征的税务业务纳入财务共享服务中心进行操作处理。

不过,对于多数企业来说,税务管理中最基础的增值税发票管理和纳税申报管理却成为财务共享服务中心建设中的两大难题。

1. 增值税发票管理

财务共享服务中心的运作特点在于将流程化、标准化的作业集中处理,当税务工作纳入财务共享服务的业务范围后,它可以通过中心专门的税务人员来集中处理。但现实中,税务管理本身也存在一些特殊复杂的问题,导致“集中”困难。比如,就销项发票而言,即企业销售货物、提供劳务而对外开具的增值税发票,国家税收监管政策规定,增值税防伪税控开票系统的使用遵循属地管理原则,企业不能异地安装和使用防伪税控机,也就是说只能在本地对外开票。这一问题在一定程度上影响了税务集中化管理的推进。

相反,对于进项发票,即企业购买货物、接受劳务而从外部单位获取的增值税发票,则是非常适合集中管理的,这一利好也来源于政策规定。2017 年 1 月 1 日起,国家税务总局启用全国增值税发票查验平台。任何单位和个人无论在什么地方、持有哪个地区开具的增值税发票,都可以登录全国增值税发票查验平台,对专用发票、普通发票、机动车发票、电子发票进行查验。这一平台使得增值税从认证抵扣到会计账务处理都可以集中在财务共享服务中心完成。

可见,要实现真正意义上的增值税发票集中管理,就需要从问题的根源出发,寻找一套解决方案来打破地域限制造成的阻碍。而这一方案无疑需要互联网等信息技术提供支撑。

对于销项发票的集中化,首先需要建立统一的管理平台。由于分支机构分布于不同地区,各自有不同的业务系统,因此,适合采用支持多分支机构、多用户并发操作的浏览器和服务器架构模式（B/S 架构）平台和数据接口，连接到企业的ERP 系统、财务系统以及 OA 系统，通过系统的集成来自动从不同分支机构的系统中抓取业务数据和财务数据，生成增值税开票信息，通过内嵌税率选择、票面拆分、红冲发票等发票操作规则来实现自动化的发票开具。同时，销项发票管理平台应嵌入严格的流程化审批程序，以完成发票的开票申请、批准、批量打印。最后，发票管理平台应与物流平台连接，支持快递单生成、快递单扫描以及物流状态查询等功能，完成发票邮寄、促发提醒的任务。

对于进项发票的集中认证问题的解决，则如前面所提到的，可以建立一个增值税进项统一管理平台，将该平台一端接入全国增值税发票查验平台，进行批量查验认证；端连接核算系统，利用 OCR 技术识别纸质增值税发票的购买方信息，并自动分发发票，进而完成三单匹配和自动过账等功能；另一端还可以延伸到供应商系统，实时获取在途发票、应开而未开发票、待认证发票等状态，由此实现进项发票从接收、认证、过账到抵扣等全过程的可视化。

2. 纳税申报管理

2016 年 6 月 1 日"营业税改增值税"试点全面推开后，纳税申报得到进一步规范，纳税申报表的内容较之前更为复杂，且对报表的完整性、数字的准确性以及申报表与附列资料之间逻辑关系的要求更加严格。纳税人各项销售情况、进项税额明细、扣除项目明细等需要分别对应到纳税申报表及附列资料上的不同栏目。相比"营业税改增值税"之前，增值税纳税申报表的填写难度和工作量明显加大。

此外，未采用财务共享服务模式时，财务人员需要手工将 ERP 系统生成的数据导入办税系统，可见，纳税申报本身就是一项操作量大、手工录入效率低、易出错但标准化较强的工作。因而，人们迫切需要借助财务共享服务的优势来解决当前纳税申报的准确性和效率问题。

在财务共享服务模式下，企业可以通过建立纳税申报管理平台，对接税务局网上办税系统和各个分支机构的 ERP 系统，在系统中嵌入申报表的数据模板，建立数据间的勾稽关系和校验规则，自动从财务核算模块的科目发生额、税控系统的开票数据、已认证进项发票数据等多种数据源中获取详细的纳税申报表数据，由系统一键生成所有分支机构的纳税申报表，这将在很大程度上减少纳税申报的人工操作及差错风险，提高税务管理效率。

当然，增值税发票和纳税申报集中管理平台的建立，不仅提高了流程化作业的效率，使得财务共享服务中心和集团总部能够对各地分（子）公司的增值税发票进行统一监控和管理，为企业生成定制化的税务报表，还可以利用财务共享服务中心的大数据库，实现多维度查询分析和数据共享，更好地服务于企业集团的决策。

（四）数据及报表管理

数据及报表管理是财务共享服务中心的增值业务，也是其核心价值所在。财务共享服务中心具有会计核算、资金交易等大数据，可为管理层和相关利益主体提供优质服务。所以，财务数据管理在财务共享服务中心各项业务中显得尤其重要。

财务共享服务中心的报表管理可以从报表提供、报表梳理、报表优化、报表需求管理等几个方面着手。在集中提供法定财务报表的基础上，财务共享服务中心可以根据管理要求对财务管理报表进行优化、调整，实现高价值服务。

财务报表是财务报告的主要组成部分，它所提供的会计信息具有重要作用，主要体现在以下几个方面。

①全面系统地揭示企业在一定时期内的财务状况、经营成果和现金流量，有利于企业经营管理者了解本单位各项任务指标的完成情况，评价管理人员的经营业绩，及时发现问题，调整经营方向，制定措施改善经营管理，提高经济效益，为经济预测和决策提供依据。

②有利于国家经济管理部门了解国民经济的运行状况。通过汇总和分析各单位提供的财务报表资料，了解和掌握各行业、各地区的经济发展情况，宏观调控经济运行，优化资源配置，保证国民经济稳定持续发展。

③有利于投资者、债权人和其他有关各方掌握企业的财务状况、经营成果和现金流量情况，进而分析企业的盈利能力、偿债能力、投资收益、发展前景等，为其投资、贷款和贸易提供决策依据。

④有利于满足财政、税务、工商、审计等部门监督企业经营管理。通过财务报表可以检查、监督各企业是否遵守国家的各项法律、法规和制度，有无偷税漏税的行为。

（五）会计档案管理

会计档案管理工作主要包括对会计凭证、会计账簿、财务报告及其他会计资料进行审核、整理、装订、立卷、归档保管、查阅和销毁等。纳入财务共享服务中心的会计档案管理，通过流程改造、现代化系统支持等一系列手段，实现从前期收集、内部流转到后期保管及调阅的全流程管理，基于电子档案进一步实现远程调阅。实现电子资料和实物资料的自动匹配,可以保证会计档案管理的完整性、精准性。目前国内已实施财务共享服务的企业中,苏宁电器集团有限公司(简称“苏宁电器”)财务共享的档案管理工作较为值得借鉴。

随着信息技术、互联网技术日益成熟,会计档案管理正在经历从以纸质为媒介的传统管理储存方式到以数据形态的数字化管理的转变。根据财政部2013年发布的《企业会计信息化工作规范》的要求,有条件的企业应积极推动电子档案相关工作开展,如第四十条明确要求:

企业内部生成的会计凭证、账簿和辅助性会计资料,同时满足下列条件的,可以不输出纸面资料:

①所记载的事项属于本企业重复发生的日常业务;

②由企业信息系统自动生成;

③可及时在企业信息系统中以人类可读形式查询和输出;

④企业信息系统具有防止相关数据被篡改的有效机制;

⑤企业对相关数据建立了电子备份制度,能有效防范自然灾害、意外事故和人为破坏的影响;

⑥企业对电子和纸面会计资料建立了完善的索引体系。

可见,企业会计档案管理不仅包括纸质会计档案的管理,也可以探索并推广电子会计档案管理的相关工作。财会信息的数字化、网络化已经成为财务管理发展的必然路径,与之相应的会计档案的管理内容和方式必然随之改变。财务共享服务中心具有流程高度标准化、自动化的作业模式,更应该积极推广会计档案信息化管理工作。

第五节　财务共享服务中心选址

一、财务共享服务中心选址的现状

由于财务共享服务中心的建设没有固定统一的模式,不同行业、不同规模和不同战略目标的企业共享中心的选址会有很大差别。目前,我国已经建立上千家共享中心,涵盖了各行各业,包括跨国公司与本土企业建立的,主要集中在北京、上海等经济聚集能力强、人口规模大、政策环境好但成本高的一线城市。近年来,企业逐步向大连、苏州等人力资源丰富、基础设施完善、环境优美且成本较低的二、三线城市扩展,中西部城市如武汉、西安也成为热门候选城市。

在进行选址决策时,不同的考虑因素将形成不同的决定。如果建设财务共享服务中心的目的主要定位于降低成本,从中获得收益,则企业选址时就会更多地考虑地址的人力成本和运营成本等成本因素。其中,对于人力资源成本要求很低,不会过多投入。如果追求财务共享服务带来的业务服务质量,则会涉及较高的人力资源成本。

财务共享服务中心一次选址后,并不是一成不变的,很可能会随着外部环境和公司业务的变化,进行二次选址。比如中兴通讯财务共享服务中心在深圳运行两年后,重新进行了二次选址。为了选择合适的地点,中兴通讯对 17 个城市展开了对比调查,在成都和西安之间最终选择了西安。其主要原因有:西安具有丰富的教育资源;位于中国电信骨干网,是八大节点城市之一;生活的幸福指数相对较高;大学资源丰富,人力资源优质而成本不高。同时中兴通讯将在西安建设其在国内最大的研发生产基地,这也是中兴通讯财务共享服务中心选址西安的重要原因。

财务共享服务中心的选址不当,会导致许多问题。例如,周边地区人员专业能力不强、人员供给不足、人力成本高等人力资源方面的问题,与总部距离较远无法依托总部资源的问题,国际性的大型集团跨国建立财务共享服务中心的政策、文化差异问题等,影响企业的持续发展。所以,确定合适的建设地址至关重要。

二、财务共享服务中心选址的考虑因素

《2017 中国共享服务领域调研报告》显示,与总部沟通的便利、劳动力的可获得性与受教育情况,是共享服务中心选址首要考虑的关键因素。同时本书结合各类文献研究,将共享服务中心的选址标准归纳为以下几大因素。

(一)建设模式因素

企业在选址之前应根据建设模式考虑好应该建设一个还是多个财务共享服务中心。一个财务共享服务中心获得的规模效益最大,对于执行流程的统一也最好。但是这往往是理想状态,因为一个财务共享服务中心往往较难满足全球的时区差异、语言差异和文化差异,而且发生灾难时由于没有备份体系而容易使全球流程陷入瘫痪。所以,企业建设两个财务共享服务中心主要是为了发生灾难时有备份体系。采用多个财务共享服务中心往往是考虑到区域差异和职责差异。

(二)成本效益因素

财务共享服务中心必须考虑建设的成本和收益。因财务共享服务中心建立

而引起的企业组织架构、岗位职责、人力资源需求以及办公场所等方面的变化,使得企业在选址时必须综合考虑下列因素:一是人力方面的支出。依靠人力来提供服务产品是财务共享服务中心的主要特点,其成本组成中较为重要的因素是人力成本。企业应评价该国家或地区的雇用人员的薪资报酬水平情况、新雇用人员的搬迁安家费、相关财务共享知识培训费用等。二是财务共享服务中心的办公场所购买成本或租金支出。一个国家或地区的房地产价格或者房租高低将影响到财务共享服务中心的选址。一旦购买价格或者租金价格高得难以接受,决策者将会另辟蹊径。企业需要收集相关资料进行比较,以便在成本方面占据优势。

(三)人力资源因素

人力资源因素主要考虑以下两个方面:一是基本的技能水平。财务共享服务中心主要是面对各类客户提供应付账款、应收账款、固定资产、总账等财务服务,所以选址时应考虑该地区的人员素质是否可以很快地与多实体、多币种环境对相关知识的需求相适应,是否能在短时间内找到符合标准的员工。二是语言水平。在进行跨国服务时,需要服务于不同国家和语言地区的客户,所以在选择财务共享服务中心建设地址时,需要重视其与该地区的语言的融合程度。

(四)当地环境因素

企业在选址时首先应考虑该国家或地区的政治环境。政治稳定是一个国家或地区的经济发展的基本保障。如果不能确保该国或地区的政治稳定,将给财务共享服务中心带来不利因素,可能会使该地的业务无法正常进行,甚至所有投入化为虚有。其次应考虑文化环境。如果选址的国家或者地区和母公司所在国家有非常大的文化冲突,将会对财务共享服务中心的稳定运行产生不利影响。当文化冲突不断上升时,将会出现很多问题,例如人员流失和人员管理成本上升等。所以,一般选址时,文化风格与母公司相近或者文化相对温和的国家或地区适合作为财务共享服务中心的建设地址。

(五)技术条件因素

由于财务共享服务中心需要依赖先进的技术支撑,因此,拥有雄厚技术基础的云基地和畅通的主干网络的国家或地区是企业选址时考虑的非常紧要的因素。同时企业的财务通常涉及企业的发展战略规划、商业机密等信息,安全性是企业考虑建设财务共享服务中心的重要方面。因此,在选址决策前,应提早考虑上述风险因素,避免遭受损失。

(六)税收法律因素

为防范财务共享服务中心的运作风险,企业必须在选址时充分认识当地的税收和法律制度。比如一些国家为保护数据的安全性,限制原始票据出境和业务数据的传输,以及一些国家的外汇管理制度使得财务共享服务中心的国际支付成为一大难题,甚至母公司对子公司的投资在获利后的资金回流都受到了影响,这些限制的存在都将阻碍财务共享服务中心的建立和运营。但同时也有些国家或地区为了吸引投资和解决劳动就业问题,政府会给予税收优惠政策或政府扶持基金等,为财务共享服务中心提供便利条件。

(七)未来发展因素

财务共享服务中心的选址必须有前瞻性,需要提前考虑未来的服务对象有哪些。如果建设财务共享服务中心的目标只是为企业内部服务,那么地址在总部或分公司所在地更合适;若是以后可能会转变职能,成为利润中心,或是面向某一个区域进行服务,即未来服务对象范围不只是企业内部,还有外部的其他公司,那么选址就要考虑未来服务对象范围的影响。例如,大连在服务东北亚地区的共享中心上有显著优势,而深圳在服务东南亚地区的共享中心上有明显优势。

第六节　财务共享服务中心建设的成本效益分析

企业决定是否实施财务共享服务中心项目时,首先应明确该项目的投入及产出,引入成本效益分析法,评估该项目实施效果。企业可以借助一般的成本效益原理,分析财务共享服务中心建设的成本效益。

一、成本效益分析法概述

19 世纪法国经济学家朱斯·帕帕特首次提出成本效益分析法,其后意大利经济学家帕累托又重新界定这一概念。到 1940 年,美国经济学家尼古拉斯·卡尔德和约翰·希克斯在对前人的理论加以提炼的基础上,形成了成本效益分析的理论基础,即卡尔德-希克斯准则。

成本效益分析是指以货币单位为基础对项目建设的投入与产出进行估算和

衡量,通过比较一定时期内项目的全部成本和效益来评估项目实现程度的一种方法。具体操作是:对于某一个项目,做出几种具体方案,然后通过某种特定的技术工具,测算出每一种方案的成本和效益,再结合一定的理论做出具体的比对,最终选出最好的决策方案。

成本是项目建设的核心问题,需要分析项目的成本构成,找出控制成本的关键点,实现有效的成本控制,把握项目建设的决策方向;效益是项目建设的最终目的,需要找出产生收益的重要环节,全面了解企业的盈利情况,分析项目投入的可行性。

运用成本效益分析,通过与项目相关的全部成本和效益来评估项目价值,将成本费用分析法运用于项目计划决策,其目的在于寻找能够在投资决策上付出最小的成本来获取最大收益的方法。

成本效益分析法最初常应用于需要量化社会效益的公用事业项目的价值评估。现阶段,许多非公用事业行业的企业大型项目也都采用这种方法进行收益分析。同时,该方法也适用于政府部门,政府部门在计划投资决策中也会寻求最小的成本和最大的收益。这种将项目或计划决策的成本和收益进行量化并清晰地列出的方法具有很大优势。

财务共享服务中心的建设作为企业战略项目,也应采用成本效益分析法来进行分析。运用该方法分析共享项目的综合投入和产出,能够得出客观的项目实施评价结果,从而总结经验、得出教训,进一步提出完善建议与意见,为项目的后续实施决策做出有益的指导。

二、成本效益分析法实施步骤

运用成本效益分析法对项目成果进行评估分析通常包括四个步骤,如图 5-3 所示。

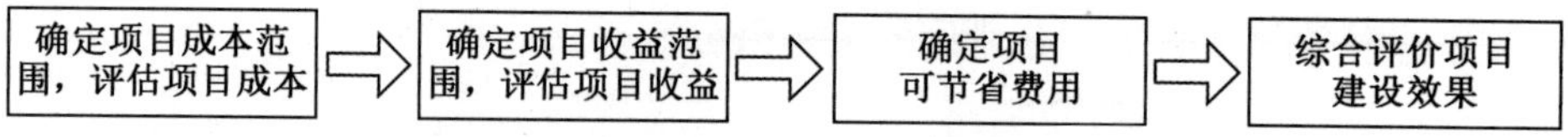

图 5-3 成本效益分析法具体实施步骤

(一)确定项目成本范围,评估项目成本

项目成本是评价一个项目是否成功的关键因素,成本的变化将直接影响项目的成功与否。项目能否获得收益,关键在于有无有效的成本控制手段,因此对项

目成本的管理控制是关键节点。只有及时、准确、有效地做好项目成本控制,才能实现项目盈利最大化和成本最小化的目标,保证项目获得可持续发展的原动力。项目成本的构成包括项目定义与决策成本、项目设计成本、项目采购成本、项目实施成本,具体表现为人工成本、物料成本、顾问费用、设备费用、其他费用(如保险费、不可预见费)等。

(二)确定项目收益范围,评估项目收益

项目实施效果评价的主要内容为项目经济收益分析,即主要从财务角度来看整个项目寿命期内可以获得的各方面收益。其中,财务数据测算是分析项目收益的第一步,即按照一定的原则和方法,对参数指标如项目周期、收入和利润、持续经营净收益等可量化指标进行估算,同时评估项目带来的如提升管控和决策支持、运营效率和服务水平等无形收益。

(三)确定项目可节省费用

实施项目能够节省包括人工费、系统维护费、运营费、管理费等在内的各项支出,对项目的实施效果同样有一定的影响,因此在分析项目时也要对项目带来的可节省费用进行估算,从而得出客观的评价结果。

(四)综合评价项目建设效果

项目实施后效果评价是对项目实施以来项目的相关财务、经济、社会和环境等方面产生的影响和结果进行全面评价,包括项目效果和效益的分析评价,即综合比较项目相关的成本、收益,得出项目实施的量化结果,从而对项目效果进行客观评价。

第七节 财务共享服务中心建设立项与框架设计

一、财务共享服务中心项目立项准备

项目是为创造独特的产品、服务或成果而进行的临时性工作,其基本特征包括特定目标、预算和时间等资源的有限性、项目的复杂性与一次性。作为管理模式的改革,财务共享服务中心的建设是流程改造的过程,从现状调研到建设实施

将经历相当长的一段时间,无论预算还是时间,在各种资源上都受到一定的限制,而且其建设过程非常复杂。因此,财务共享服务中心的建设通常作为企业的战略项目,由专门的项目组对其进行项目管理并进行项目实施。

在完成财务共享服务中心的战略定位、模式选择、可行性评估以及成本效益分析后,还需进行以下六方面的立项准备工作。

(一)准备清晰详细的立项汇报

一方面,财务共享服务中心项目来自企业战略的长远规划,涉及财务管理模式的变革;另一方面,在具体运作上,此项目通常会涉及资金的投入、组织架构的变化、信息系统的建设等。因此,项目立项前需获得企业集团高层的充分认可和强有力的支持,需赢得企业集团内部各职能部门的信任以得到其协助与配合。一份清晰明了、有理有据的立项报告和一次极具说服力的立项汇报是达到以上目的最便捷的途径。

立项报告又称项目建议书,它是项目建设筹建单位或项目法人,根据企业自身的发展、国家和地方中长期规划、产业政策、生产力布局、国内外市场、所在地的内外部条件,提出的某一具体项目的建议文件,是对拟建项目提出的框架性的总体设想。通常,一份完整的立项报告包括项目背景、项目概述、项目建设的必要性与可行性分析、项目范围及内容、项目人员构成及数量、投资估算、投资方式与资金来源以及经济效益估算。

立项汇报是就立项报告中重点内容向企业集团高层领导做出的汇报。立项汇报不同于立项报告,其主要目的是让听众了解此项目在企业发展战略方面的重要意义和为企业未来带来的收益,同时为了让汇报更具有说服力,还需对项目准备工作进行说明,包括项目调研、项目目标的确立等,将项目以充分准备的面貌展现在高层领导及各职能部门面前。

(二)组建职能完备的项目组

财务共享服务中心项目的建设涉及企业业务流程改造、系统建设、组织架构设置、人员招聘和培训、办公地点选择等,所以,在项目建设之初组建项目团队时需要从以下几方面寻找人才。

在业务流程改造方面,需要熟悉企业现有业务流程的专业人员,并对其进行专业培训,使其能够找出在会计核算、资金支付等业务流程方面问题的症结点,并能够根据财务共享业务要求进行优化改进。

在系统建设方面，需要既懂财务又懂信息技术的专家参与，他们能把财务的专业需求转化为技术人员能明白的技术语言与逻辑，并能够在讨论业务需求时初步评估技术实现的可行性，同时还可以控制系统开发质量，让系统开发不偏离预期。

在人员管理方面，项目前期需要专人根据财务共享的定位及职责设置中心内部组织架构和岗位配置；后期需要根据企业的人力资源政策，结合财务共享业务对人员的需求，制定适合中心运营的人员管理政策、人员培训计划等。

另外，需要重点说明的是，如果整个团队里没有对财务共享了解的人员，请咨询团队是重要选择。虽然咨询团队对本行业的核算业务可能不了解，但在项目管理、工作统筹安排、知识管理、共享运营理念方面很专业，能够对共享中心建设及日后的运营提供很大帮助。

最后，在借助外部咨询的不少财务共享成功实施案例中发现，项目建设期间的知识转移对日后财务共享服务中心的高效运营起着至关重要的作用。

（三）确定项目实施目标及范围

项目实施目标是项目实施的最终结果，整个项目实施的过程其实就是追求项目目标实现的过程，所以需要对项目目标进行清晰的定义；同时，要让整个项目团队非常清楚地了解项目目标，促使整体工作能够坚定不移地实现项目目标。

项目目标有可分解性、可分期性的特点。对于一个项目而言，项目实施需要满足多方面需求。在统一、唯一的项目目标范围内，需根据各方面需求设置多个目标。

目标的分解也是任务的分解，每个目标都需要一个团队来实现。在目标分解的同时，因为资源有限、时间控制等因素，目标之间也会存在冲突，所以需要注意多目标实现过程中的沟通协调问题。

在项目管理五要素——质量、成本、范围、工期、团队的限定下，项目资源有限，项目目标的分阶段、分期达成就显得尤为必要。

项目范围与项目目标紧密相连，它以项目目标为依据，详细说明项目实施范畴，确定项目中需要实施的事项。项目范围可以以项目范围确认书的形式展示，要明确范围的合理性说明、项目实施事项、分项成果展示、阶段交付物等内容。在项目范围确定过程中需要特别注意的是，企业所处行业特点不同、业务成熟度不同、对财务共享的定位不同，项目范围的确定也不相同。如果企业处于初创期，各项规则均是最新制定的，信息系统正在建设，则财务共享的实施可以全业务覆盖，一步到位。但是如果企业处在上升期或者成熟期，业务流程和规则基本稳定，涉及共享主体多元化且数量较多，则需要根据业务情况分模块、分业务主体分步实施。

（四）制订项目计划

项目计划是用于指导项目任务实施、监督项目按时完成的控制性文件。在确定项目目标和实施范围后，项目任务需要结合项目资源，根据项目实施范围进行拆分，并限定其完成时间和责任人。项目计划就是项目工作的一份任务清单，要回答什么人在什么时间点完成什么事情。项目计划的制订，可以从里程碑时间点的确定进行分解，即从最终目标完成时间点拆分里程碑任务完成的时间点，然后根据里程碑任务细分详细任务，再根据里程碑时间确定每项具体任务完成的时间点。

在项目计划制订时，需明确每项任务需要的资源和执行团队，要特别注意各种事项的综合考虑，比如沟通协调、风险评估及应对措施，这些都会延长项目实施时间。

（五）评估项目风险并制定风险应对措施

在制订项目计划时已经提到的风险评估及应对，即项目实施的风险管理。项目风险管理是对项目实施风险识别、风险评估与分析、风险应对的整个过程。在日常工作中风险无处不在，而对于项目建设这样一个相对新生的事物，项目团队成员可能从未共事，项目建设过程中存在太多的接触点，财务共享服务中心建设更是涉及更多、更复杂业务的创新与变革，所以需要在项目实施之初，就识别出在整个项目实施过程中项目任务可能涉及的风险点，然后对风险进行分析并评定等级，并根据风险等级不同确定相应的风险应对措施。

当然，风险管理并不是让风险限制项目的开展，不能因为风险太多就畏首畏尾，合理的风险管理是项目顺利实施的重要保证。

（六）进行充分详细的内外部调研

适合做财务共享的大部分是集团化企业，或者是多元发展包含各种经营业态，或者是大规模多地区发展。业态不同，区域跨度大，核算业务就会存在差异。以国内跨区域业态为例，各省市的分支机构针对税费缴纳事项，支付方式不相同、税种收取方式不同、同一地区各个县市缴纳方式也不相同。所以，项目成员需要了解全面完整的业务现状,将来在进行优化改造时才能有的放矢。

内部调研需要有一定策略,对有代表性的机构做全业务调研,对特殊业务做专项调研,将两者相结合的方式是很好的选择。此外,也需要脱离本企业,与其他企业的财务共享服务中心进行交流,看看它们在建设财务共享服务中心过程中有哪些经验,它们的财务共享服务中心是如何运营的。

一般来说,对财务共享相关理论与实践了解得越多,就能掌握更多说服企业高层的砝码,提高项目最终立项的可能性。

二、财务共享服务中心框架设计方案

企业可以从组织人力、流程职责、系统建设三方面,明确整个框架设计内容(表5-2),总体可分为以下几个部分。

表5-2　财务共享建设框架设计内容

	现状分析	框架设计
T0启动项目	T1.1组织与人力评估	T2.1组织架构与岗位设计
		T2.2办公地点选择设计
	T1.2流程职责及需求评估	T2.3财务职责与范围设计
		T2.4财务共享业务流程设计
	T1.3系统评估	T2.5财务共享运营模式设计
		T2.6信息系统架构和实现方式设计

(一)组织架构与人力设计

财务共享服务中心的组织设计以公司经营战略和财务战略为依据,根据对财务共享服务中心的定位确定未来设计方向。

首先需要明确财务共享服务中心关键运营职责和管理职责,并明确汇报关系和与其他组织间的沟通机制,然后根据运营及管理职责进行内部职能的架构设置及内部职能划分。

内部职能划分和架构设置以组织职能为基础,尽量满足业务流程的通畅性,同时考虑工作量和技能要求的统一性。从内外两个角度,将财务共享服务中心分为业务运营和内部管理两部分:业务运营部分按业务性质不同分为会计运营模块和财务管理支持模块;内部管理部分把质量监督作为重点分离出来,分为运营支持模块和质量提升模块。会计运营模块包括核算、资金支付等作业的执行;财务管理支持模块包括政策制度的研究制定、财务数据管理、财务报表提供等;运营支持模块包括人员管理、行政管理、培训、客户服务等;质量提升模块包括绩效分析、内部稽核、质量管理、运营优化等。

(二)业务梳理与流程再造

流程是财务共享服务中心运营中最重要的一部分,流程设计的顺畅与否决定未来业务执行的效率与质量,并且信息化建设也依托于流程的建设,流程最初设计的完善与否决定后期系统自动化投入的程度。

流程的设计还涉及职责的明确、风险的管控、业务处理的时效、人员编制等一系列问题。财务流程的完善对前后端业务流程的改造也会产生重要影响,甚至在设计财务流程过程中,如果同时考虑前后端的业务流程,在使财务业务流程更加顺畅的同时,也会使公司整体的经营效率大大提高。

对于财务共享服务中心的业务流程设计而言,要遵循"全业务、全流程"覆盖的原则,并推动财务核心流程在集团各级机构的有机整合。"全业务"是指对于拆分至财务共享的各类业务,要想全面、考虑完整,不遗留任何问题点。"全流程"是指业务流程的设计要从业务发生的第一个事项开始,一直到事项结束,要全流程考虑,做到不遗漏任何一个环节。财务事项的发生不是独立的,在流程设计过程中要特别注意各事项处理流程的有机整合。

(三)信息系统建设

信息系统建设是支持财务共享服务中心建设和发展的基石,没有信息技术的存在就不会有财务共享服务中心的诞生,没有信息技术的进步就不会有财务共享服务中心的快速发展。依托信息系统的建设,财务共享服务中心才能够实现跨地域、不分昼夜地处理业务,才能使用最少的人力完成最多的工作量,为企业创造更多的价值。

从公司整体而言,财务系统体系除基本的核算系统外,还应该包括管理类费用控制系统、预算编制系统、盈利分析系统等,以及决策支持用的数据仓库、报表展示平台等。此外,基于财务共享服务中心的管理模式需要对核算系统、费用控制系统进行升级改造,增加以下几类系统。

资金管理系统:用于资金的收付,包括账户管理、资金头寸管理、集中收付、银企直联等功能。

影像系统:将账务处理进行电子化,通过影像将分散在各地的原始凭证汇总至财务共享服务中心进行账务处理。

运营管理系统:包括内部稽核使用的单据稽核检查模块、绩效分析使用的绩效分析模块以及沟通使用的问题管理模块等。

在可预见的未来发展中,财务共享服务中心的数据中心职能将发挥更大的作用,所以根据分(子)公司的管理需求进行数据仓库及报表展示平台的建设是未来发展的一个方向。

(四)运营模式设计

财务共享服务中心运营模式是中心内部的管理方式。财务共享服务中心也是一个组织实体,具有业务规模化、标准化的特点,同时为公司提供会计相关服务,是公司有效管控手段之一。根据财务共享的特点,可总结出以下几点需要财务共享服务中心具备的运营管理职能。

1. 人力资源管理

财务共享服务中心业务模式与一般企业不同,人力资源管理方式也不相同。财务共享服务中心的项目期、初建期和成熟期的人力资源管理策略是不同的,为了保证从事枯燥重复工作的员工的稳定性和持续性,需要在中心文化、团队建设、知识培训方面下功夫。

2. 制度管理

制度管理可以将财务共享服务中心建设形成的管理机制、管理原则、管理方法以及管理机构设置进行明确和固化,从而简化管理过程,提高管理效率。管理制度具体包括业务流程管理制度、人员管理制度、文档管理制度、现场管理制度、服务管理制度等。

3. 质量管理

财务共享服务中心应当建立全面的质量管理体系,即通过质量管理体系中的质量策划、质量控制、质量保证和质量改进来实现所有职能的全部活动,促使财务共享服务中心在最经济的水平上,提供充分满足各单位质量要求的服务,综合协调各部门的活动,构成保证与改善质量的有效体系。目前各财务共享服务中心的质量管理方法包括 PDCA 循环、六西格玛管理、现场 5S(即整理(seiri)、整顿(seiton)、清扫(seiso)、清洁(seiketsu)、素养(shitsuke))管理等。

4. 服务管理

服务管理可视为确立、测量并确保服务目标实现的过程,是交付满足用户要求的服务的过程。服务管理包含对用户预期的界定、满足和对业务协议的不断完善,帮助组织确保实现核心目标。财务共享服务中心的服务管理主要包括服务设计与管理、服务水平协议管理和客户管理。

5. 风险管理

财务共享服务中心风险管理体系的建立,不仅可以对内部运营管理的水平与作业质量的效果进行有效的检测,及时发现并报告内部控制存在的缺陷,同时也为财务共享服务中心内部运营持续优化与进一步提升服务水平提供依据。具体内容涵盖数据安全、信息系统安全以及内部稽核(审计)管理。

6. 绩效管理

对财务共享服务中心整体的业务处理设定目标,通过绩效管理方法,定期关注绩效目标的达成情况,并对绩效执行情况进行分析,保证中心整体运营平稳。

第六章　财务共享服务中心组织架构

第一节　组织构建原则

财务组织的调整和重构是集团企业建设财务共享服务中心的必要环节。调整和重构财务组织的目的是围绕财务共享服务中心的战略定位,建立相应的组织结构体系,降低组织管理成本,增强组织应对环境的灵活性,提高组织运作效率。当然,财务组织的调整和重构必然要改变原有的内部利益格局和权责的分配。

在建设财务共享服务中心时,企业需要遵循以下三项原则。

一、专业化

建立财务共享服务中心,需要把财务工作中易于标准化的业务纳入共享中心,同时按照业务性质,对共享中心的工作进行分工,将原来的财务人员大部分集中到共享中心,为企业内部和外部的客户提供统一标准的专业化服务。

二、流程化

财务共享服务中心需要以流程化运作为主要管理模式,内部组织需要相互协作和支持,追求核算工作的效率提升和风险的有效控制。

三、扁平化

扁平化是指通过减少管理层次、压缩职能部门和机构,使企业管理层次大幅减少,管理幅度扩大的富有弹性的管理模式。财务共享服务正是基于扁平化,打破原有的以财务部门为主的各职能机构,围绕工作流程而不是部门职能来运作,通过资源整合和信息共享来处理企业中的大量财务管理和会计核算的工作,加速信息的传递和处理,提高企业管理层对各种事件的反应速度和处理能力。

第二节 财务组织的变革与发展

一、传统财务组织的特征及弊端

(一)组织架构多采用矩阵式或事业部制结构,管理链条过长

西方学者威廉姆森将公司内部管理的结构分为U型(一元结构)、H型(控股结构)及M型(多元结构)三种基本类型。U型结构是按职能划分部门的纵向一体化的职能结构;H型结构是指多个法人实体集合的母子体制,是企业内部分权的一种形式;M型结构是以业务的产品、服务、客户、地区等分类为依据,设立半自主性的经营事业部制。不同的组织形式,其管理特征及集权程度差异明显,从U型到M型,管理特征由垂直型管理向水平化管理逐渐过渡,集权程度由高到低逐渐过渡。

大型企业集团业态复杂,经营层级较多,旗下拥有众多独立法人性质的子公司,其子公司又下辖更多不具独立法人资质的分公司,甚至是三级支公司等。集团企业为了更好地平衡对下属子公司的管控需要和子公司业务的自主发展空间,一般会选择强调集权与分权并重的M型结构,与之相匹配,财务组织也更多可能参照该种组织架构进行设置。此外,按照国家税法规定,集团企业旗下的子、分、支公司按照属地经营管理的原则亦需要进行独立核算及纳税管理。集团企业每成立一家新的下属公司,就会在相应层级的公司设立对应的财务组织,以反映其财务状况和经营成果。因此,传统集团企业的财务组织架构多采用矩阵式架构,如图6-1所示。这种矩阵式架构的好处是职责分工清晰,汇报线路明确,但其弊端也十分明显,主要体现在管理层级过多,管理链条过长,政令执行效果差,财务决策时间长。

(二)人员构成呈典型的金字塔形状

依据当前普遍使用的财务人员分类标准,可将财务人员分为战略型财务、业务型财务和操作型财务。从财务人员职能类型占比看,对于传统集团企业,无论在何种组织架构模式下,财务人员的结构均呈典型的金字塔形状,如图6-2所示。战略型财务人员(如战略者)最少,处于金字塔顶端,业务型财务人员(如价值创造者、业务管控者)居中,基层的操作型财务人员(基层操作者)最多,处于金字塔底

端。但在不同的财务管控模式下,各职能型财务人员在总部和机构的分配比例不太一样,主要差异体现在业务财务在总分支公司之间的分配权重上。对于集权型管控模式下的财务组织,总部的战略型财务人员和业务型财务人员居多,而分、支公司操作型财务人员居多;对于分权型管控模式下的财务组织,总部的战略型财务居多,而业务型财务人员和操作型财务人员多集中在分、支公司;混合模式下操作型财务人员多分布在分、支公司,而业务型财务人员在总、分、支公司之间分配比例相当。

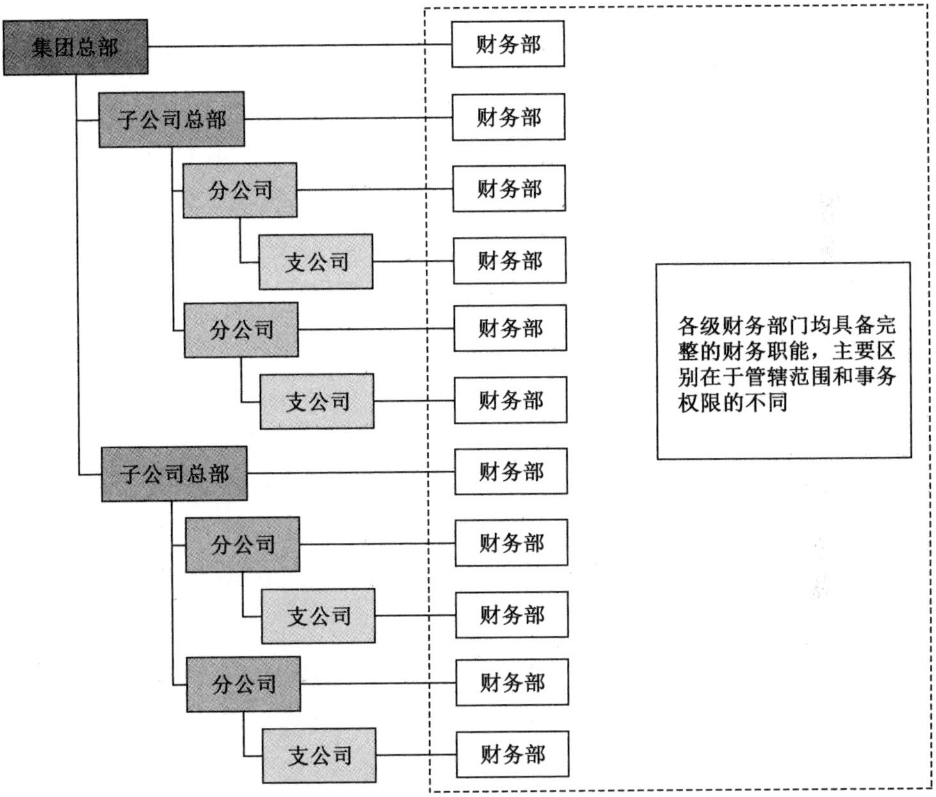

图 6-1　传统集团企业财务组织架构

很明显,这种金字塔结构下的财务人员结构,具有很典型的社会阶层分布的特征,看似合理,实则存在资源浪费、投产比不高的缺陷。就企业经营而言,这样的人员分布结构也是不经济的:一方面,比重最高的基层财务工作人员属于操作型财务人员,价值贡献有限,但因为人员基数庞大,占据了企业较多的财务资源;另一方面,最可能贡献财务价值的业务型财务领域的人力往往投入不足,由此造成人员匹配错位、资源浪费。

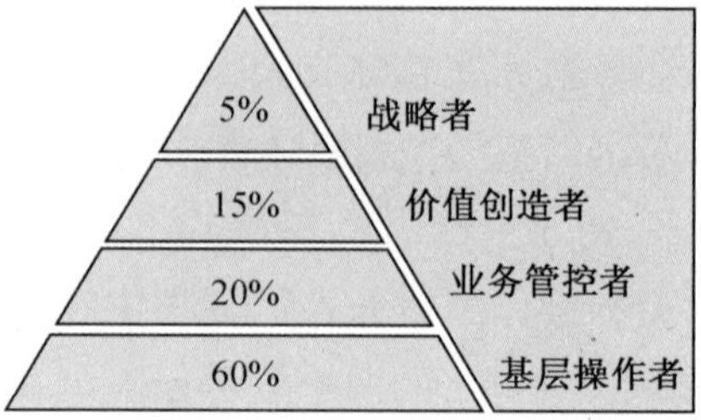

图 6-2 传统财务组织人员结构

(三)职能分工上边界清晰,但职责相对固化

财务职能基于公司职能战略及治理需要进行设定,广义上财务职能包含投资管理、融资管理、财务管理、资金管理、会计核算五大核心职能,狭义上传统的财务职能只限于后三者,即财务管理、资金管理和会计核算,这也是通常所认为的财务职能范畴。传统企业对于财务职能的划分是非常清晰的,哪些工作财务能做与不能做,应该做或不应该做,界限十分清楚,这基本上成为企业管理者和员工的一种通识。在这一通识的支配下,财务很少参与企业财务之外的经营及决策事务,同样,外界也视财务专业领域为"禁区",非业务需要一般不会轻易触碰财务的领地。这种过于清晰的职能边界割裂了财务组织与外界的有机联系,阻止财务价值向外进一步延伸;不仅如此,在组织内部的团队分工上,传统的基于业务流程的职能分组也容易造成内部团队的信息隔离,例如财务部门一般会将负责业务核算流程的人员设定为会计核算部(处室),将负责预算业务流程处理的人员设定为预算管理部(处室)等,这种基于业务流程的职能架构虽然使得组织内部职能清晰而精确,但使组织内部的团队之间少有业务的交流和往来,人员及信息容易成为孤岛,流动性极差,不利于组织的工作效率提升和自我成长。

二、财务组织转型的背景和机遇

(一)财务共享服务模式蓬勃发展,为财务组织的人员结构优化奠定坚实的基础

财务共享服务模式对财务组织变革的推动及影响主要来源于以下三个方面。

1. 技术层面

财务共享是基于 ERP 技术平台,借助互联网技术实现财资业务物理性集中的

一种新型财务运营管理模式，相对于企业原有的 ERP 平台模式，其最大的技术创新来自影像扫描技术在效率和质量提升问题上的突破。借助这一技术，企业彻底改变了传统财务组织的属地化特性，使“人”和“业”这些组织要素在组织之间快速流动成为可能。

2. 人员层面

传统财务组织的金字塔形人员结构相对稳定，财务共享服务模式下，财务组织的变革目标之一是实现集约化规模效应，所以财务共享服务模式的推行必须带来效率提升，这就要求财务共享不能只是财务人员和业务的简单物理位移，而必须是通过财务共享这种新型模式来压缩操作型财务人员的基数，弱化传统财务组织的金字塔结构特征，为财务组织的集约化转型带来可能。

3. 职能层面

财务共享的集约化效应可以释放组织人员，这一部分人员通过培训提升技能后可以充实金字塔“塔中”和“塔尖”部分的人员队伍，增强组织的头部和腰部力量，履行更多具有价值输出和业务赋能的职责，从而推动财务组织职能向价值输出型转型发展。

（二）数字经济时代带来新技术，提升财务人员数据素养以及大数据的挖掘能力

数字经济时代，以大数据、人工智能、移动互联网、云计算等技术为代表的新一轮技术的发展，不仅促进了社会在政治、经济等宏观领域的发展，也带来微观商业形态和经营模式的颠覆与重构。自财务共享服务模式在中国的盛行之初，技术就成为推动企业财务组织变革和转型的催化剂。数字经济时代，新兴技术的出现更是为财务组织的变革带来更多的可能性。

1. 大数据时代人们的数据素养明显提升

社会的运行、企业的生产及个人的生活无时无刻不在生产数据，但在过去，这些数据没有获得重视和有效利用，主要原因在于：一方面人们未能形成良好的数据价值观，数据的价值未能得到发现和认可；另一方面，对于大数据的应用缺乏足够的技术支撑，人们即使能够意识到数据的价值，也缺乏大数据的处理技术及相应能力。如今，随着大数据时代的到来，上述两个问题都得到了明显的改善。首先，大数据的意识壁垒已经消除，人们具备了一定的数据素养，“数据就是生产力”“数据就是一种生产要素”等观念已经成为企业管理者的共识，部分企业甚至已经将数据经营上升到公司战略的层面。其次，大数据计算模型和工具日益完善成熟

与广泛应用,使财务的大数据挖掘能力有效提升,数据成为生产力已经变成现实。财务组织作为企业业务末端的数据处理单位,成为天然的企业数据仓库,如何挖掘利用这些数据价值,也成为其职能发展创新的窗口和突破点。

2. 财务自动化促进企业财务组织变革及职能拓展

人工智能是研究开发用于模拟、延伸和扩展人的智能的理论、方法、技术及应用系统的一门新的技术科学,就其在财务领域的发展阶段和应用实践而言,称之为人工智能尚为时过早,更多的企业将其称为财务自动化。财务自动化的最大效果在于机器取代了人进行一些简单重复的作业,这一应用最初广泛用于生产流水线作业。如今,通过 OCR、RPA 及自动规则引擎等技术手段,一些更为复杂的业务也逐渐被机器替代,如财务的资金结算、费用审核等业务。财务自动化推动了财务运营效率的大幅提升,改变了财务共享服务中心中人这一核心要素的属性,为财务组织人员结构转型和职能发展创新进一步提供了有利条件。

3. 移动互联网技术使得数据可以随时随地分享和处理

20 世纪 90 年代互联网的诞生,打破了信息和数据在时间、空间上的限制,使得集团企业分布在全国乃至全世界的分(子)公司通过网络紧密地联系在一起,实现信息的实时、动态传递与共享。信息的收集、分类、加工和输出也可以通过以新技术为基础形成的信息网络系统自动完成,并直接传送至各使用主体,无须层层传递。管理活动呈现出无金字塔层级、去组织化的特征。但不论如何,互联网时代,仍然不能解决随时随地的信息传递问题。如今,移动互联网技术的出现及广泛应用进一步打破了时空的限制,为数据的随时随地传送和交换提供了可能,移动办公成了常态化的工作模式,进一步推动财务组织去组织化的变革转型。

4. 云技术的应用普及了企业技术能力

云技术的出现使得计算机能力也可以通过互联网按需、易扩展的方式获得,这种"云部署"的存储模式对企业数字化带来两个方面的巨大影响:一是降低了企业数字化门槛,即企业无须拥有强大的技术团队或投入巨大技术成本即可获得相应的技术应用能力;二是提升了企业的数字计算能力,企业将应用或数据部署在云上而非本地计算机或远程服务器中,使得企业能够将资源按需切换到需要的应用上,根据需求访问计算机和存储系统而提升数据计算能力。云技术的出现进一步普及了企业的数据应用,提升了企业的数据能力,强化了组织的数字化特征及属性,为财务组织的数字化转型提供更多的能力和空间。

三、财务组织的变革方向

(一)组织架构上:由矩阵式架构向扁平化的敏捷型组织转型

当今时代被称为“VUCA 时代”(VUCA 是 volatility(易变性)、uncertainty(不确定性)、complexity(复杂性)、ambiguity(模糊性)四个英文单词的缩写),它表面上反映的是社会变革的速度、广度和深度,实则反映的是技术的加速变革导致人们对于社会的适应方式发生的根本性变化。

变则通,通则达。VUCA 时代对企业的应变能力提出了更高的要求,企业必须能够敏捷快速地对市场变化做出反应。通用电气前首席执行官杰夫·伊梅尔特曾说过:“制造类企业信守的是持续改进模式,数字化企业信奉的则是持续创新。对于那些专注于提供经济型、效用型产品的传统企业来说,敏捷、快速、简约且实时响应实在是太高的要求了。”很显然,传统的基于公司治理及管理需要的组织架构模式在数字化时代已经显得不合时宜,组织链条过长,信息传递缓慢,能够快速对市场需求做出反应并为公司决策提供支持的敏捷型财务组织应运而生。财务组织要做到“敏捷”,有以下要点。

首先,要对财务组织架构进行变革,最大可能朝扁平化方向转型(图 6-3)。财务组织需要压缩管理层级,缩短组织链条,这样才能保持组织头尾信息传递的及时有效,实现与业务前端“同频共振”。在实现方式上,企业可选择的路径包括改革授权审批机制或实施财务共享。改革授权审批机制的目的在于让下级财务组织在一定授权范围内可以跨过中间组织直接与更高层级财务组织沟通对话,实施财务共享的目标在于信息集中,以信息的共享提升组织内部跨层级的沟通时效。

其次,财务组织内部分工也必须调整,必须打破原有基于业务流程边界过于清晰明确的组织分工,基于客户及利益相关方需要重新确定组织内部分工,这种基于客户和利益相关方的组织分工模式最明显的组织特征就是小而多,即每个团队的成员少而团队数量众多,称之为微团队。这些小团队职能边界不再局限于某个单一业务流程,通常具有原财务组织的各项基本能力,能够独立快速地应对来自业务端的各类问题并为之提供必要的决策支持。如今实施这种组织模式的企业越来越多,海尔为了实现自身“基于用户”的理念,将人员规模从 8 万人精简到 2 万人,在全集团组建了 2 000 多个“自主经营体”,3 个人即可形成一个经营单元。华为在一线采取一种“铁三角”模式,由客户经理、解决方案经理、交付专家组成一个灵活敏捷的小团队，并赋予极大的决策权，让这些“听见炮火的人指挥战斗”。

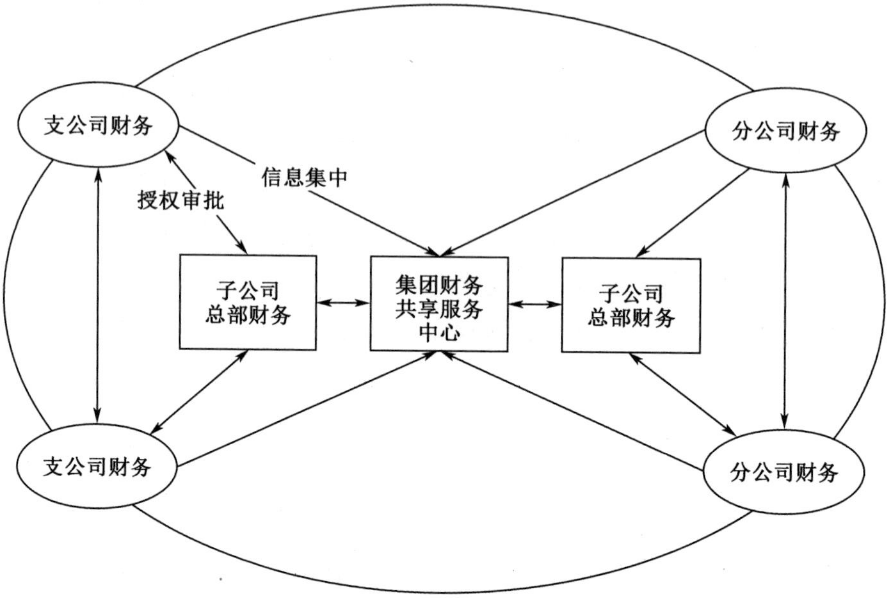

图 6-3 扁平化财务组织架构

（二）技术支撑上：由单一的 ERP 核心管理系统向开放多元的生态化系统转型

数字经济时代，技术对于组织的影响和作用变得越来越重要。技术模式很大程度上会影响组织的结构形式和人员设置。组织运行的技术模式已经成为数字化时代下一个组织最为核心的特征，也是决定一个组织形式的关键因素。组织要实现变革，技术变革必须先行。

20 世纪 90 年代，ERP 系统开始进入中国企业，ERP 系统集成了财务、人力资源及物流等核心管理模块。利用 ERP 系统，企业可实现跨地区、跨部门甚至跨公司实时整合并分享信息，使公司人、财、物紧密连接，从而实现资源共享优化。ERP 系统在企业的应用，打破了企业财务与业务的隔离，成功将企业的实物流、资金流和信息流进行有效整合和集成管理，向业财一体化迈出了关键的一步。同时，借助信息的集成与共享，ERP 系统也成为企业实施财务共享运营的重要技术基础。然而，ERP 系统具有先天局限性，它是基于企业财务、人力资源等基础管理模块构建的一套资源管理系统，其业务流程相对固定且范围有限。此外，作为企业最为核心的财务系统，其“至高无上”的地位决定了该系统在数据和流程上的严肃性，所以企业在新技术、新业务的创新实践上基本对 ERP 平台绕道而行。随着数字技术的发展,企业管理者对于财务的数据生产力寄予了更多的期望。但是,财务要真正成为数据能力中心仍然面临很大的挑战,其中最大的挑战就来自数据本身。传统的基于 ERP 系统的财务数据具有两个局限性:一是数据过于单一,主要体现在维度有限,颗粒度不细;二是财务数据的业务关联性差,不能及时传导并反馈业务前端动态。为了解决这一问题,必然要求财务在 ERP 核心系统的基础上,建立一个更为多元开放的财务生态系统。通常情况下,企业财务组织会以成本、核算、费用等核心财务职能为出发点,不断将财务触角向外(第三方)和向前(业务端)延伸,以获得更多业务前端的数据。

(三)人员结构上:由金字塔形向集约化纺锤形团队结构转型

财务共享服务模式为传统财务组织带来了第一次深刻的变革,组织的人员结构变得更为集约化,但并没有从根本上改变金字塔形的基本人员结构。随着数字化时代的到来,大量技术创新在财务领域应用实践,这一结构开始出现根本性变化,主要表现在两个方面:第一,越来越多的自动化、智能化工具以及基于数字化、生态化的业务流程在财务共享服务中心应用,财务的集约化能力越来越强大。第二,数字化在加速财务共享升级转型的同时,也进一步推动财务组织朝业财融合方向变革发展。财务共享服务模式给财务组织带来了效率上的提升和经济上的集约,但这仅仅是财务组织变革的第一阶段,“业财融合,赋能业务”才是财务组织的最终转型目标。基于这一目标,财务组织必须不断提升业务能力,培养更多懂业务的财务人员,即业务型财务。

数字化让财务变得更集约,释放更多的基层财务向业务型财务转型;数字化也让财务与业务连接更加紧密,让财务更懂业务,更能支持业务,使财务组织架构的中坚力量逐渐壮大;数字化使传统财务的金字塔形结构逐渐向以业务型财务力量为主的纺锤形结构转变。

第三节　组织定位

在建立财务共享服务中心时,企业需要明确财务共享服务中心在集团整体架构中的组织定位,即需要明确财务共享服务中心与集团总部财务、成员公司财务之间的隶属或平行关系。

财务共享服务中心的组织定位主要取决于企业的管理需求和财务共享服务

中心的发展阶段。按照财务共享服务中心的管理级别,其组织定位一般有以下三种模式。

一、隶属于总部财务部

在这种模式下,财务共享服务中心是财务部下面的一个部门。这种模式是财务共享服务中心的管理级别最低的模式,组织架构如图 6-4 所示。在这种情况下,财务共享服务中心和财务部的其他职能部门是同一个级别,都归属集团公司财务部领导。这种模式便于总体的管理和协调,有利于财务政策的推行。但其由于管理级别较低,不利于获得公司高层领导的支持。

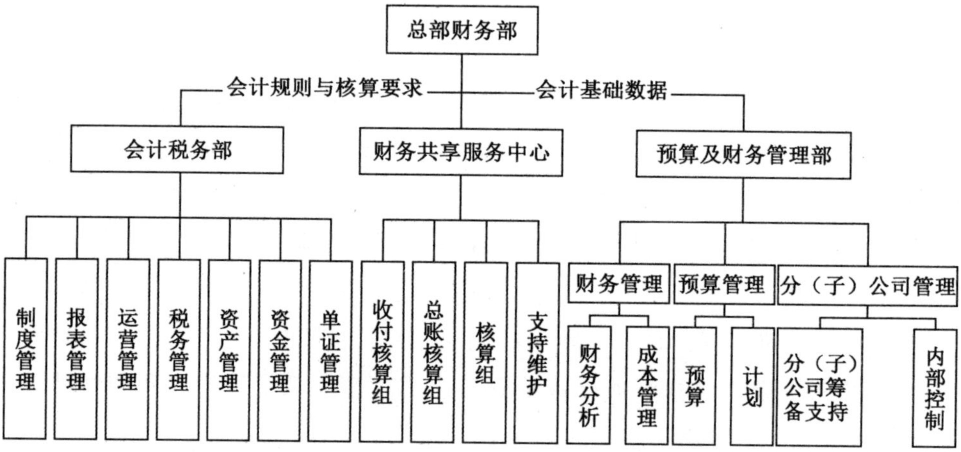

图 6-4　隶属于总部财务部的组织架构图

二、与集团公司财务部平行

在这种模式下,财务共享服务中心和集团公司财务部平行,都归属集团 CFO 领导,具体组织架构如图 6-5 所示。

但这种模式有利于财务共享服务中心获得公司高层领导的支持和指导,尤其是在财务共享服务中心的建设初期,对于其开展和推进有很大的帮助。因此,很多企业在建立财务共享服务中心时会选择这种模式。

三、隶属于集团公司共享服务中心

财务共享服务是共享服务的一种。当公司建立起统一的共享服务体系时,一般会将财务共享服务中心纳入集团公司共享服务中心之下,而集团公司共享服务中心一般由集团公司主管副总领导。组织架构如图6-6所示。

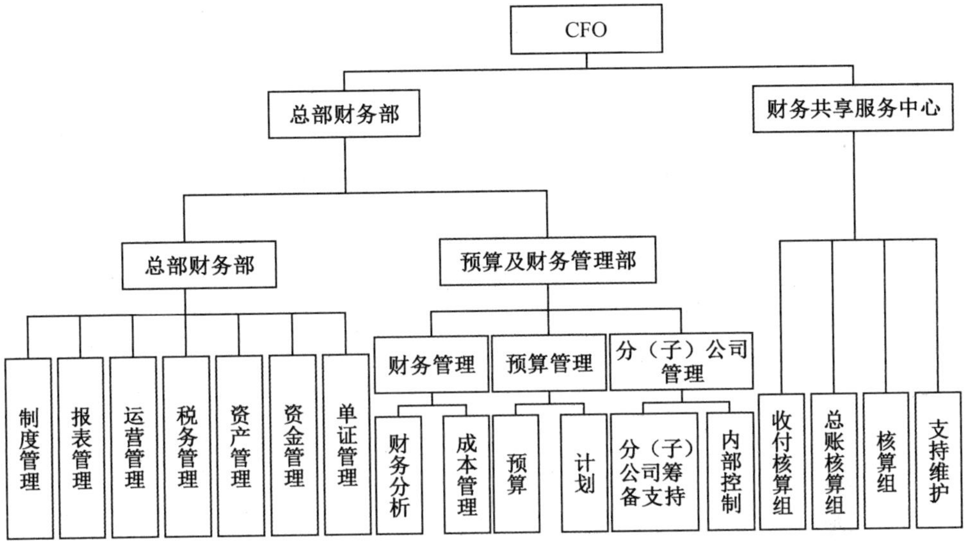

图6-5　与集团公司财务部平行的组织架构图

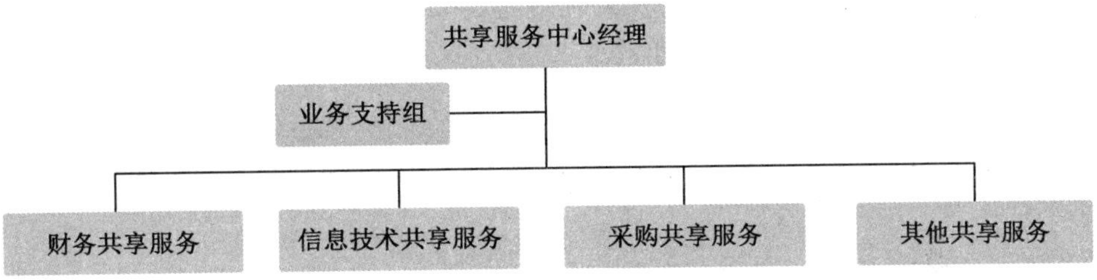

图6-6　隶属于集团公司共享服务中心的组织架构图

第四节　内部组织架构与岗位配置

财务共享服务中心内部的组织架构与岗位配置和财务共享服务中心的业务范围是相辅相成的。一般而言，业务范围影响组织架构，业务工作量差异影响岗位配置。因此，财务共享服务中心的组织架构、岗位配置和业务范围要协同规划、同时确定。

一、内部组织架构

财务共享服务中心的内部组织架构，常见的划分方法主要有两种。一种是按职能划分，即按照不同岗位的具体工作职能划分。这种方法遵循了专业性原则，标准化程度高，有利于提高财务工作效率。另一种是按区域划分，即按服务对象的业务区域划分。这种方法有利于为不同区域的客户提供专业化个性化的服务，可增加客户的满意度，但流程标准化程度低，对人员的要求比较高，财务工作效率也会相对较低。

很多需要建立财务共享服务中心的企业认识到，职能和区域这两个维度都是很重要的，企业的财务共享服务中心既需要按照职能服务于不同的客户，又需要满足不同区域的客户需要。因此，企业更愿意选择将职能和区域相结合的内部组织架构。

二、岗位配置

财务共享服务中心内部组织架构不同，岗位配置也会有所不同。一般财务共享服务中心应配置的岗位包括：

（一）基础类岗位

1. 影像扫描岗

影像扫描岗负责票据及纸质资料的接收和基本审核工作，包括发票等配套附件的简单检查、地方特色审核点等；各流程中对纸质材料的扫描工作；纸质材料和扫描影像的审核工作；单据的日常管理工作；会计档案的打印、整理、归档管理工作。

2. 共享审核岗

共享审核岗分为共享初审岗和共享复核岗，负责对进入共享中心的经济业务及交易进行审核，包括审核业务的真实性、合理性、合法合规性、完整性、准确性、风险性等，对不符合相关规定的予以退回处理，为合规的生成会计记账凭证。

3. 资金结算岗

资金结算岗负责处理银企直联结算方式、网银结算方式支付的付款单据；付款失败业务的查询、跟进及处理，以及银行账户状态异常事项的沟通协调；银行收款信息、银行自动扣款信息的维护并发布到款项认领系统；配合共享审核岗进行银企对账工作，沟通核实未达账项原因；制单 U 盾和支付密码器的保管，定期进行检查，确保存放安全。

（二）支撑类岗位

1. 流程管理岗

流程管理岗负责承接财务共享服务中心流程管理、优化工作，输出落地流程优化方案；承接流程优化过程中需求以及项目推进、管理、监督工作；优化共享中心运营，提高运营服务质量及效率；配合区域新财务共享建设工作，进行需求流程梳理推进项目落地。

2. 质量管理岗

质量管理岗负责财务共享服务中心内部控制管理制度与实施操作细则的制定，建立财务共享服务中心内部会计业务流程，并进行持续的更新和优化，为财务共享服务中心日常运行和各部门的具体业务和工作质量进行定期的内部稽核。

3. 系统运维岗

系统运维岗对财务共享服务中心的各个相关信息系统的主数据（供应商和客户）进行定期管理与维护。

4. 人力资源岗

人力资源岗负责为财务共享服务中心的快速扩张和发展提供有效的人力资源解决方案，确保业务的顺利开展；根据部门发展要求，进行组织诊断，推动组织变革，梳理组织架构，优化流程，调配组织资源；为部门的招聘管理、员工关系、绩效管理等人力资源工作提供全面支持，协助业务部门提升组织绩效；建立良好的沟通渠道，主动与业务部门、员工进行多种形式的接触和有效沟通；推动部门贯彻落实人力资源相关政策、机制，并提出优化建议；了解所支持部门的业务状况和团队状况，提供符合部门需求的其他人力资源支持工作。

5. 报表管理岗

报表管理岗负责财务报表优化，提出相应的流程、报表编制规范、系统改进建议；负责单体报表的日常工作检查和指导，确保各小组任务正常运转，确保审单和核算效率；负责单体报表质量；安排相关系统需求和问题的收集，并提交至系统运维岗。

（三）管理类岗位

1. 中心总监

中心总监整体全面地负责财务共享服务中心的各项日常工作，确保财务共享服务中心提供的财务数据和信息是及时的、准确的和完整的，保证中心的正常运行。总监对财务共享服务中心的各项工作负责并向集团财务管理层报告。

2. 业务经理

业务经理负责财务流程的建立与持续改进、建立和维护会计实务核算操作的具体规范制度等，负责对具体会计业务的完整性、准确性、合规性进行内部监督，定期对其下属岗位员工的工作业绩和表现进行综合的评价和考核。财务共享服务中心业务经理直接向财务共享服务中心总监报告。

如果是按职能划分再按区域划分的内部组织结构,可以先按照职能部门设置经理,在职能部门经理之下,再按照区域设置组长;先按区域划分再按职能划分的内部组织结构,则可以先按照区域设置经理,在区域经理之下,再按照职能设置组长。

三、人员配置

建立财务共享服务中心,原来财务工作中共性的、重复的、标准化的业务会集中到中心。原来从事这些工作的财务人员面临两个变化:一部分会集中到总部的财务共享服务中心;另一部分要转型,由原来的核算型财务转到高价值的决策支持上来。企业需要根据财务共享服务中心的组织架构和岗位配置,匹配合适的岗位人员。

在进行财务共享服务中心人员配置时,需要坚持以下三项原则。

(一)岗位和技能匹配

财务共享服务中心采用的是标准化的流程和操作,每一个岗位都有特殊的专业技术要求。因此,企业需要了解原来分散在总部和下属公司的财务人员的擅长,把他们尽可能放到和技能相匹配的岗位上。

(二)岗位和能力匹配

在财务共享服务中心,主要有两类岗位:业务处理岗位和运营管理岗位。业务处理属于操作性岗位,要求员工有熟练的专业技能,而运营管理岗位则要求员工有主动性和创新性。

(三)岗位和空间匹配

在设置岗位和配备人员时,应考虑员工的个人发展潜力以及个人发展意愿,应尽量避免因建立财务共享服务中心导致财务人员大量流失的情况。

财务共享服务中心的人员选择、使用、晋升都与原来的组织有所区别。由于强调客户满意的服务导向,强调业务的标准化、流程化和规范化,财务共享服务中心需要设计不同的岗位类型的人才梯队和人才层次,以及不同岗位的职业发展路径。财务共享服务中心的岗位设置要切忌过度分工,每个员工负责工作内容较为单一,员工可能感到工作枯燥,对职业发展产生顾虑而导致人才流失。由于财务共享服务中心的内部分工细化,各岗位对人才的需求也有很大差异,需要在人员安排时加以考虑。例如,票据管理人员一般不需要专业的财务知识,而细心、耐心等个人品质尤为重要;报表管理人员必须要求专业的财务背景,要有相对丰富的工作经验。

第七章　财务共享服务中心的流程再造

第一节　流程再造的内容与原则

一、流程再造的内容

财务共享服务中心的建设过程就是企业财务流程再造的过程。实行财务共享之前,企业的核算、结算和报账的流程都是分散在各业务单元单独进行的,每个业务单元都有自身的流程,且每个流程上的运行标准、效率和风险管理规范都不尽相同。企业要建立财务共享服务中心,必须按照统一的要求,调整各业务单元现有财务业务流程,将简单的事务性的会计核算工作向集团总部集中,将财务权限上收,缩减分支机构的财务人员编制,并最终制定一套适合所有业务单元的业务流程。

二、流程再造的原则

为建立财务共享服务中心而进行的财务流程再造,必须遵循以下原则。

(一)以战略为指导原则

财务共享服务中心的流程再造要从战略的高度理解和实施。企业建设财务共享服务中心而实施流程再造,根本动力和出发点是适应企业长期可持续发展的战略需要。没有明确的战略指导,流程再造不可能彻底完成。

(二)以流程为中心原则

财务共享服务中心的流程再造目的要由过去以职能部门和分工为中心转变为以流程为中心。许多企业的流程再造偏离了最初设计的轨道,原因就在于未能坚持以流程为中心原则。

(三)以人为本原则

财务共享服务中心的流程再造要坚持以人为本原则。传统的劳动分工将企业管理划分为多个职能部门,员工被限制在某个部门的职能范围内。流程再造要求在设计流程时,使每个流程在企业处理的过程中最大限度挖掘个人潜力,充分发挥每个员工的积极性;同时,在流程与流程之间强调人与人之间的合作精神,让流程作为联系人与人之间的纽带,使之发挥巨大作用。

(四)客户价值导向原则

财务共享服务中心的流程再造的核心是客户价值,这里的客户包括内部客户和外部客户。企业的使命就是了解市场和市场上客户的需要,并有针对性地提供产品和服务,为客户提供价值的增值。因此,流程再造必须打破原有组织结构中的职能和部门界限,分离出相互独立的创造价值的财务流程,使企业的经济活动重新构建在跨越职能部门与分工界限的"客户需求导向"基础上。

第二节　财务共享服务中心流程管理概述

一、流程与流程管理的概念

流程(process)是指一组为客户创造价值的相关活动。流程是企业运作的基础,企业所有的业务都需要流程来驱动,就像人体的血液运行过程,它把相关的信息数据根据一定的条件从一个人(部门)输送到其他人员(部门)得到相应的结果,再返回到相关的人(或部门)。一个企业从不同的部门、不同的客户、不同的人员到不同的供应商都是靠流程来进行协同运作,流程在流转过程中可能会携带相应的实物流、资金流、信息流,一旦流转不畅就会导致整个企业运作不畅。

流程管理(process management)是一种以规范化构造端到端的卓越业务流程为中心,以持续改进流程从而创造价值为目的的机制和系统化方法。流程管理的内涵包含几个关键词:规范化、流程、持续性和系统化。流程自然是流程管理的核心,流程管理的本质是构造卓越的业务流程,流程管理中的流程应是面向客户目标的流程,流程中的活动都应该是增值的流程。人员、资源、目标、信息和规则是流程的基本组成元素,也是流程管理的具体对象。

对于企业管理来说,流程是核心要素,流程管理水平的高低决定了一个主体的整体管理水平。流程规范化与精细化管理,可以提高业务过程受控制的程度,有效落实规范化管理,提升工作效率,并且快速实现管理复制。标准化的流程可以实现隐性知识的显性化,达到知识积累与创新的目的,同时能够有效提高企业资源合理配置程度。

财务流程不仅包括企业财务部门内部的工作流程,涉及企业资金运动、资源消耗和会计处理的相关业务流程也都属于财务流程的范畴。和其他流程相比,财务流程首先与企业的资金运动紧密联系。通过对财务流程的管理可以有效规划和监督企业的资金运动方式与效果,而资金的使用与周转贯穿于企业经营活动整个过程。所以,财务流程也覆盖企业经营活动中的全过程。财务流程的效率与效果对企业的运行发展起到关键性的作用。此外,财务流程需要随着企业的发展,业务的扩展、变化,内外部环境的变化而不断发展变化。财务流程的管理和优化已经成为企业管理的重要内容。

二、财务共享服务中心流程管理的必要性

(一)财务共享服务的核心是流程的共享

财务共享服务中心业务流程建设是一种全流程模式的建设,比较成熟的财务共享服务中心应该是把所有财务涉及的环节都纳入财务共享服务中心。

具体而言,财务共享服务所需的流程类型大致包括业务核算流程、财务操作流程、内部运营管理流程以及配套的业务流程。其中,业务核算流程是指财务共享服务中心所处理的各项业务从发生至财务处理完毕,直至完成档案归档的整个过程,是对现有流程的梳理、优化和再造;财务操作流程是指各岗位财务人员的操作指南,具体指导财务人员进行业务处理;内部运营管理流程是财务共享服务中心的内部管理维度所涉及的流程,如绩效管理维度下的绩效报表编制发布流程、标准化管理维度下的制度修订发布流程等;配套的业务流程主要是为适应财务共享服务实施过程中影响并改变现有业务单位流程所进行的流程调整。

(二)流程决定了财务共享服务的质量

在建设财务共享服务中心的过程中,科学、标准的流程是财务共享服务中心得以高效运作的基础,也是实现信息化的前提。但是如何使标准化的流程能够完整地执行下去,不出偏差,则是摆在财务共享服务中心中介咨询商与中心建设管理者面前的一个重要问题。为此,我们必须对企业现有财务业务流程进行梳理,

不断分析、鉴别、改进、优化现有业务流程,制定严谨、统一、精简的标准化流程,使流程真正做到最优化,确保财务共享服务中心的运作质量。

(三)流程管理是提升财务共享服务成本优势的源泉

财务共享服务中心无论服务于内部客户还是外部客户,都面临巨大的成本压力。财务共享服务成本的降低最直接的是来自人力成本的降低,但显然不是仅仅冠以财务共享服务的名义就能够降低人力成本,人力成本的降低实质上来自其内部流程的管理。流程管理的推进也是财务共享服务中心标准化的推进过程,通过流程再造和优化,每个岗位之间的接口更为标准,流程运转过程更加高效和透明。此外,标准化的流程单元使得每个业务单位对业务能力的要求大幅降低,人员的培训能够迅速完成。这些流程管理带来的好处一方面使得企业可以用更少的人来处理同样的业务,另一方面使得企业可以用更低要求的人员(更低成本)来处理同样的业务。可见,流程管理是提升成本优势的源泉。

三、财务共享服务中心流程管理的基本思路

(一)明确流程管理循环

一个典型的流程管理循环是一个认知的过程,它从流程的定义开始到流程控制结束,包括流程定义、流程测量、流程分析、流程改进和流程控制五个过程,即流程管理的 DMAIC 循环。

1. 流程定义(define)

流程定义是寻找关键流程的过程,基于对流程的充分理解,流程经理能够准确地定位制约流程效率的关键瓶颈,并针对此瓶颈展开工作。

2. 流程测量(measure)

在定义了关键业务流程后,需要运营专业的工具和方法将流程表达出来,辨别核心流程和辅助流程,识别影响流程输出的输入要素。通常,我们会采用绘制流程图和对流程进行语言表述的方式来进行。流程测量是否清晰,将影响流程优化的效果。

流程图是用特定的符号及连线描述企业的某项具体业务,在绘制时应当遵循以下原则。

(1)客观性原则

绘制的流程图应当与企业实际运转过程中流程的具体执行情况相一致,不加

入流程梳理人员的主观想法，仅仅是对流程现状的客观描述，为后续流程改造奠定基础。

(2)全局性原则

业务流程可能会存在跨部门使用的情况，但在绘制流程图时应当打破“部门”概念，站在全局的角度，对业务流程的发生源头、具体过程和结果输出进行完整描述。

(3)具体性原则

现有的业务流程描述应当尽可能具体，了解业务流程的全貌，可以将当前不合理的复杂业务流程进行后续拆解，减少不必要的工作量。

绘制流程图时可采用 Visio 软件，运用统一的流程图标识与符号来明确流程步骤中所涉及的职能、关键环节，明晰各个环节间的逻辑关系。在绘制过程中主要涉及的标识和符号如表 7-1 所示。

表 7-1　常用的流程图符号

	名称	注释
	端点符	表示转向外部环境或从外部环境转入的端点符，例如，程序流程的起始或结束
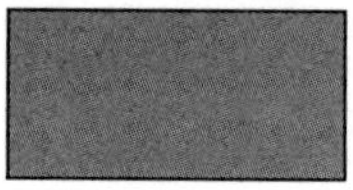	流程步骤或过程符	表示各种处理，是对活动或过程的功能性描述，例如，执行一个或一组特定的操作，或确定对某一流向的选择
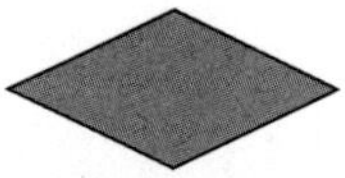	判断符	表示判断或开关，它只有一个入口，但可以有若干个可供选择的出口
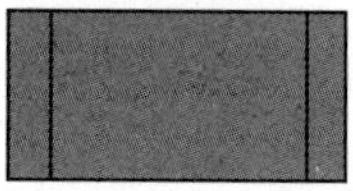	子流程符	表示转向外部环境或从外部环境转入的其他子流程

3. 流程分析(analyze)

流程分析是针对关键业务流程进行考察并找出解决方法的过程。流程分析往往由流程专家和业务专家共同组成的团队来进行。流程分析的关键在于发现关键流程中有制约的问题点，并找到针对这些问题的解决方法。

4. 流程改进(improve)

在找到解决问题的方法后,必须有效地推进并执行,否则流程管理将流于形式。流程改进计划需要由项目经理专人负责,并对每个改进项目进行跟踪落实。流程分析和流程改进实际上可以视为流程再造的过程。

5. 流程控制(control)

流程变革初期往往会遇到各种阻力,如果对流程优化的成果不予控制和稳定,很容易被推翻并回到原有流程。因此,流程优化后需要一个稳定期,在此期间需要加强对流程的检查和控制,以确保始终按新的流程方案进行运作。

(二)正确识别流程管理的对象

根据过程发生的频率及内在规律性,可以将流程管理的对象分为例行过程和例外过程两大类。

例行过程是指重复发生、发生频率高、有规律可循、知识经验可被重复使用的过程。例外过程是指一般没有规律可循、不会重复发生或发生概率很小、规则不可重复使用、每次都需重新设计的过程。

一般而言,流程管理的对象是90%以上的例行过程,重复发生、发生频率高、有规律可循、知识经验可以重复应用。比如费用报销流程,费用报销有一个明确的报销标准、审批流程、审批原则,是一个非常典型的例行过程。我们通过对90%的例行过程的梳理与管理,实现其高效运作,如图7-1所示。

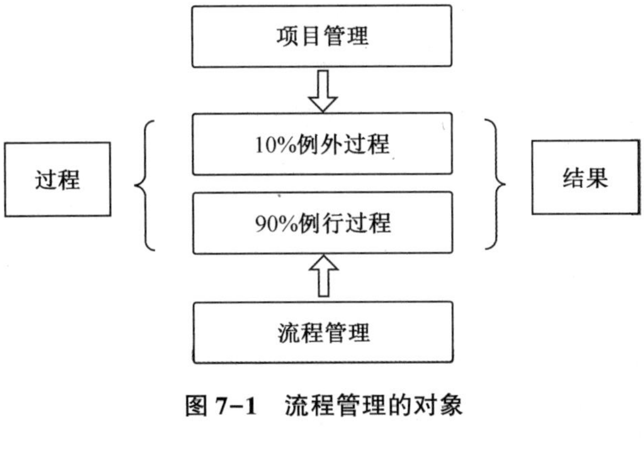

图7-1　流程管理的对象

(三)选择流程管理的顺序

在建立财务共享服务中心的过程中,一个重要的决策在于财务流程再造的时间和顺序的选择问题。通常这时我们面临两种选择:到底是在建立财务共享服务中心之前对财务流程再造,还是将财务流程再造与建立财务共享服务中心同时进行。

大多数国内企业的现状是,企业业务管理人员不能将流程说清楚。究竟其工作流程有哪些,这些流程如何运作,甚至同一个流程不同的人说出来都不一样。因此,根据实践,我们倾向于首先实现财务的集中化,即本着先集中后改造的思路进行流程再造。例如,收入集中核算、成本费用集中核算、资产集中核算、税费集中核算、会计档案集中和报账支持等集中后,再进行财务流程的再造。这是由于在业务集中的过程中,对其流程进行改造的成本最低,且比较而言,也更加容易。当然,在这个过程中,应允许先保留一部分各地的个性化处理,随后再逐步规范和改进。

需要明确的是,选择何种顺序进行流程再造,还应注意企业目前流程的成熟度。但无论企业选择何种流程再造的方式,核心原则还是把企业转变为以流程为中心的新型企业。

(四)梳理业务流程

在流程再造前,需要投入一定时间和精力认真梳理企业的业务流程。在流程梳理环节,主要分为横向梳理和纵向梳理两条线。

1. 横向梳理

横向梳理是指通过流程的梳理把业务到财务这个端到端的流程打开,分析、鉴别这个过程中到底有哪些环节需要标准化,每个公司或每个业务板块有没有差异,能够统一的空间有多少。通过流程的横向梳理,可以更好地界定哪些工作是放到财务共享服务中心的,哪些工作是放在业务单元的,让它们更好地在流程中为业务服务。例如,在费用的管控流程上,存在多个控制点,一部分控制点是放在初审人员和业务领导的,另一部分是放在财务共享服务中心的。几者之间控制点的切分,对整个流程的运营效率会产生重要影响。这是在横向上,把业务财务做到一体化,把业务要素和信息及时地反馈到财务结果中,同时也让财务对业务的支持和监督在流程中能比较好地反馈出来。

横向梳理的原则是尽可能地求同存异,因为只有共性的成分越大,共享的效果才能越好,进而能够更好地发挥它的规模效益。

2. 纵向梳理

纵向梳理是指通过流程把整个组织驱动起来,也就是说,哪些职权是放在总部,哪些是放在事业部,哪些是放在终端(即客户端),这样可以通过流程使其标准化。纵向梳理的核心在于不同组织层级之间的职责划分。在这个过程中,需要充分考虑各组织层级之间潜在的利益诉求,在平衡的基础上,实现流程效率的优化。

四、财务共享服务中心的主要流程梳理

经过梳理,纳入财务共享服务中心的业务流程通常具有业务量大、重复性较高、附加值低等特征,其中覆盖最多的流程分别是费用报销流程、资金结算流程、固定资产核算流程、采购到应付流程、总账到报表流程、成本核算流程、订单到收款流程、会计档案管理流程、发票税务流程。

(一)费用报销流程

费用报销流程交易频繁、流转环节较多,大多数企业在建设财务共享服务中心时都将费用报销流程作为试点展开。费用报销通常包括如下子流程。

员工借款及还款流程。员工发生因公支出,需要提前向公司借支的情形,员工借款流程需要规范可借款的业务类型,并关注员工对账及借款清理。员工还款流程,需要区分不同还款方式下的处理流程,如银行转账、现金还款,以及报销核销借款等。

员工费用报销流程。该流程梳理的重点是建立清晰的费用分类,通常包括员工差旅费用报销流程、出国费用报销流程、会议费用报销流程、业务招待费用报销流程等,审批流程授权合理有度,并考虑与预算控制及资金支付流程的衔接。

传统费用报销流程。传统模式下,该流程通常会产生大量的文件,例如纸质的出差申请单、费用报销单、机票行程单、住宿费用清单等,这类单据的管理成本高且管理效率低,数据的管理价值未得到充分挖掘。费用报销可以采用创新的集中采购的模式,例如差旅平台、办公集中采购方案等,实现费用报销流程的革命。在这类平台下,员工无须垫付资金,无须专门获取发票,员工订单直连报销系统,极大地节约了报销的时效,提升了员工报销的体验,并且财务的基础工作变得更加简单,相关数据的获得和分析变得更加容易,企业能更有效地进行费用管理。

(二)资金结算流程

财务共享服务中心的构建,从企业集团完整、全面的业务开始发生到财务入账、支付、凭证归档的整个过程中,都涉及资金结算业务,资金结算通常包括如下子流程。

资金支付流程。根据资金支付方式的不同，其又细化为银行付款流程、支票付款流程、现金付款流程等。加强资金收付的集中管理，可以全面控制资金流向，整合企业集团资金集中优势，有效提高资金的使用效率。

资金收款流程。同资金付款流程一样，其根据收款方式的不同，设有多个子流程。资金收款流程与应收账款流程衔接，流程重点在于不同来源的庞杂的收款记录的快速确认与入账。

资金调拨流程。资金调拨流程包括资金计划、资金上收、资金下拨等子流程。通常计划的制订与调拨的申请，并不是由财务共享服务中心发起的，但财务共享服务中心作为支付工厂，需要完成资金调拨的操作。

银行对账流程。其包括定期的银行对账、未达账项的清理。

银行账户管理流程。其包括银行账户开户、变更和撤销管理，新增网上银行（银企直联）管理，构建合理的企业集团账户体系。

一些企业设有财务共享服务中心，也会设有财务公司或者资金管理中心，资金流程需要清晰界定两个组织的职责界面和流程衔接。

（三）固定资产核算流程

固定资产核算主要是对在建工程、资产采购、资产折旧、资产处置以及资产盘点的整个过程的业务处理，一般包括如下子流程。

在建工程付款流程。在建工程物料采购付款流程通常与采购付款流程类似。

在建工程转固流程。在建工程达到可使用或可销售状态后，工程管理部门会发起工程验收，提交工程结算资料，财务共享服务中心根据扫描的单据影像完成转固处理。

资产采购流程。资产采购流程通常与采购付款流程类似。

资产折旧流程。企业通过给各类资产统一设定折旧方案的方式，由系统在会计期间内自动计提折旧，或由资产业务处理人员定期允许请求，完成固定资产的折旧计提。

资产维护流程。固定资产会因为地点的调拨等因素发生基本信息的变化，这些变化要及时在 ERP 系统中反映出来，财务共享服务中心负责对这些基础信息进行日常维护。此外，固定资产由于维修、改造等原因会发生价值变化，此时还需要及时维护固定资产价值。

资产处置流程。固定资产盘亏或变卖、报废，需经过特定程序的审批，财务共享服务中心要对这些审批程序的有效性进行审核，审核后，需进行必要的固定资产信息处理和账务处理。

资产盘点流程。固定资产实物管理系统可以对公司内所有资产进行统计。资产管理比较先进的方式是通过条码或射频技术进行管理。

(四)采购到应付流程

采购到应付流程的重点是实现从供应商管理、供应商对账,到发票处理及付款整个过程的无缝衔接。财务共享服务中心可以实现供应商对账、发票接收、发票审核、付款等的规模化集中处理。采购到应付一般包括如下子流程。

预付款申请流程。根据合同付款条件的约定,对供应商预付款项申请、审批及付款。

材料入账流程。材料接收与入库,通常由仓储物流部门负责。仓储物流部门确认材料入库后,将入库单据传递至扫描员,财务根据影像进行审核和入账。

供应商对账流程。供应商对账流程通常由供应商发起,供应商发起开票请求,双方通过人工或对账系统完成对账,确认可以开出发票。

发票处理流程。发票处理流程包括发票信息采集和发票审核。发票信息采集过程包括增值税专用发票的接收和扫描,这两个步骤的主要目的在于提取发票中的信息,并将这些信息作为后期应用的依据。财务共享服务中心可以在发票信息采集环节,采用增值税进项发票管理方案,与发票电子底账系统连接,获取发票全票面信息,完成发票验证,并将结果发送至电子报账系统,提高财务共享服务中心的发票审核效率和准确率。

采购付款流程。根据合同中的支付条件,即时支付或账龄支付,电子报账系统中的付款信息可以导入 ERP 系统中,ERR 系统将这些付款信息转换为符合网络银行接口标准的支付数据,通过网络银行或银企互联的方式完成支付。

(五)总账到报表流程

总账到报表是财务共享服务中心的增值业务,也是其核心价值所在。订单到收款、采购到付款、固定资产等业务流程更多地侧重于业务过程的共享服务支持,总账流程则更多侧重在会计处理业务流程中。

总账业务是一个基于会计期间的循环,从会计期的打开,到日记账录入、日记账复核、期末过账、外币重估、期末结账、报表出具等业务环节形成完整的会计循环。应付流程、应收流程、固定资产等业务处理的最终结果都会反映到总账循环中。总账循环关闭前,必须先关闭上述各个业务流程。总账循环和传统会计业务结合最为紧密，对此流程的理解有助于从相对宏观的角度了解整个共享服务流程。

(六)成本核算流程

企业不同类型的业务成本核算流程差异较大，例如贸易型业务、建筑型业务、生产型业务等。制造型业务中，成本核算一般包括如下子流程。

成本分配与归集流程。成本分配与归集是将发生的各类费用与成本，按照一定规则，分配到不同对象，按照对象进行归集。一般情况下，生产制造型企业使用ERP系统的成本模块可自动完成成本归集。

成本结转流程。生产制造型企业也多使用ERP系统自动进行成本结转，确定本期损益。

(七)订单到收款流程

订单到收款流程是企业和客户之间的财务关联，包括合同管理、发票开具、收入确认、收款对账等业务环节。订单到收款一般包括如下子流程。

订单及合同管理。这个环节的业务一般基于企业的电子商务系统和合同管理系统来完成。当市场人员提供获得的合同订单后，系统开始通过人工录入或者影像扫描、识别的方法来记录其中的关键信息，为后期财务共享的业务处理系统和ERP系统提供数据支撑。

开票及收入确认流程。当业务人员提出开具发票的要求后，财务共享服务中心将审核相应的合同条款，开具发票。对于达到收入确认条件的，财务共享服务中心确认收入并将信息反馈到ERP系统中。

收款确认流程。当接到客户的付款通知后，财务共享服务中心检查银行的付款记录，确认收款完成后，完成应收账款科目的会计处理。而对于收到的票据，财务共享服务中心可以根据资金管理的需要进行票据贴现或者是背书处理。

客户对账流程。在确认收款并入账后，财务共享服务中心通过客户关系管理系统将收款信息反馈给客户，并和客户定期对账，以发现可能存在的错误。

(八)会计档案管理流程

会计档案管理工作主要包括对会计凭证、会计账簿、财务报告及其他会计资料进行审核、整理、装订、立卷、归档保管、查阅和销毁等。财务共享服务中心档案管理一股包括如下子流程。

单据提交及扫描流程。由于财务共享服务中心处理所有业务都要通过单据影像的审核,因此单据提交及扫描的效率对整体流程的效率具有重要影响。单据的提交及扫描流程并不复杂,流程重点在于关注员工提交单据的便利性,以及单据扫描的及时性。

单据退回及补单流程。遇到不合规的单据,财务共享服务中心的审核人员会将其退回,员工需要补充合规的附件。但实物单据的补充或更换并不需要审核人员与员工面对面沟通,流程重点在于与员工沟通,以及接收补单的流程节点的设计。

会计档案归档流程。对会计档案的归档,很多财务共享服务中心采用了电子档案系统解决方案,可以实现纸质单据与会计凭证的快速匹配和打印,大大减少对归档的人工占用。

会计档案借阅管理流程。同归档流程一样,档案借阅管理流程也可采用电子档案系统解决方案,实现会计档案,包括纸质档案和电子档案的借阅申请、审批、借阅及归还的管理,保证会计档案的安全性和规范管理。

(九)发票税务流程

可纳入财务共享的税务作业具有可远程操作、可标准化处理等特征,通常包括税务政策咨询、税务合规监控、纳税申报数据整理及提供、网上纳税申报业务等。

发票认证流程。财务共享服务中心采用增值税进项管理系统完成发票的信息采集、验真和认证,流程重点在于专用发票抵扣联的流转,以及是否可抵扣状态的判断。

发票开具流程。财务共享服务中心采用开票系统,收集开票申请资料、开票信息,完成审批流程,跟踪发票状态,并直接与金税系统对接,完成发票的打印,与报账系统对接,完成账务处理。

纳税申报流程。财务共享服务中心可以利用开票系统产生的销项数据、进项管理系统产生的进项数据,以及核算系统的报表信息,完成纳税申报的数据准备,提升纳税申报的效率和准确性,减少期末对税务人员精力的占用,提高服务能力。

第三节 流程再造的步骤

财务共享服务中心的流程再造，主要包括如下几个步骤：财务流程分析、财务流程的优化及重新设计、试点与转换和持续改进。

一、财务流程分析

财务流程分析的重要目标是通过客观、理性的分析，寻找那些可以或需要纳入财务共享服务中心的流程。一般而言，可纳入财务共享服务中心处理的财务业务具备如下特征。

①业务量大、发生频次较高、相似度高。如员工报销、应收应付等。

②在各业务单位中存在普遍共性的业务。如会计月结年结、总账核算、各类标准报表。

③能够专业化、标准化的业务。如各公司的会计核算、单体和合并报表的编制。

④支撑集团公司层面对业务单位财务管控的标准制定，如会计核算标准的制定等。

总体而言，可纳入财务共享服务中心的内容如表 7-2 所示。

表 7-2 可纳入财务共享服务中心的内容

财务核算	财务结算	其他财务职能	衍生财务职能
(1)总账管理	(1)资金支付	(1)归档管理	(1)财务人员绩效考核
(2)应收应付	(2)资金收款	(2)体系建设	(2)客服中心
(3)费用报销	(3)银行对账	(3)应用支持	(3)自助服务
(4)工程核算		(4)风险预警	(4)财务任务管理
(5)资产核算			(5)电子化凭证
(6)生产成本			(6)条码/二维码
(7)物资核算			(7)信用管理
(8)其他核算			
(9)内部交易抵销			
(10)月结/年结			

二、财务流程的优化及重新设计

财务流程的优化及重新设计是指在分析现有流程的基础上，系统地改造和创建新的财务流程。流程再造的终极目标是业务流程的规范化或标准化，需要达到以下几个标准。

（一）处理环节操作规范化

这是指制定每个环节的操作标准和手册，做到事事有章可循，通过标准化作业提高工作质量和效率。例如，针对票据而言，其范围界定、票据审核、票据流转、票据归档，各循环的会计核算流程、会计报告编报流程、统计信息发布流程等均要实现规范化与标准化。再如，应制定财务报账管理办法等规章制度和操作手册，对财务共享服务中心的工作职责、报账流程、审批权限、财务会计档案管理、分行报账工作考核办法等进行明确规定，确保有章可循，规范操作。

（二）客户需求的响应机制规范化

这是指建立客户需求受理、客户需求分析、风险评估规划、项目立项、系统开发、任务分解、任务跟踪、项目验收全流程标准化管理，加快响应速度。

（三）业务流程以及信息系统的变更流程规范化

这是指对于系统和业务流程的变更，按照效益、成本原则确定方案，评估交接过程中的风险，强化验收测试环节，确保交接过程中公司各项业务正常开展。建立完善的变更记录制度，保证持续改善工作的顺利进行。

三、试点与转换

财务共享服务中心的流程再造必须先要保证新旧两种流程的“并行运转”。虽然这种行为会对组织造成一定的不便与资源浪费，但与通过试点积累的经验和得到的教训相比，试点必不可少。

在试点期间，如何选择优秀的组织团队，充分理解新流程的内涵以保证试点工作的有效和高效是关键所在。完成试点之后，需要在整个组织范围内确定转换次序，分阶段地进行新流程的引入实施。在转换阶段，要特别注意考虑转换顺序，避免为组织带来动荡不安，影响组织的正常工作与运营，同时也要做好对员工的再培训，并将整个转换计划向员工清晰地阐释。当然，在这个过程中，同样不能忽视高层管理者的支持。他们必须投入更多的精力,帮助转换工作顺利开展。

四、持续改进

由于企业业务领域的拓展、组织结构的变化、战略目标的转变,流程管理不可能一次完成,而是一个持续性的过程。这就需要建立不断自我优化的机制,从而实现流程的持续评估、改进和提升,以满足公司成本、战略、合规性上的要求,避免由于流程等相关内容的变化而带来财务共享服务质量的下降。财务共享服务中心业务流程的持续改进同样可以通过细节改进、流程再造的方式实施。但无论通过何种方式落实,财务共享服务中心流程持续改进的目标都不能脱离企业对于公司整体战略、成本、效率和合规性方面的要求。同时,持续改进也给财务共享服务中心尤其是管理者团队提出了较高的要求。管理者不但需要具有改进变革流程的技能技巧,更要有持续改进的意识、敏锐的洞察力及坚定的信念去推进一项项改革。因此,财务共享服务中心需要为此配置合适的管理团队去不断推进持续改进工作。

第八章　财务共享服务中心的信息系统建设

第一节　财务共享信息系统概述

一个集中、完善的信息系统平台是实现财务共享服务的基础和保障，是建立财务共享服务中心的物质基础。只有在信息系统的支持下，财务共享服务才能够跨越地理距离的障碍，向服务对象提供内容广泛的、持续的、反应迅速的服务，才能够顺利完成组织和流程的再造。因此，信息系统平台的统一搭建和整合是实现财务共享服务的关键环节。

财务共享信息系统（图 8-1）一般包括：财务核算系统、网络报销系统、资金管理系统、影像管理系统等，以及各个系统之间的接口关系。这些系统相互关联，共同完成财务共享服务中心的各项业务。

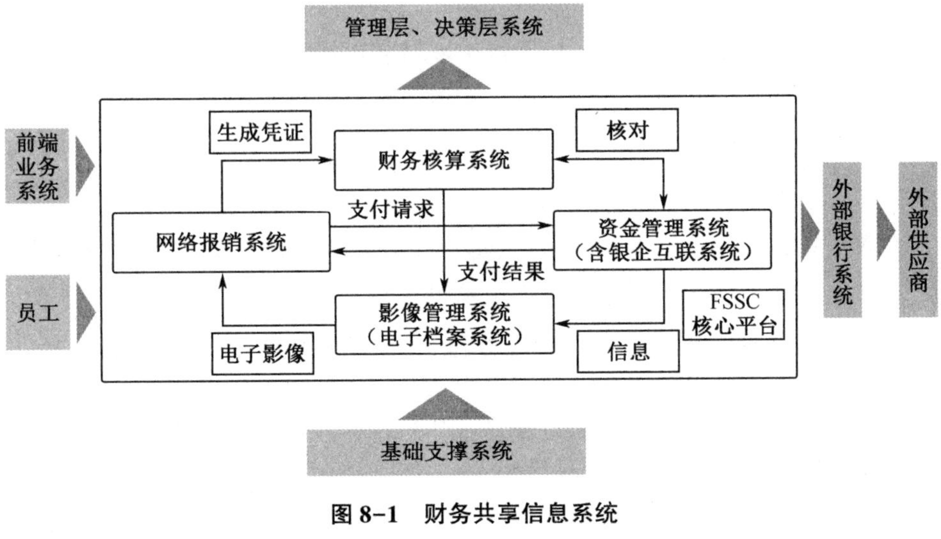

图 8-1　财务共享信息系统

财务共享信息系统一般具有下列特征。

一、以流程设计为核心

针对不同业务类型,规范其处理流程,且企业可以根据自身情况调整不同单据的流程设计,实现弹性控制。财务业务通过流程驱动,某一流程结束后,系统自动将业务推送至下一节点进行处理。

二、员工自助,流程透明

员工可以随时填写单据,部门领导随时在线审核,同时审核意见和审核节点支持在线查询,消除审批过程中员工和领导时间、空间不对称造成的审核拖沓等问题。

三、强化内控,降低风险

单据按照规定流程逐级审批、统一处理,管理部门可以及时了解部门预算使用情况和相关业务处理情况,可以调取较为准确的业务财务数据,提高报表相关性。同时,财务共享信息系统将预算的控制节点前移,在员工进行费用申请时进行预算管控,防止报销时财务人员不了解业务内容导致预算管控失效。

第二节　财务核算系统

财务核算系统是财务共享信息系统中的核心构成部分,是财务共享服务业务处理的汇总中枢。财务核算系统的功能模块主要包括如下内容。

一、总账模块

总账模块是财务核算系统的核心,提供了一个完整的财务核算和分析流程,是公司业务活动的最终财务反映,并生成财务报表和管理报表,提供会计信息。用户通过总账管理系统可以完成的任务包括:记录并复核会计信息、处理会计信息、分析会计信息。

二、应付模块

应付模块主要负责企业应付购货款、员工报销款等的账务处理,是采购流程的末端,在订单完成接收处理后,进行付款环节的核算。应付模块的功能一般包括:供应商管理、发票管理、付款管理、银行对账等。

三、应收模块

应收模块是有效管理客户、发票和收款过程的系统，主要功能一般包括：客户管理、发票管理、收款管理、会计处理等。

四、成本模块

成本模块主要负责采购、库存、在制品、产成品、制造费用等各个业务环节中的成本核算和成本结转等。

五、资产模块

资产模块可以帮助企业选择最好的会计和税收策略对资产进行有效的管理，主要功能一般包括：资产管理的设置，包括资产控制、资产账簿和资产类型的设置；固定资产的增减、调整和转移；资产的折旧和报废；财务日记账、资产报告和在线咨询、税务管理等。

六、现金模块

现金模块用来帮助企业管理和控制现金周转，主要功能包括：银行调节、现金预测和报表编制。

第三节　网络报销系统

网络报销系统是处理成本费用、采购、工程资产等报账业务的辅助系统，它解决了报账过程的信息化处理问题，将会计信息系统从编制记账凭证提前到业务流程中，将会计信息系统的关注点从记账凭证转移到原始凭证，大大降低了财务基础工作量，使财务共享服务的效率得以大幅度提升并更有效地实施。网络报销系统的主要功能包括：单据制作、单据审批、账务处理、报表查询、个人工作台等模块，具体框架如图 8-2 所示。

一、单据制作

单据制作环节负责原始信息的采集，既包括业务信息的采集，也包括财务信息的采集。由于不同的企业业务不同，需要的单据种类也不一样。

一般企业采用的网络报销系统，不管是自行开发的还是外购的，对于比较简单、固定的业务,都采用固定模板的形式,比如差旅费报销模板、借款报销模板、业务费报销模板。固定模板的优点就是比较省事,既节省员工填单的工作量,又节省审核人员的工作量。对于比较复杂、变化比较多的业务,可以采用可配置模板。

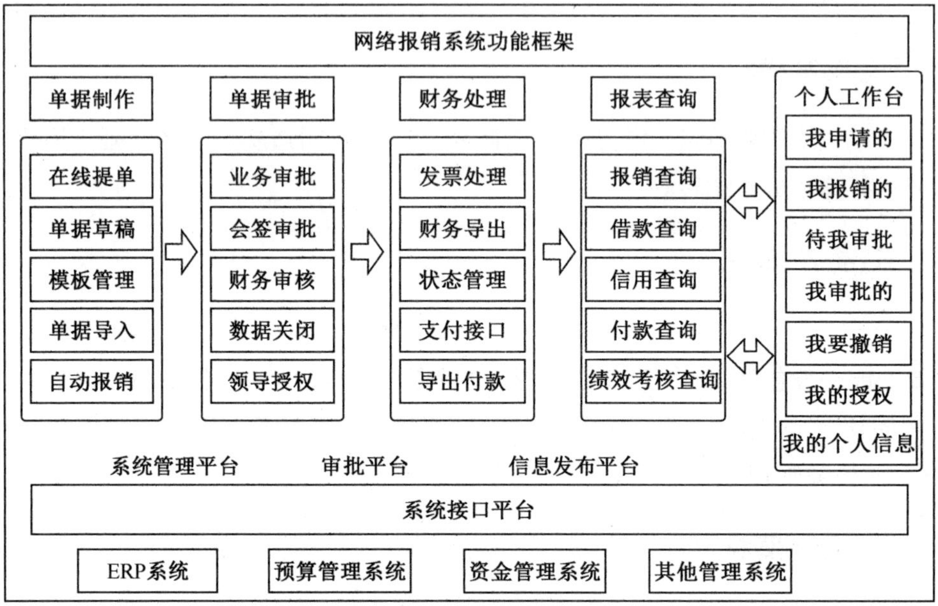

图 8-2　网络报销系统框架

二、单据审批

单据审批包括两个环节:一是业务审批;二是财务审核。业务审批就是员工的直属领导对员工提交的单据的审批;财务审批就是共享服务中心的财务人员对业务和财务信息的审核以及相关数据的补充录入。业务审批的重点是业务的真实性,财务审批的重点是业务的合规性、合法性和准确性。

三、账务处理

经过审批和审核的数据,首先要按照核算系统对各个字段的要求逐个检验,以便于核算系统能够自动生成会计凭证。账务处理结束以后,就进入支付环节。企业可以通过银企互联系统将数据传递到银行,完成最终的支付业务。

四、报表查询

网络报销系统提供了丰富的信息查询功能,无论是报销人员还是业务审批领导，都可以通过网络报销系统查询相关的信息。比如，报销人员可以通过报表查询查询自己的单据报销的进度；审批人员可以查询自己审批过的单据的进展情况。

五、个人工作台

网络报销系统个人工作台，为企业所有员工设计，提供与每个员工相关的报销信息交互服务，是员工参与网络报销业务的自助平台。员工可在个人工作台自助填报单据、查询单据、审批单据，进行个人信息管理与维护、台账查询、审批权限授权等工作。个人工作台是财务部门为员工提供服务的窗口，也是员工与上级管理者展开报销工作的互动平台。

第四节　资金管理系统

企业付款的方式一般包括柜台转账付款、网银付款和银企互联付款。而银企互联付款是其中最为便捷的模式。

银企互联系统就是指网上银行系统和企业的财务软件系统相连接，从而在封闭通道中进行支付数据交互的系统。企业财务共享服务中心的银企互联系统，具有银行账户管理、资金转拨管理以及快捷的银行支付管理等功能。

银企互联系统包括两种模式：银企直联和银企互联。银企直联是由企业提供ERP系统的接口标准，银行配合企业客户ERP系统进行接口的接入。银企互联指的是由银行提供标准接口给企业，企业按照银行提供的接口标准接入。

银企互联系统的实施过程中，需重点关注支付信息的可靠性。为配合系统实施，通常需要在网络报账或其他前端系统中存储员工及供应商银行账号信息，一旦前端业务处理环节确定，出纳环节就不可更改，以确保资金安全。

此外，银企互联系统需要和银行签订协议，并在其配合下进行系统实现。因此，系统实施前需谨慎选择一家或多家合作银行，而且在进行洽谈时，需重点关注支付手续费、接口方式以及是否能够和银行数据交互。如能进行数据交互，银企互联系统还可以实现与银行间的自动对账等高端功能。

第五节　影像管理系统

随着信息技术和网络技术的发展,图片信息的采集和传输不再成为问题,影像管理系统应运而生,并迅速成为财务共享服务领域的核心技术系统。影像管理系统通过扫描方式将票据实物、合同等纸质文件转换为电子档案,并用于财务共享服务的业务处理过程。

财务共享服务中心的影像管理系统一般包括四个主要模块:影像采集模块、影像传输模块、业务处理模块和信息调用模块。

一、影像采集模块

影像采集是影像管理系统中最基础的功能,是其他功能运作的前提。该模块将纸质实物票据扫描传入系统,并通过条码将其区分为单个的电子单据。

二、影像传输模块

该模块解决了影像向服务器上传的问题。质检人员发现影像质量出现问题时,可以将影像退回,负责扫描的人员重新扫描后再上传。

三、业务处理模块

业务处理模块对于财务共享服务中心的影像应用并不是必需的,但该模块使影像系统从一个简单的采集和传输系统上升为一个核心的业务系统,使影像系统的价值得到提升。业务处理模块主要包括业务分配和业务处理两个部分。业务分配是基于任务分配机制对扫描上传后的影像进行分配的过程。当任务分配给相关的业务处理人员后,业务处理人员可以借助系统提供的辅助处理功能进行业务处理。

四、信息调用模块

信息调用主要包括影像调用和数据调用。影像调用主要是指对影像采集并传输后,对系统中保存的单据影像进行调用。数据调用主要是对影像处理时间、任务分配时间、审核时间等系统数据的查询。通过信息调用模块,财务人员可以更方便快捷地进行业务查询和处理,以及数据的汇总和分析。

第六节 财务共享服务中心信息系统建设整体规划

一、财务共享服务中心信息系统的实施原则和规划

(一)实施原则

财务共享服务中心信息系统的建设需与企业的管理风格、管理重点、组织架构和核心业务/财务流程相对应,是管理信息化的过程,是流程完善和变革的过程。因此,其规划与实施的过程应遵循以下原则。

1. 总体性

信息系统的建设是持续优化、不断完善的过程。其所有的优化与完善应立足于企业的战略目标、定位和当前发展的需要,在企业决策层的大力支持与协助下,做出全局性的规划,并按照需求的紧急程度与优先级分步实施和发布。

2. 标准化和开放性

由于财务信息系统需要与其他业务系统进行数据交换,要求财务信息系统必须具有良好的开放性,提供标准通用的数据交换服务。

3. 安全性

财务数据为集团的核心数据,需要信息系统具有高安全性,保护数据不被非法用户篡改、假冒或破坏。在数据的采集、存储、传递、交换和使用过程中都要设置安全机制,确保数据的正确性和可信度,确保网络安全,防止数据泄露,保护用户的合法权益。

4. 前瞻性

采用行业内先进的技术、设施,使新建立信息系统能够高性能运转,最大限度地适应今后发展的需要。当业务量变化时信息系统具备良好的可伸缩性,避免瓶颈的出现。

5. 可操作性

信息系统建设的逻辑思路是以明确使用者需求为起点,在设计中,需要考虑实用性和易操作性,功能应尽可能精准地满足用户的实际需求,易于用户掌握和学习使用,易于管理维护。

(二)实施规划

基于上述原则,企业可根据管理要求和核心业务需求,并结合系统规划的实

际现状,制定财务共享服务信息系统的阶段目标和平台架构。整个信息系统集管理与决策支持于一体,为满足不同阶段管理要求和决策,信息系统的建设需总体规划、分步实施。

1. 初期搭建

财务共享建设初期,为满足核算集中、资金集中和数据集中的要求,需逐步搭建费用管理系统、影像系统、总账核算系统、资金系统和运营管理系统。同时,为提高账务处理时效与财务核算自动化水平,搭建的信息系统需要持续优化。另外,随着纳入共享的业务范围不断扩大,系统功能、系统性能需不断完善和优化,以满足业务纳入的要求和批量作业。

2. 稳定运营

财务共享建设初期搭建的系统运营稳定后,根据企业的战略目标和服务定位,可以考虑搭建共享平台、员工自助报销和预算管理等系统,通过这些系统实现预算管控与核算集中的规范管理,以顺应企业发展的阶段性目标和长远规划。

3. 战略服务

随着企业管理模式的不断调整与完善,信息系统的建设为企业不断提供优质的系统服务,优化核心业务流程,提高财务核算自动化。为了更好地为企业战略决策提供必要支持和优质服务,实现企业价值最大化,战略财务、多维成本营利性分析、商旅系统与财务电子档案可根据企业发展情况,适时纳入信息系统的阶段建设目标中。

在财务共享服务中心建设之前,大型企业集团通常情况下已经应用众多的系统平台。面对复杂的系统架构和环境,财务共享平台需要和各类系统进行异构集成交互。如何确定每个系统的功能定位,如何建立各系统之间的集成交互关系是财务共享平台整体规划的重点考虑因素。共享中心项目组在项目建设初期,需要进行全面的系统现状调研、诊断,充分利用现有系统,结合未来业务发展趋势,合理规划各系统的集成关系,充分考虑系统架构的可拓展性,从而保证共享系统的架构可以满足业务的不断发展变化,同时降低运维难度。

二、财务共享服务中心信息系统框架

财务共享服务中心的信息系统就是与财务共享服务中心运营密切相关的部分财务信息系统,以及为财务共享服务中心运营、管理专门建设的信息化系统,它主要划分为以下四个层次:共享业务处理平台、共享运营管理平台、数据管理与功能扩展平台、基础业务管理平台。每个层次又由若干子层次或应用组成,层层依托、科学划分,共同支撑财务共享服务管理运营。

共享业务处理平台是财务共享服务信息系统的核心功能区域,承担了核算和管理两大职能。一方面,共享业务处理平台支持财务会计交易处理、财务报告、资金管理、税务管理等基本财务职能,提供多种供企业内外部使用的财务报告和财务信息;另一方面,它还涉及从战略到经营计划、预算管理、过程成本管理、绩效管理以及风险控制管理的相关信息系统功能和模块,对来自核算相关模块的数据进一步加工和处理,为管理会计乃至管理提供财务信息。

共享运营管理平台是专门为支持财务共享服务中心运行而建设的信息系统,为共享服务各项运营管理职能提供系统环境,包括共享作业、质量管理、绩效管理、信用管理、客户服务和知识管理等。

数据管理与功能扩展平台承担管理决策、数据服务和技术创新的职能,它使用分析模型、专门的数据库、决策者自己的洞察力和判断力及基于计算机的交互式建模过程来支持企业管理决策;利用各类界面友好的交互技术,方便财务共享服务中心用户使用,并且在各个环节积极寻找新兴技术的应用机会,从而提高财务共享服务中心的运营效率和数字化能力。

基础业务管理平台是底层技术,为财务共享服务中心各项功能提供基础服务,常见的包括主数据管理、流程引擎、日志管理、权限管理以及使各个业务系统和财务共享服务系统连接的集成平台。

第七节　共享业务处理平台

共享业务处理平台是财务共享服务中心信息系统的核心平台,是涵盖全面预算管理、财务共享管理、核算管理、资金管理、投资管理、税务管理、资产管理、产权管理、报表管理等在内的财务管理信息化系统,各管理模块也可与公司内外部 OA 办公、人力资源、经营管理、项目管理、知识管理等平台,与外部商业银行、税务系统、商旅平台等实现数据互联互通、有机结合,对公司业务信息进行归集、分析,为决策支持提供保障。以下对重点业务模块的应用进行介绍。

一、网上报账系统

网上报账系统的定位主要有三个方面:一是将报销单据由原来的纸质转向线上,完成员工提单、领导审批、会计审核、财务付款等全流程的电子化处理;二是支持任务分配管理,待审核单据到达任务池,自动分配审核任务到审核会计;三是作为连接业务系统与会计核算系统的桥梁,根据既定的规则自动生成会计分录,批量导入会计核算系统。

网上报账系统实现费用预算、业务申请、员工报销、业务审批、财务审核、任务分配、账务生成的全过程管理,通过设计工单或者对接其他业务系统的方式实现全业务报账的标准化、电子化和自动化,包括但不限于费用报销、采购付款、收入收款、薪酬报账、资产报账、产权报账、总账管理等类型的业务;支持通过扫描、文件导入、语音、人工填报等多种方式进行制单,引用关联事前申请、合同、项目等信息,根据内控标准(如差旅标准)、校验逻辑及预算控制等规则进行管控;同时,为各个层级的用户提供丰富的查询分析功能。目前越来越多的网上报账系统产品除了支持电脑端接入外,还支持手机、Pad、微信等多平台的审批查询,实现财务共享平台对业务的统一化、集约化处理。

二、会计核算系统

会计核算系统支持组织完成“原始凭证—会计凭证—日记账—分类账—试算平衡表—财务报表”这一整个会计循环。一般情况下,前端业务信息会通过业务系统、财务运营系统进行收集,实现基础数据同步,并生成相应的核算数据,完成会计核算工作;向资金管理系统下达支付指令,资金管理系统反馈收款信息或支付结果,实现资金收支的自动化处理;核算完毕后形成的单体财务报表传递至合并报表系统进行自动合并。同时,会计核算系统与管理会计系统对接,实现核算数据向管理数据的加工和转换。

会计核算系统还可以通过融合先进的软件人工智能技术,搭建会计核算自动化引擎平台,提高现有业务系统、财务系统财务核算各环节的自动化程度。通过财务核算的专业化、标准化、流程化、自动化、智能化,实现90%以上的凭证由系统自动生成,无须人工干预。财务核算自动化依托会计核算自动化引擎平台实现自动化处理。会计核算自动化引擎平台实现业务系统数据到财务系统的无缝对接和自主传输,通过建立核算标准库,预置标准凭证模板,建立业务事项、预算指标、会计科目、辅助核算项目、现金流量项目的对照关系,实现从业务制单、审核到财务凭证生成的系统自动化处理,包括核算流程、业务单据自动提交审核、自动成本计算、自动生成总账凭证等功能。

三、电子影像系统

电子影像系统是票据信息采集、影像传输和集中管理的平台,主要是通过信息化手段解决流程审批及业务核算过程中原始凭证查阅、集中审核问题，实现“业—影—财”数据的线上一体化流程。建立影像管理系统，有利于实现无纸化的审批及会计作业，解决集中办公的要求与原始凭证分散之间的矛盾，有效支撑财务共享服务作业模式的运转，对财务共享服务中心业务处理的规模效益形成了有力支撑。

电子影像系统需要实现前台影像采集、后台影像管理、实物票据管理、电子档案管理、费控单据影像管理、报账单据影像管理、发票验真、影像调阅审批和影像安全设置等功能。

以报账工作为例，其具体工作流程是：子公司单据扫描人员通过扫描设备读取报销单据上的条形码信息；报账平台系统根据条形码自动调出相应的报销单据，自动或人工触发扫描指令，扫描设备对原始单据进行扫描。形成电子扫描文档后，报账平台系统对电子扫描文档进行加密，并与电子报账单据匹配；报账平台系统将加密后的电子扫描文档、电子报账单和匹配关系传送至服务器存储；审批人员或查询人员通过报账单据上的链接向服务器发送查询指令；服务器通过电子报账单和电子扫描文档的匹配关系自动返回查询结果。

四、电子档案系统

电子档案指各类电子形式的会计凭证，包括电子发票、财政电子票据、电子客票、电子行程单、电子海关专用缴款书、银行电子回单等电子会计凭证。电子档案系统应用于档案收集、处理、存储、查询等档案管理活动的数字化、电子化、网络化，它是基于计算机网络、数据库技术以及多媒体技术的发展而产生的新型档案管理系统。

电子档案管理应用是通过在线归档方式实现与共享平台中的电子档案对接，例如，网上报账系统，以更好地满足无纸化归档的需求，促进节能减排、低碳环保，并提供查询检索功能。具体内容如下。

①档案收集功能：具备接收立档单位/业务系统产生的电子文件及其元数据、对传统载体档案进行数字化和采集重要数字信息资源等功能。

②档案存储功能：能够实现对数字档案长久的安全保存，包括两方面的要求，一是确定长久保存策略；二是选择存储属地。

③档案利用功能：根据档案信息的利用需求和网络条件，建立利用窗口，实现档案查询、资源发布、开发利用、统计分析等功能。

④档案管理功能：包括档案整理、展示和查询统计。对所接收的各类数字档

案信息进行整理、比对、分类、著录、挂接、鉴定、检索、统计等操作,使无序信息有序化,并实施有效控制,辅助完成馆藏实体档案编目(著录、标引)、整理、出入库房管理等工作。

五、资金管理系统

资金管理系统一般包括账户管理、资金计划、资金池、内部存款、资金结算、授信管理、银行贷款、内部调剂、票据管理、资信管理等功能。实现资金管理系统资金账户管控体系标准化、流程化、信息化,规范资金日常收支管理,全面提升资金管理规范化水平;充分发挥资金集中管理作用,强化资金收支集中管理能力,加速资金周转,全面提升资金集中管理水平;提升资金保障能力,有效提升信贷风险管理水平。

六、税务管理系统

税务管理系统以降低税务风险、提升税务创效能力为总体目标,以满足税务核算、日常税务管理为起点,以加强税务分析、防范涉税风险为重点,积极应对税制改革,提升税务管理精细度,完善税务管理流程。同时包含对企业所得税、个人所得税、附加税、印花税等税种的管理,实现所有单位纳税数据可视化,有效控制税务风险和税收成本,全面提升税务管理水平。

税务管理系统的内容一般包括但不限于销项发票管理、进项发票管理、其他税种管理、纳税申报、统计分析等功能,以实现所有单位纳税数据可视化。

七、预算管理系统

预算管理系统是以业务活动为主线构建业财一体化管控体系,建立完整的涵盖预算编制与预算管控相关业务流程的信息系统支撑,旨在帮助企业建立、完善、优化预算管理体制,在企业管理的基础上引入全面预算、责任中心、责任控制等管理理念、机制和方法,搭建企业管理控制、计划实施和业绩考核的平台,全面提升企业管理水平。预算管理系统的内容包括但不限于预算编制、预算调整、执行控制、分析检测和考核评价等全流程管理功能。

八、总账管理系统

总账管理系统满足财务核算规范管理要求,从不同维度(经营单位、部门、科目、项目、产品等)记录业务财务信息,支撑多种口径(核算口径、管理口径等)财务管理需求，其主要由总账初始、凭证管理、账务查询、出纳管理、现金流量、期末处理等功能模块构成。

总账管理系统同时能够实现各级科目、辅助数据层层汇总，按组织层级汇总、逐层展开，支持各类属性维度查询。

九、报表管理系统

报表管理系统可以实现集团合并报表的编制和出具，提高合并报表的准确性、规范性、及时性。其主要由报告体系、数据管理、合并报表和报表输出四个功能模块构成。

报表管理系统支持快速搭建各类分析统计报表体系，实现一次数据收集，满足多口径、多方向报送；支持境内外会计准则的差异调整，实现中国、美国等会计准则的相互转换；支持多周期维护复用。

数据管理模块支持不同数据采集方式，实现与其他系统的数据共享，从核算等系统自动取数；设置审核机制确保数据质量；提供合并口径、差额口径等多种数据汇总方式；实现对数据收集的全过程监控，保证数据及时；针对本位币非人民币的个别报表，支持外币折算。

合并报表模块支持针对不同业务板块设置不同合并规则，根据规则自动出具抵销分录，并支持手工调整；支持多种合并工作底稿的展示，并可追溯抵销明细；支持生成各层级合并报表。

报表输出模块支持根据输出关系自动生成内部管理、外部监管、上市披露等口径报表。

第八节　共享运营管理平台

财务共享服务中心作为一个独立运营的主体，本身就是一个复杂的管理对象，因此其内部管理也需要一定的系统支撑。共享运营管理平台的核心是确保财务人员在集中处理的模式下，能够流畅地对接共享业务处理平台传递过来的各项业务信息，形成财务处理需求，并按照一定的逻辑合理安排财务共享服务中心处理人员的工作，在此基础上追踪处理结果与时间，为后续财务共享质量与效率的持续提升提供基础数据。共享运营管理平台的常见功能包括共享作业、质量管理、绩效管理、信用管理、客户服务和知识管理等，如图 8-3 所示。

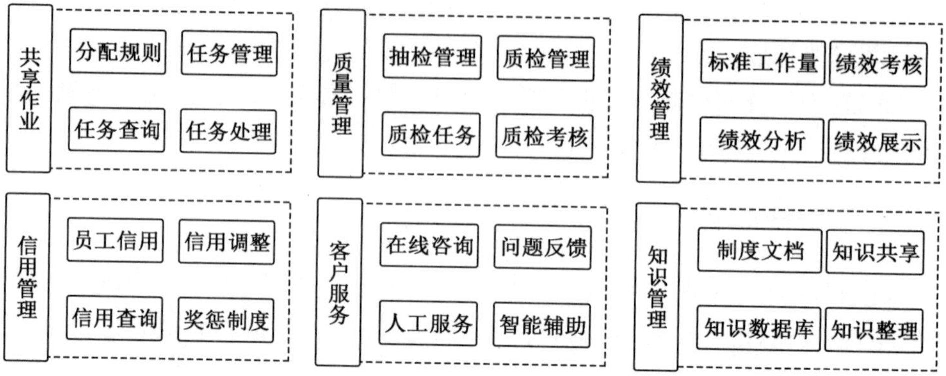

图 8-3 共享运营管理平台功能框架

一、共享作业平台

共享作业平台主要包括作业分配规则设置、组长任务管理、共享服务任务查询以及作业人员任务处理等功能,其核心目的是实现共享服务作业调度、业务处理、工作量统计查询等,具体功能如下。

①作业人员的分组与权限的管控。

②作业平台对报账单据的统一调度,按照预置的不同规则给不同的业务组分配适用于该组的任务单据。

③共享中心组长根据实际需要对任务的人工干预,如强制取回、强制分配等。

④通过控制机制避免作业人员过度抢单,避免单据过多积压,同时提升作业处理的公平与合理性。

⑤任务池中单据处理状态的查询,方便共享中心管理人员适时了解单据的处理情况;作业人员对历史处理单据的查询。

⑥与核算系统无缝集成,将共享中心作业平台生成的凭证直接传递到核算系统中。

⑦在总账系统中通过凭证联查单据。

二、质量管理平台

为保证财务共享服务中心的服务质量,除了共享业务处理平台人员对工作进行自查之外,还需要质量管理平台负责对财务共享服务中心已经审核完成的单据进行抽样质量检测。质检过程分为质量计划、质检计划执行和质检报告三个阶段。

在质量计划阶段，由质量管理岗定期制定质检任务，主要包括质检周期、质检指标、质检的单据范围以及抽样的数量，并制定质检完成时间，通过随机抽样的方式抽取单据样本进行检查；在质检计划执行阶段，则按照抽样设计进行检查，记录并汇总问题，质检结束后可对质检结果自动生成质检报告；在质检报告阶段，针对质检不合格单据通过红冲或者调账的方式进行整改，质检结果可作为财务共享服务中心账务处理审核岗、复核岗的绩效考核依据，同时也可针对质检不合格原因进行分析，制定相应的规章制度规避财务审核记账风险，为财务共享服务中心平稳健康运营提供数据支撑。质检任务完成以后，由质量管理岗在此功能中检查质检结果、关闭质检任务，将整个质检过程形成完整的闭环。

三、绩效管理平台

财务共享服务中心绩效可以分为组织绩效和人员绩效。组织绩效是从多个维度评价一个财务共享服务中心的运营及管理水平，可以借助平衡计分卡，对其所涉及的财务、客户、内部流程、学习创新等四个维度进行绩效指标细化，全面评估财务共享服务中心。人员绩效是组织绩效的分解，一方面是通过公平的量化绩效进行考核，并形成多劳多得的考核导向，判断其业务处理时效、质量指标（即差错率）、客户满意度等；另一方面则应对其做出的创新改良活动予以激励。

财务共享服务中心进入成熟运营阶段，对于绩效的管理需求更加细化，通过对单据量、质、效的统计，借助 BI 工具实现任务量的可视化，基于数据积累逐步提升共享中心的管理运营透明度。绩效管理平台可以对共享中心运营过程中的各类原始数据和绩效考核数据按照管理需要进行统计分析，统计各环节任务存量、作业时效、工作量，形成各类绩效看板，实时动态地了解共享中心运营过程的状况，并支持大屏实时、动态展示；同时提供共享中心工作量分析、质量分析、绩效分析等报表，并可按核算组织、共享中心业务处理组织、岗位、人员控制数据查看范围，如图 8-4 所示。

四、信用管理平台

财务共享服务中心稳定运营后，将会对服务对象建立信用评价，即运用一定的评价方法、量化指标和评价标准，对评价对象的报销质量进行打分、评比财务共享信用等级的工作。例如，在员工信用评价模块，把信用体系纳入员工报销行为，按照信用分值对报销人进行分层，让有信用的人拥有更好的报销体验，审核环节和支付环节享有优先权。信用好的见票即付，后抽查；信用中等的先审后付；信用差的先审后付,审核完成后两周内支付;严重舞弊者,视情况通报批评甚至建议开除;等等。

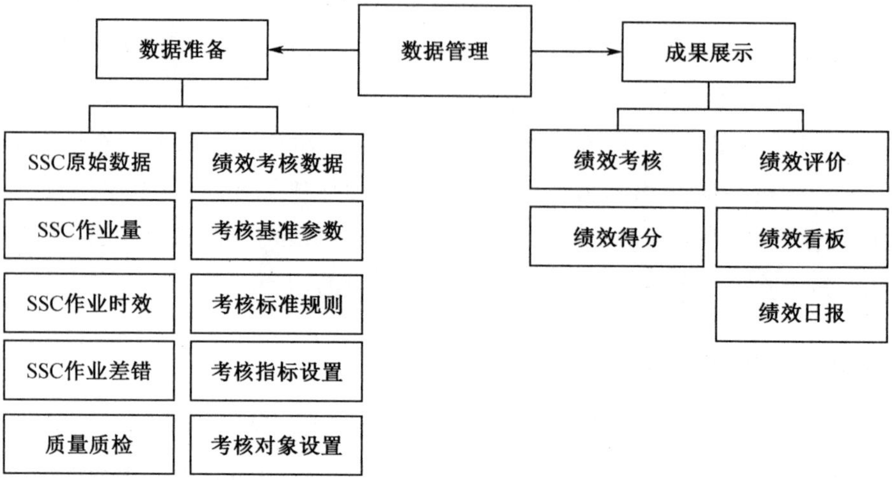

图 8-4　绩效管理平台主要功能架构

财务共享服务中心信用管理平台支持信用等级设置、信用项目设置、员工信用初始化、信用调整、信用查询等功能,其中可以按组织、员工、信用等级多种组合进行信用查询,并支持结果导出。员工信用数据为大数据分析提供数据支撑,同时可以根据自身情况,对信用高低的员工制定奖惩制度,加强管控。

信用管理平台的工作流程如下:提单人将单据提交到财务共享服务中心审核时,审核人员可根据单据填报质量给予提单人信用评价,并给出相应的评分,根据提单人的信用等级判断是否进行自动审核,进而进行相应的处理。根据信用体系,可以强化单据填报质量,形成员工、供应商信用评价机制,为规范系统健康运行和数据采集质量提供手段。

五、客户服务平台

财务共享服务中心客户服务平台的职责是解决共享中心与业务远离的问题,让业务端随时找到沟通、解决问题的对象,例如单据如何提交、发票怎么审核、为何退单等问题,进而让业务人员专注于本职业务工作。客户服务平台可以分为业务用户、客服人员两类场景。业务用户通过咨询入口可以进行制度、标准、流程、系统、个人及对公业务的实时自助查询及办理;客服人员通过系统进行咨询接待、留言处理以及场景扩展、知识库维护、业务分析等。

随着人工智能技术的发展，财务共享服务中心还出现了智能客服应用模式，结合了人工智能技术的智能客服将具备全自动处理客服需求的能力，对提高客服处理效率、降低客服运营成本将产生革命性的影响。财务共享服务中心运作过程中，用户可通过客户服务中心智能客服机器人进行在线咨询，机器人根据知识库内容及自我学习进行相应回复，快速回答用户提问，提高财务共享服务中心的服务能力。通过知识预置及对原始问答的深度学习和训练，智能客服可以进行问题的相似度分析，给出最接近的问题和答案，并给出推荐问题。智能客服还可与提问者针对输入内容进行交互，自动问答、快速回答提问者的问题，并通过不断深入学习，优化对话内容。

六、知识管理平台

知识管理是有意识地将日常所需和形成的有价值的财务知识、成果、经验等进行整理，对知识的流动过程加以引导，鼓励成员在工作中不断学习与创新，形成信任合作、分享交流的组织文化，从而将财务共享服务中心建设成为知识型组织。财务共享服务中心知识管理平台提供知识分类、知识分析、知识归集和知识使用等功能。

知识管理平台通过建设知识数据库的方式，实现筛选、分析财务共享服务中心的内部数据、文件、档案，融合成可用的知识，并存储于财务共享服务中心内部数据库中。员工可以在此基础上通过正式渠道，例如正式的会议、教育训练、公布栏等，分享或传递系统化知识。

知识管理平台还可以在门户网站上提供信息检索服务，使员工能够在最短的时间内检索整个网站内数据。网站信息检索系统提供的是高速信息检索，能对常用文档如 Word、Excel 等文件进行检索，提供对文档、公告、信息库、公文相关信息进行检索，并能指定搜索的项目，如标题、正文、时间段等，以此来提高搜索速度。

为营造良好的知识分享氛围，财务共享服务中心还可将知识分享作为考核的一项内容，作为正激励的一种手段，促使员工主动分享知识成果。

第九节　数据管理与功能扩展平台

除了上述基本功能以外，财务共享服务中心还需要具备强大的数据服务能力，它体现在：一方面，数字技术提高了财务共享服务中心获取数据和利用数据的能力，使其不仅能够通过流程的共享提升效率、释放资源，更实现了广泛的数据收集、高效的数据处理以及对数据服务的共享，帮助企业进行业务预测、决策支持等；另一方面，对于强调服务的业务流程应当朝提高用户体验的方向靠拢，以客户为中心提供定制化服务，利用多种渠道与客户进行交流，例如信息门户、移动终端等。数据管理与功能扩展平台位于财务共享服务信息系统规划的顶部，主要目的是加强对数据的分析利用，并通过多种渠道提供应用，提升财务共享服务中心的数字化能力。

一、数据管理平台

数据管理平台能够为企业提供强大的数据采集、存储、处理和展示能力，整合企业分散的数据，包括财务、税务、业务等系统数据，并方便、快捷地提供各种财务决策服务。基于该平台，可以在抽取、转换、加载与企业财务决策相关的各种财务和非财务数据之后（包括结构化、半结构化、非结构化类型的数据），通过大数据技术和手段分析数据之间的关联关系并挖掘出数据背后蕴含的巨大价值，为实现企业科学合理的财务决策提供支撑。数据管理平台可以划分为以下几个层次。

数据来源层：企业发展的多元化、规模化和全球化使得企业财务决策所需的支撑数据已经不仅仅局限于企业的财务数据，还需要考虑与企业日常经营活动相关的各个内外部机构的非财务数据。这些企业财务决策所依赖的基础数据源，可以从业务系统、电子文件、日志、物联网、互联网平台等来源获取。

数据整合层：对各类不同来源的数据，采取相应的方式进行录入、整理。例如，对于业务系统中的数据，主要通过 ETL，即抽取（extract）、转换（transform）、加载（load）的方式进行清理和集成。

数据资源层：对经过采集和处理的数据进行统一的存储，主要方法包括数据集市、数据仓库，或借助大数据处理技术和方法，实现对数据的规范化处理。

应用支撑层：数据采集和处理的根本目的在于利用数据发掘业务增值的机会。通过操作数据存储（ODS）、联机分析处理（OLAP）、数据仓库（DW）、数据挖掘（DM）等数据分析与挖掘技术，提取企业财务决策相关的政府监管、纳税、会计和审计等信息，然后利用商业智能、文本分析和搜索、高级分析等技术形成决策支持信息，并建立数据可视化的展现平台，利用分析表、管理驾驶舱、仪表盘等形式为决策提供服务。

主题分析层：是对应用支撑层的进一步扩展，可以针对某一具体的业务进行专门的分析，面向企业的预算管理、筹资决策、投资决策、收入决策、定价决策、生产决策、成本费用决策等财务决策主题，根据决策的需求形成不同的多层次决策方案。

应用发布层：是数据应用的表现形式，包括信息门户、智能移动终端、企业微信或监控大屏等形式。

二、信息门户服务

门户（portal）是一个应用框架，它将各种应用系统、数据资源和信息集成到一个信息管理平台之上，并以统一的用户界面提供给用户。门户管理能为财务共享服务中心提供信息和资源整合功能，通过门户可以将各种功能模块和信息资源集成到一个统一的用户界面下，信息门户中的各种要素（如功能、访问资源等）可以随意组装，实现用户界面的个性化定制。信息门户通过简单的访问方式（如浏览器）向使用者提供统一的、集成的、个性化的信息访问和工作平台。门户管理一般包括应用聚合、功能聚合、信息聚合、待办聚合、消息聚合和通知公告等功能。

三、移动终端应用

随着移动互联网技术发展，在移动端提供财务共享服务相关应用功能已经成为财务共享服务中心信息系统建设的必然要求。移动终端应用是财务共享服务中心功能扩展的一种形式，可以用在多种服务当中，常见功能包括移动报账、移动审批、移动查询数据分析等。

用户通过移动报账功能可以在移动端随时随地一键发起费用申请、借款或报销、还款等业务，实时查看与跟踪个人所有的费用报销的审批进度，及时催办流程。

用户通过移动审批功能实现业务审批处理的移动化应用，移动审批会自动将流程待办任务通知推送给下一步处理人，用户点击待办通知消息即可进行移动审批，简单、快捷、方便地完成业务审批处理。

移动查询数据分析功能用于为数据分析提供移动端展现能力，一次分析、多终端完美呈现，还支持将可视化结果进行分享、评论和沟通数据内容。

四、商旅服务平台

商旅服务平台是财务共享服务中心内部信息系统与外部第三方信息系统进行连接而实现的扩展功能应用，可以为企业员工提供智能商旅管理以及报账服务，为企业员工出差申请、商旅预订、商旅报销等环节提供一站式智能化服务。通过智能化技术应用，企业员工可轻松便捷完成差旅申请、商旅预订以及差旅报销，既满足员工高效方便出行的需求,也满足企业费用管控的需要。商旅服务平台通过对接众多商旅平台资源,实现超标管控、在线审批、资源预订、统一结算、实时看板分析等功能,进一步提升业务人员的使用便利性。

五、智能应用平台

当前,财务工作广泛受到新一代数字技术影响。除了上述数据分析、移动互联网以外,还存在许多能运用在财务共享服务各个环节中的技术,以提高运营效率,发挥数据价值,这些技术应用可以归纳为智能应用平台。下面将简要说明财务共享服务中常见的技术应用,后续章节将对财务共享服务中心智能化应用进行专门介绍。

(一)无纸化报销

2020 年 1 月,国家铁路局表示 2020 年将实现高铁客票电子化。同年 12 月 21 号,国家税务总局发布公告,开始在 11 个地区实行新办纳税人专票电子化。对财务而言,未来发票的报销将全程实现线上报销,发票采集均采用电子采集方式,经过验真查重后,进行全流程线上报销。

(二)财务机器人(机器人流程自动化)

机器人流程自动化是一种应用程序,它通过模仿最终用户在电脑上的手动操作方式,提供另一种方式来使最终用户手动操作流程自动化。机器人流程自动化可用以执行数据检索与记录、图像识别与处理、平台上传与下载、数据加工与分析、信息监控与产出等任务,适宜处理规则明确、业务量大、重复性强、容易出错,设计结构化数据、异构系统,以及要求 7×24 小时不停歇的业务。

财务机器人是机器人流程自动化技术在财务领域的应用,它可替代财务人员处理流程中规则明确、简单重复的机械性工作,这些工作主要集中在财务核算流程当中,包括应收账款、应付账款、固定资产处理、关账与合并报表、资金管理、费用报销、税务管理等。

(三)人工智能应用

人工智能是研究、开发用于模拟、延伸和扩展人的智能的理论、方法、技术及应用系统的一门新的技术科学。在财务共享服务中心,人工智能的应用可以分为数据采集、数据处理和数据分析三个层级:第一个层级主要是 OCR 识别及文本挖掘。机器可以通过版式文件的学习，提取文本信息后生成结构化信息，最终实现发票信息自动识别、合同文本内容智能采集等功能。第二个层级是机器通过海量历史单据的学习，总结审核特征和规律，结合 RPA 应用进行全自动的智能审核单据或辅助人工审核。上面提及的智能客服，也属于该层级，它主要是通过固定的模式设计和大量的数据训练，形成自动识别问题并进行对话的能力。第三个层级就是通过应用算法模型，进行数据分析和预测。

第十节　基础业务管理平台

基础业务管理平台位于财务共享服务中心信息系统的底层，为财务共享服务中心运行提供最基础的保障，其核心应用包括以下几个方面。

一、主数据管理

在业务梳理与流程再造章节中，我们在数据标准治理中提到了主数据管理。由于主数据与各业务系统存在高度关联性，在企业集团整体应用中地位重要，对准确性要求很高，在信息化建设中通常将主数据管理系统列为信息资源管理的重点项目之一。主数据管理就是通过一整套用于生成和维护企业主数据的规范、技术和方案，保证主数据的完整性、一致性和准确性，实现跨业务部门、跨业务系统的应用。

集成、共享、数据质量、数据治理是主数据管理的四大要素，因此主数据管理包含数据管理、信息发布管理、数据建模管理、流程管理、报表管理、系统管理等功能。主数据管理系统能够提供主数据的建立、审批、查询功能，并通过与其他应用体系内系统的接口通道，将主数据同步传递到相关系统。主数据管理在平台中固化整个主数据体系目录框架，进一步明晰主数据之间的关联关系。同时，主数据管理系统还具备管理报表、系统管理等功能。

二、流程引擎

流程引擎是财务共享服务中心信息系统的核心基础组件，具备可视化、向导化的流程建模工具，可以简单高效地实现企业内部多种业务审批逻辑，通过浏览器即可使用，流程的处理过程、进度和状态一目了然。流程引擎一般具备以下功能。

①支持灵活多样的工作流场景：能根据企业内部的审批制度进行个性化配

置;支持会签、加签、审批权限矩阵、自由流等复杂应用,可对单据的流转路径、审批痕迹进行监控查看;支持审批权限委托,可通过待办事项自动对审批人进行提醒催办并实时处理。同时,可对工作流审批量、单据流转效率进行查询分析,辅助绩效考核。

②不同审批链:系统可根据实际需要灵活自定义工作流,并对审批流程进行动态控制。对于报账金额超过额定数额的审批单,系统根据已设定的审批权限额度,自动判断是否流转至更高权限的审批人。

③工作流配置:系统提供面向业务的工作流管理配置工具,针对业务人员制定流程管理配置界面,使流程能够灵活适应规则变化,通过手工即可快速调整,而不必通过代码开发。

④支持多种途径的审批方式:支持在线审批;支持通过 OA 系统界面链接到财务共享平台审批界面,完成单据的审批流转;支持通过移动终端审批,支持 iOS、安卓两类移动端系统。

⑤审批流转信息:可通过短信、邮件等消息系统实现报账状态的实时提醒。系统支持在主页面醒目地提示审批人待办事项。

⑥审批过程:支持审批状态查询,实时查询单据的审批环节、已审批人、待审批人等信息;支持单据的单张审批及批量审批,方便审批工作进行;支持在各审批环节添加审批意见、驳回意见。

⑦在各审批节点,系统支持单人审批及会签,会签提供选择会签人功能。

⑧自助审批进度查询:支持在审批过程中查看单据的审批流程及各级审批结果,方便下级审批人了解审批状态。

⑨审批委托:系统提供委托审批功能,审批人可委托他人代为审批,能够灵活选择被委托人、委托单据、业务流程、委托生效时期等。

⑩紧急审批流程:报账单据支持紧急与一般的审批需求,对于特别紧急的审批需求,报账员在填写报账信息时可选择紧急处理流程,经会计审核后,直接将审批工单流转至最后一级权签人,加快后续处理流程。

三、日志管理

日志管理可以将财务共享服务中心信息系统的所有业务操作都记录在日志文件中,包括用户的操作轨迹和系统的状态,如用户登录、非授权访问、敏感操作等信息,系统管理员可以按时间、功能模块等属性对日志信息进行筛选查看,实时监控和记录运行情况,以保证系统的运行安全。

四、权限管理

权限管理一般指根据系统设置的安全规则或者安全策略,用户可以访问而且只能访问自己被授权的资源。权限管理是财务共享服务中心信息系统非常重要的基础功能。

权限管理提供按角色进行授权、直接授权,授权维度包括功能授权、字段授权和数据授权,同时提供了权限报表,便于查询权限分配情况,进行权限管理和审计。

从安全管控的角度,权限管理还引入三权分立的思想,将具有管理权限的用户分为系统管理员、安全管理员和审计管理员,三者权限相互分开。系统管理员可以在管辖范围内创建、修改、删除用户,重置用户密码;安全管理员可以在管辖范围内对用户进行功能、数据授权;审计管理员可以审计管辖范围内的用户操作日志。

五、集成平台

集成平台是一个服务总线平台,具有灵活、高效等特点,可为各系统间业务服务调用、数据共享交换提供统一、稳定的服务,通过标准的服务规范和数据交换要求,满足财务域相关系统间的统一集成、监控需求,并可以灵活扩展。

各业务系统统一通过集成平台来进行服务集成和路由,避免点对点的服务调用,从而统一实现接口运行情况的状态监测、调用日志留痕和异常情况监控等。

集成平台主要包含两大核心服务能力,即业务接口集成能力和数据交换集成能力,分别应用于两类对应的业务场景。

(一)业务接口集成能力

业务接口集成主要与财务共享平台、各业务系统、外部社会化服务等进行协作,作为统一的接口服务网关和接口服务监控中心,主要包括EAI集成中心、Open API开放平台、服务网关和事件驱动中心等,可快速实现财务共享与其他财务、业务系统业务接口集成。

(二)数据交换集成能力

数据交换集成侧重于更专业的大规模数据交换、中间库表或中间文件等场景,主要为财务数据中心、数据集市等提供更高效的数据共享通道,可以快速实现专项数据交换集成。

第九章　传统财务模式与财务共享服务模式

第一节　费用报销

一、传统财务模式下的费用报销

（一）基本流程

传统财务模式下的费用报销一般涉及报销人员申请、部门负责人审核、财务审核、领导审批、资金支付等环节（图 9-1）。具体而言，在传统财务模式下，费用发生后，报销人员需要填制费用报销申请单并附上原始凭证，交由所在部门负责人审核；部门负责人负责审核费用发生的真实性和合理性，审核通过后提交给财务部门；财务部门对费用报销的合规性进行审核，譬如费用报销是否在预算范围内、是否符合相应的费用标准、票据是否合规、是否完成了相应的审批程序等；财务部门审核后，根据公司内部的资金权限安排将费用报销单据提交给相关领导审批；领导审批时主要关注费用发生的真实性、合理性等方面，并对费用报销负有最终审批责任；审批通过后交由出纳复核并履行资金支付。

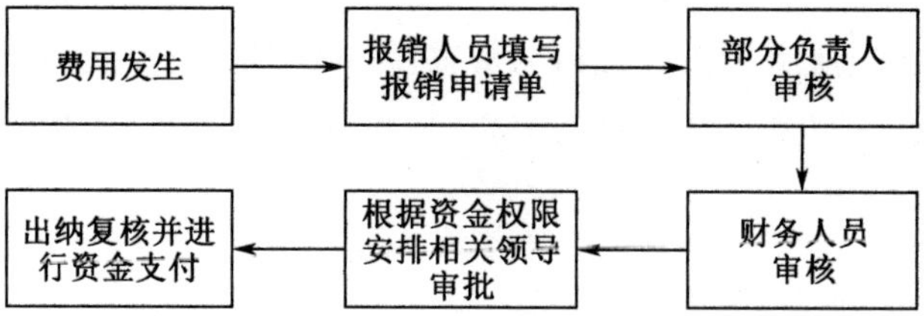

图 9-1　传统财务模式下费用报销的主要流程

以 A 公司销售人员出差发生的机票为例，相应的报销流程如下。

首先，销售人员根据航空运输电子客票行程单填制费用报销申请单并附上行程单原件，交由销售经理审核；销售经理确认费用真实发生且机票符合交通费标准后提交给财务部门；财务部门审核机票是否符合交通费标准、行程单是否合规、销售人员是否完成相应的审批程序等；按照 A 公司规定，部门员工的各类报销均须由公司副总经理进行审批，财务部门审核后，副总经理审批相关单据，确认费用真实发生且符合标准；审批通过后，出纳复核单据并进行资金支付。

（二）主要特点

费用报销是直接涉及报销人员利益的一项财务工作，在传统财务模式下，费用报销有如下特点。

1. 每个公司均配置负责费用报销的财务人员

无论公司规模多大、业务是否复杂，费用报销在每个公司都会发生。传统财务模式下，每个公司的财务部门都会配置数量不等的财务人员，专门负责处理本公司的费用报销业务。

2. 业务量大且分布不均

费用报销具有业务量大、单笔金额小的特点。企业每年需要处理的费用报销单据数以万计，财务人员需要处理的相关业务数目庞大，且单笔金额往往在千元左右。

由于费用报销业务的数量并不平均，时间上也不均匀，特别是月末、年末等结账截止时间节点，费用报销的业务量往往出现井喷式增长，造成工作量分布不均。

3. 报销流程主要通过纸介单据传递

传统财务模式下，费用报销需报销人员填制费用报销单，并将原始凭证等粘贴在后。由此，报销流程主要依靠费用报销单及其附件的流转来实现。部门领导审核、财务审核、领导审批均需要在纸质单据上签字，以确保相应的流程得到履行。

4. 报销制度的遵循受到人员主观影响

费用报销要做到规范运行，必须要有明确的规章制度。由于费用报销的种类繁多，场景复杂，要让各种可能出现的场景都有约定，规章制度必须明细化。在传统财务模式下，无论是报销人员、审核人员还是审批人员，都只能依赖个人对规章制度的掌握程度进行申请、审核和审批，制度的遵循程度受人员的主观影响较大。

譬如，差旅费标准一般会依据人员类别、出差地区而有所不同，办事人员和部门经理分别到北京和合肥出差，差旅标准就完全不同。以 A 公司为例（表 9-1），部门总监、事业部总监、销售区域总监及以上级别，在一线城市的住宿费标准为

1 200 元,省会城市为900 元,其他城市为800 元;其他员工在一线城市的住宿费标准为500 元,省会城市为380 元,其他城市为310 元。

表 9-1　A 公司国内差旅住宿费用标准明细表　　单位:元/人/天

人员	一线城市	省会城市	其他城市
部门总监、事业部总监、销售区域总监及以上级别	1 200	900	800
其他员工	500	380	310

再譬如,出差当天往返是否发放出差补贴。根据 A 公司差旅报销制度规定,当天往返的出差,原则上不享受出差补助。而当天往返,且出差时间(含路途)超过十小时的,可作为一天出差,计算出差补助。但是否按制度执行受人员主观影响。

5. 账务处理依赖财务人员的判断

费用报销涉及多种费用项目,种类繁多。同样的原始凭证在登记入账时,依据业务的不同类型可能会记入不同的会计科目(表 9-2)。譬如,费用报销中最为常见的餐费发票,如果是因业务开展需要招待客户,需要记入"业务招待费";如果是员工出差期间的就餐,则需要记入"差旅费";如果是企业组织培训期间的就餐,则需记入"职工教育经费"。相同的发票在账务处理时,记入了不同会计科目。在传统财务模式下,账务处理就依赖于财务人员的主观判断。

表 9-2　餐费的各种业务场景

业务场景	核算科目	备注
因业务开展需要招待客户	业务招待费	—
员工食堂就餐、活动聚餐、加班聚餐	职工福利费	—
员工出差就餐	差旅费	—
企业组织员工培训,培训期间就餐	职工教育经费	—
公司在酒店召开会议,会议期间就餐	会议费	—
公司筹建期间发生的餐费	开办费	—
以现金形式发放员工餐费补贴	工资薪金	—代扣代缴个人所得税
工会组织员工活动期间的餐费	工会经费	—

(三)对传统财务模式下费用报销的评价

费用报销业务种类繁多、业务量大,传统财务模式下财务人员每天都要处理大量的单据,且处理结果要符合公司规章制度的要求。传统财务模式下费用报销有如下不足。

1. 重复劳动和高差错率

在完成费用报销的审批后,财务人员需要将所有的单据逐一输入企业财务系统,进行数据匹配,而这些工作和出行人之前的填单工作都属于低价值的重复劳动,并且手工填写过程中极易发生差错,导致更多复查和返工,效率低下。

2. 审批效率低

由出行人填写报销单据,经所属机构主管审批后,送至总部交由主管部门领导和财务审核,最后再由出纳人员根据审批通过后的单据进行支付处理,整个流程需经过若干人员审批、流转,耗费很多时间,审批效率低下。

3. 内部控制执行效果差,会计信息质量不高

尽管企业制定了费用报销相关管理制度,但由于费用类型过于复杂,人工处理易出现同一事件不同人的判断存在差异,甚至同一人在不同时期对同一事件的判断不同。一旦流程中的财务人员更换,处理的一贯性可能会受到影响,前后数据的可比性也将受到影响。

4. 无法做到事前控制

传统财务模式下,只有当业务发生后才会进行费用报销,属于事后审核,无法对业务行为进行有效控制。企业对于各项费用的发生是否合规等问题无法实时监督,只能事后监督,但事后问题已经形成且已无法更改,只能追责。

二、财务共享服务模式下的费用报销

(一)基本流程

在共享系统中,费用报销流程打通前端业务发生和后端财务审核记账间的壁垒,系统根据预置的费用标准和预算金额,在费用发生时进行预算控制,经过一系列审批过程后,由共享中心的共享会计统一记账、付款。业务发生的过程也是审批、记账的过程,从而减少重复审批工作量,加强财务与业务联系。同时,所有的费用发生数据都如实记录在共享系统中,主管可以随时进行费用报表分析,查看部门预算使用情况,实现事前控制和事后分析。图 9-2 为财务共享服务模式下的

费用报销流程图。

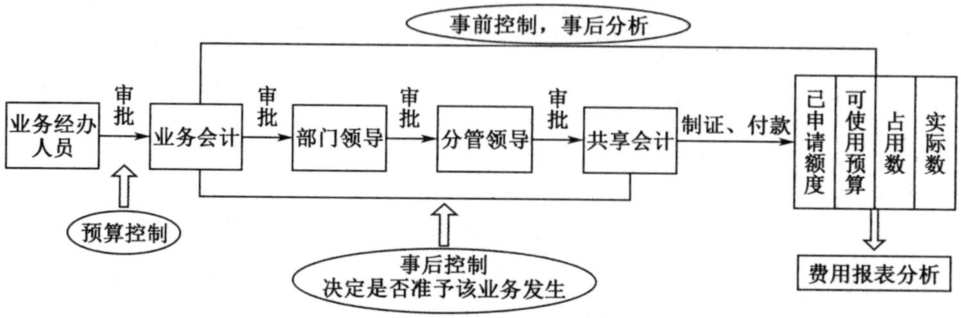

图 9-2　财务共享服务模式下的费用报销流程图

同样以 A 公司销售人员出差发生的机票为例,已知 A 公司财务共享信息系统可以直接进行商旅预订,相应的报销流程如下。

首先,销售人员在系统中填报差旅申请单并进行机票预订,系统根据预置的费用标准和预算金额自动审核,费用金额大于报销标准时进行橙色预警,费用金额属于预算的 80%~100%时进行黄色预警,费用金额超过预算时进行红色预警;业务会计、销售经理、分管销售的副总经理逐级审批申请单,决定是否准予预订该机票;审批通过后,共享会计进行制证并付款,机票成功出票。

(二)主要特点

与传统财务模式下的费用报销相比,采用财务共享服务模式进行费用报销的企业将原有分(子)公司分散的财务审批、支付业务集中交由共享中心进行共享审批、共享支付,将大量简单、重复、标准化的业务合并同类项,进行集中处理,其特点具体表现如下。

1. 分(子)公司不再保留核算人员

采用财务共享服务模式进行费用报销的企业集中处理核算业务,将不再在分(子)公司保留核算人员,而是将核算人员集中到财务共享服务中心进行业务处理。

2. 财务共享服务中心设立在成本比较低的地方

企业的财务共享服务中心一般建立在人力成本、IT 建设成本比较低的地方。

3. 业务流程标准化

成熟运营的财务共享服务中心,业务标准化程度高,组织内部按照流程、业务模块分工明确,保证了服务质量,有利于最佳实践的推广。

(三)对财务共享服务模式下费用报销的评价

目前,许多大型企业建立了财务共享服务中心,相较于传统费用报销模式,财务共享服务中心的建立完善了企业工作模式与机构职能,将传统模式下存在的缺点从以下几个方面进行改进。

1. 降低企业成本

财务共享信息系统优化费用报销流程,减少财务人员的重复机械劳动,只需要为数不多的员工就能实现企业财务的高效管理,节约了劳动成本。此外,企业管理者能够有效管理员工因公事务的花费,实时监测公司的公务支出,使财务监管更加透明,有效降低了企业财务管理成本。

2. 提升财务规范

财务共享服务中心的建立将原来分散的财务业务进行集团统一管理,建立统一的费用报销标准,实行统一的费用报销管控,提升了财务人员在进行费用报销时的规范程度。此外,计算机网络技术也能解决数据计算精度不够、信息查找精度不够等技术方面问题。

3. 增强财务处理的准确性和高效性

财务共享服务中心设立后精简了不必要的财务管理流程与步骤,节约了等待领导签字的时间,避免了单据的积压,细化了企业员工的工作内容,明确了职位分工,及时处理相关业务,缩短数据处理周期,费用报销工作既高效又准确。

4. 强化费用管控

财务共享服务模式下,企业集团所有费用要先在线申请、通过预算的事前申请流程,才能进行报销。相比较传统费控管理模式,财务共享服务中心对费用报销的审批流程进行优化,实现了单据异地审批、远程自助报销、费用标准自动控制,达成了事前实时控制的目标,规范了标准控制模式。

第二节　资产管理

一、传统财务模式下的资产管理

(一)基本流程

企业涉及的资产类业务种类繁多,包括资产购置、资产变动、资产减少、资产处置、资产维修、在建工程转入、资产出租、资产捐赠、资产盘点、车辆保险、资产计提等业务。

以资产新增为例简要分析传统财务模式下的资产管理流程。传统财务模式下的资产新增一般涉及采购申请、资产采购、资产到货、到货验收、财务审核、登记入账等环节(图 9-3)。具体而言,传统财务模式下,出现资产采购需求,需由需求部门提出采购申请并交由所在部门经理审核;部门经理负责审核采购申请的真实性与合理性,审核通过后提交给资产管理部门;资产管理部门对库存资产进行核查,已有所需资产则使用原有资产,没有所需资产则向采购部门提交采购申请;采购部门收到采购申请后联系供货商进行采购;资产到货后,需求部门对购货合同、供应商的发货单、发票等有关凭据、资料进行核对并填写资产验收单交由财务部门作为入账依据;验收无误后,需求部门进行资产领用;财务部门对相关票据的合规性进行审核并根据资产验收单进行登记入账。

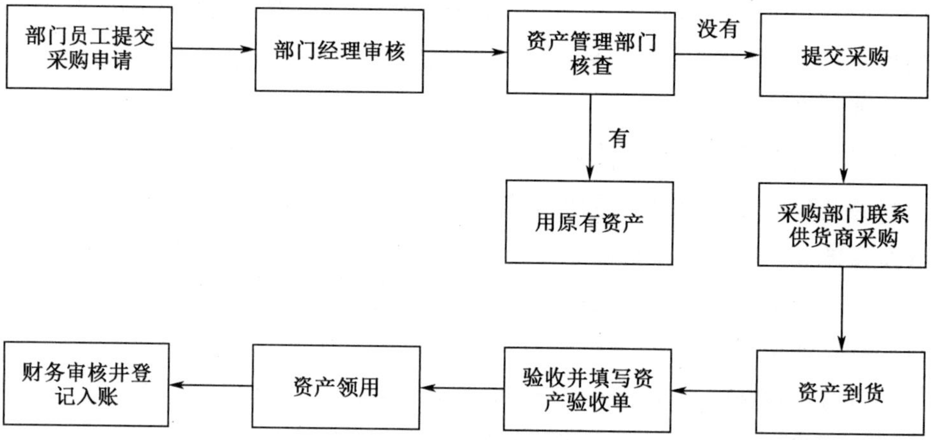

图 9-3 传统财务模式下资产新增的主要流程

(二)主要特点

资产是企业重要的经济资源,企业的资产管理贯穿于企业生产经营的全过程。传统财务模式下的企业资产管理有如下特点。

1. 信息要素分散

与资产相关的信息要素分散在财务、计划、生产、物流运输等各个完全独立的系统,不同的业务部门之间存在信息壁垒。

2. 多环节手工处理

在未实现资产核算自动化和资产共享前,80%以上的资产会计凭证均是通过资产会计手工制单生成的，每月的资产折旧、资产维修费用等的计提也是由人工进行的。

3. 业务量大且种类多

集团型企业的资产数量庞大且种类繁多，由于资产管理需要按月进行处理且资产状态变化频繁，所以企业的资产管理业务量大并且种类繁多。

（三）对传统财务模式下资产管理的评价

传统财务模式下的资产管理具有信息分散、依赖人工、业务量大且变化频繁的特点，在实际操作中存在以下不足。

1. 资产利用率低

集团企业一般拥有数量庞大的资产，但由于传统财务模式下企业采用条块分割的资产管理模式，不同业务部门间出现信息孤岛，很多资产的利用率并不高，经常出现资产闲置和资产处置不规范的问题，降低了企业的资产管理能力，容易出现资产流失现象。

2. 工作效率低下

企业资产管理涉及的部门较多且程序烦琐，相关单据层层传递且大多数操作由手工进行操作，受时间和地理限制，每个环节都易出现无法及时完成的情况，工作效率低下，企业营运风险增加。

3. 管理制度存在缺陷

传统财务模式下，企业的资产管理制度不健全，在资产管理的各个环节缺乏有效的制度进行监管，管理流程不规范，从而在资产管理过程中出现分工不明确，无法有效结合制度与责任等问题，无法实现资产的价值最大化。

4. 管理人员能力要求低

企业对管理人员的技能要求以保管、记账为主。管理人员无法统筹规划资产购置等业务，易造成资产资源的浪费，更无法预估资产管理过程中可能出现的风险并进行防范。

二、财务共享服务模式下的资产管理

（一）基本流程

为进行对比，财务共享服务模式下的资产管理流程仍以资产新增流程为例。图 9-4 为资产共享平台上线前后的流程对比。首先，由需求部门在共享平台发起资产采购需求申请流程，录入需要采购的资产相关信息，提交采购申请；资产管理部门根据需求部门发起的采购申请信息，判断需求部门需要的资产是否需要采购；采购部门审核需求部门发起的采购申请信息，判断采购方式，例如是否自行采购、是否需要招标等；根据采购部门给出的采购方式进行线下采购；资产到货后，需求部门对购货合同、供应商的发货单、发票等有关凭据、资料进行核对并在共享系统中填写资产验收单，验收无误后，进行资产领用；采购部门及资产管理部门根据相关单据对资产验收单进行审核，审核通过后，共享系统自动进行资本性支出付款；共享中心在后台自动对各项单据进行稽核并根据相关单据自动入账生成凭证。

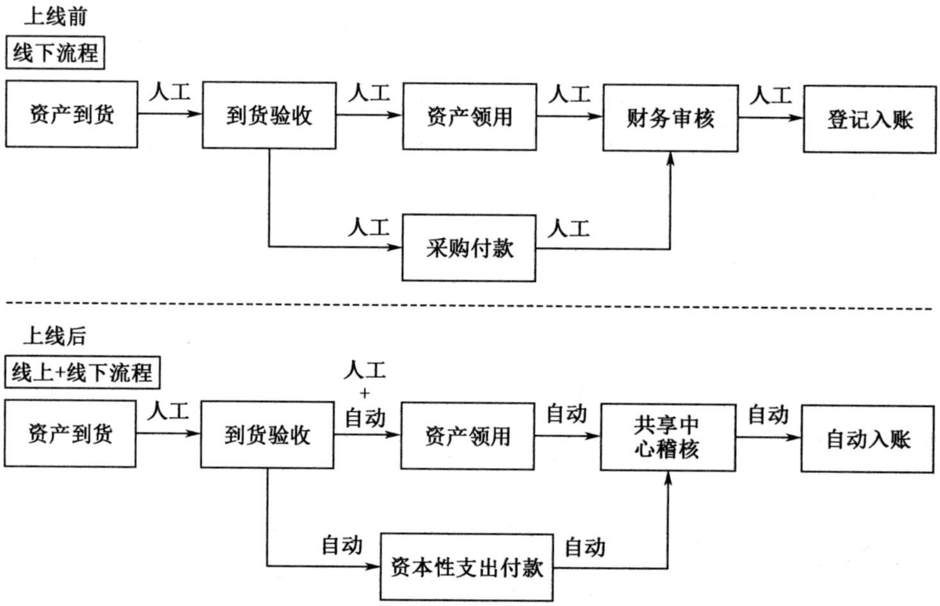

图 9-4　资产共享平台上线前后流程对比

（二）主要特点

财务共享服务模式下的资产管理具有业务流程标准化、业务自动化以及资产数据电子化等特点。

1. 业务流程标准化

利用资产共享，原来以分公司为单位的资产管理模式转变为集团统一集中管理模式，达到统一资产业务流程标准，整合资产数据的目的。

2. 业务流程自动化

系统采用先进的流程自动化技术手段，实现线上线下结合的自动化业务流程审批，上下游单据自动生成关联数据，打通资产业务与财务之间的通道，数据实时共享，使线上主要财务核算根据标准自动生成会计凭证。

3. 资产数据电子化

企业在进行资产管理时引入条码功能，为所有入库的资产生成唯一的条码，将所有数据录入系统，通过条码关联资产的所有信息，形成电子单据的流转。

（三）对财务共享服务模式下资产管理的评价

相较于传统的资产管理模式，财务共享服务模式下的资产管理依托信息化系统提升资产使用效益和工作效率，完善资产管理制度，有助于提升管理人员能力。

1. 资产使用效益提高

企业通过财务共享的方式将资产管理需要的各类数据统一到共同的平台，优化和控制资产配置，这样既能提高资产使用效益，又能提高财务人员的工作效率。

2. 工作效率和准确率提高

财务共享服务中心上线后，90%以上的资产会计凭证能够通过共享中心自动生成且准确率高达95%，减少了资产会计的工作量，提高了工作效率。

3. 资产管理制度更加健全

财务共享服务模式下，企业根据实际情况设立一套完整的资产管理制度来约束各项资产管理工作，明确相关人员的职责，将管理工作具体落实到个人，加强对资产管理过程的监督，提高资产效能，促进企业高效持续发展。

4. 管理人员能力提升

实现财务共享后，原来以资产核算为主的会计人员，现在更加关注资产的保值增值、资产配置和合理性等管理工作，提升了管理人员的能力，从而进一步提升资产的管理水平。

第三节　合同管理

一、传统财务模式下的合同管理

（一）基本流程

不同的企业因其自身实际情况和内控要求不同，合同管理的具体流程也存在差异。以一般制造业收款合同管理流程(图 9-5)为例,简要描述传统财务模式下的合同管理流程。

销售业务员接受客户订单,销售经理对客户订单进行审批授权,主要审核订单的合理性;信用部门经理按照本单位赊销政策进行信用批准,复核客户订单,并在销售单上签字;仓库部门编制发运凭证并根据已批准的销售单发货;装运部门按照已批准的销售单装运商品;开票专员在确定销售发票的准确性后向客户开具发票;依据附有有效装运凭证和销售单的销售发票记录销售业务,并定期向客户寄送对账单;办理和记录现金、银行存款收入。如出现销售退回,则审批销售退回及折扣;在确认坏账无法收回后,经审批核销坏账。

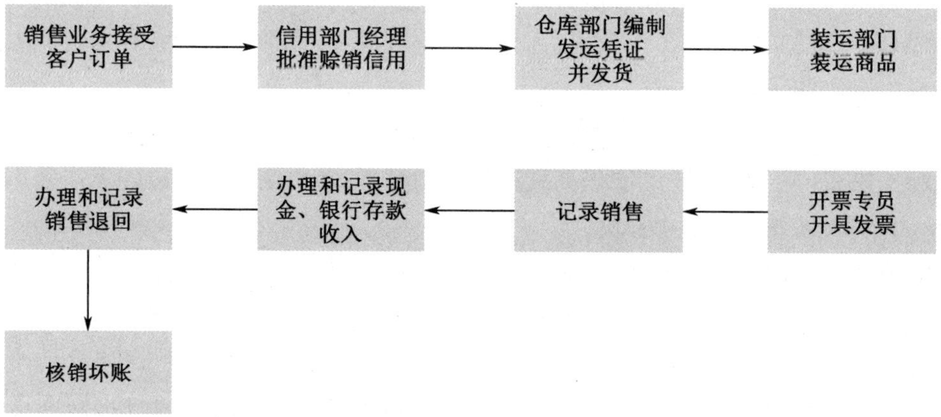

图 9-5　传统财务模式下收款合同管理的主要流程

以 B 公司销售业务员与客户 C 签订电视机销售合同为例,收款方式为银行转账,流程如下。

销售业务员接受该笔电视机订单,销售经理对客户订单进行审批授权;信用部门根据公司规定对客户 C 的信用等级进行评估并按照本单位赊销政策对其进行信用批准,复核电视机销售单付款方式的合理性并在销售单上签字;仓库部门编制发运凭证并发货,装运部门装运商品;资金会计收到客户 C 的转账付款;开票专员根据合同内容以及实际情况向客户 C 开具发票;财务会计依据附有有效装运凭证和销售单的销售发票将该笔销售业务登记入账。

(二)主要特点

合同管理是企业营运最为核心的业务之一,在传统财务模式下,企业合同管理具有如下特点。

1. 业务处理依赖手工

传统财务模式下的合同管理审批流程以线下手工签字为主，业务部门每个季度手工进行对账，财务人员手工进行收款核销。此外，合同管理流程中，不同系统之间的数据无法自动传输，需要人工手动进行复制、粘贴。

2. 业务涉及部门较多

根据上述基本流程，收款合同管理业务涉及的部门有营销部门、信用部门、仓库部门、装运部门、财务部门以及外部采购商，需要各部门间通力合作，程序较为复杂。

3. 业务相关数据量大

企业的销售到收款业务发生频繁，涉及单据和记录繁多，导致相应的会计核算业务量大且重复率高，对数据的准确性与实时性要求较高。

（三）对传统财务模式下合同管理的评价

因为传统财务模式下合同管理业务程序复杂、涉及单据和记录繁多、依赖手工，在合同管理工作中存在以下不足。

1. 部门间缺乏沟通

合同管理业务流程复杂，涉及部门较多，传统财务模式下部门间缺乏沟通，彼此之间信息不对称。例如，财务部门和营销部门之间存在信息差，双方系统数据之间没有互通，收款与合同无法及时对应。此外，因为不同子公司的客户代码信息之间无法做到互通，同一家客户在不同的子公司的客户代码不一致，这为集团财务汇总带来了不便。

2. 收款核销流程不健全

传统财务模式下，企业主要依靠人工处理收款核销业务而非采用自动核销系统，工作量大且易出错，财务人员与客户进行对账时，效率低下，易出现账目核对错误。

3. 企业内控风险高

传统财务模式下，企业分（子）公司的财务数据、业务数据之间无法互通共享。不同的分（子）公司的信息相互独立，不同的分（子）公司会根据本公司的交易记录进行信用评估而无法参考其他分（子）公司的交易情况。这会导致同一家客户在不同的分（子）公司拥有不同的信用评级，整个集团的内控风险增加。

4. 审核效率低

与费用报销类似，传统财务模式下的合同管理以线下人工审核为主，涉及单据和记录繁多,审核时间较长且逐级审批环节有极大的不确定性,一定程度上影响了业务流程的运行。此外,纸质版凭证在线下流转过程中易出现损坏丢失,降低了审核效率,一定程度上增加了财务工作量。

二、财务共享服务模式下的合同管理

(一)基本流程

财务共享服务中的合同管理流程设计,可以根据企业的实际情况和内控需求进行个性化调整。由于合同管理业务涉及的部门、单据、记录繁多,为了流程的实施,企业首先要进行的是全集团范围内的流程梳理和标准化。本部分仍以收款合同流程(图 9-6)为例。

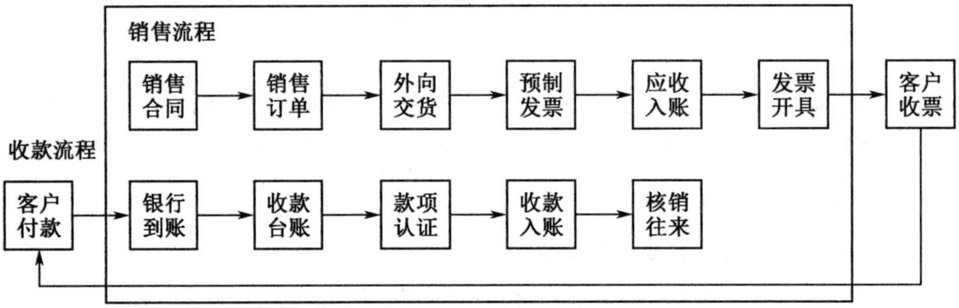

图 9-6 财务共享服务模式下收款合同管理的主要流程

收款合同管理流程的核心业务包括:订单及合同管理、开票及收入确认、收款及票据管理、对账反馈和内部控制等具体流程。首先,销售人员与客户签订销售合同并通过人工录入或者影像扫描、识别的方法来记录其中的关键信息;外向交货后,税务会计经申请通过后在税务系统中进行发票预制;应收应付会计根据预制发票信息进行应收账款入账;销售人员提出开具发票的要求,财务共享服务中心审核相应的合同条款,开具发票;客户收到发票后,进行资金付款;当接到客户的付款通知后,财务共享服务中心将自动检查银行的付款记录,确认收款完成后,处理完成应收账款科目的会计处理;对于收到的票据,企业可以根据资金管理的需要进行票据贴现或者背书处理;确认收款并入账后,通过客户关系处理系统将客户信息反馈给客户,并和客户定期对账,以发现可能存在的错误。

同样以 B 公司销售业务员与客户 C 签订电视销售合同为例,收款方式为银行转账,财务共享服务模式下的流程如下。

销售业务员在网上报账系统中录入电视销售合同;外向交货后,税务会计在共享系统开具发票申请单,经审批通过后,根据开票池数据生成预制发票;应收应付会计根据预制发票在网上报账系统中填制收入报账单进行应收账款入账;销售业务员提出开具发票的需求,税务会计审核相应的合同条款并根据发票管理池数据开具发票;客户C收到发票后通过银行转账的方式进行资金付款;收到客户C的付款通知后,财务机器人将自动检查银行的付款记录并在确认收款完成后进行应收账款科目的会计处理;确认收款并入账后,应收应付会计与销售业务员进行内部核对账务,公司内部核实通过后,销售业务员与客户C进行线下对账。

(二)主要特点

与传统财务模式下的合同管理相比,财务共享服务模式下的合同管理利用影像管理技术智能采集数据,依托RPA技术实现了自动开发票的功能,对企业收款风险进行实时监测。

1. 智能采集数据

共享系统中的影像管理系统将合同管理业务所需的原始单据(如合同、发票、凭证等)通过扫描的方式转化成影像件,并启用条码技术将影像件与原始单据进行关联,实现数据的智能采集。

2. 业务环节自动化

财务共享服务模式下,应收入账、集中开票、收款认领、财务记账、应收核销等环节实现高度自动化。例如,在机器人流程自动化(RPA)技术支持下,财务机器人可以在后台直接提取不同系统中的数据,在各项数据核验通过后,根据待开票数据自动开具发票。

3. 实时监管风险

财务共享信息系统内置CRM(客户关系管理)系统,企业可以借助RPA技术在共享系统中建立客户信用体系。财务机器人可以在CRM系统中获取客户信息并对客户的数据进行管理,通过事先设置的算法对客户的风险性进行评估,实时监管收款风险。

(三)对财务共享服务模式下合同管理的评价

财务共享服务模式下,企业合同管理业务流程标准化与规范化,整体操作流程简明实用。

1. 实现业财融合

财务共享服务中心的建立打破各个部门相互隔绝的业务处理方式,实现了数据互通、资源共享。企业通过财务共享服务模式接通业务系统与财务系统,财务人员可以在系统中查询业务发生的相关信息,销售人员也可以在系统中查询财务活动的进度,有效推动业财融合,实现对业务活动的事前控制。

2. 及时处理核心数据

财务共享服务中心实现了业务与财务的无缝对接。传统财务模式下,应收账款核销需要通知应收账款人员核对金额入账并根据发票进行销账。财务共享服务模式下,应收账款人员收账后系统自动进行销账(特殊情况除外),一定程度上缩短财务人员处理相关业务时间,显著提升财务处理效率。

3. 加强企业内控

财务共享信息系统能够实现企业的实时集中监控,加强对收款等重点流程的监督。此外,财务共享服务中心能够满足企业对客户分类管理和对应收账款进行集中管理的要求,保障企业安全完整地进行应收账款的回收,加强对坏账风险的控制。

4. 规范业务流程

合同管理业务程序复杂且工作量大,需要完整规范的业务流程。企业实施财务共享服务模式时一般先进行流程梳理与规范化,规范合同管理业务流程,严格把控收款流程的关键节点,通过完善和监督收款流程来控制大量赊销带来的风险隐患。

第四节 薪酬管理

一、传统财务模式下的薪酬管理

(一)基本流程

企业职工薪酬不仅仅是财务问题,它还涉及企业的人力资源管理。传统财务模式下,需由各业务部门向人资薪酬专员提供考勤表以收集员工考勤、计件数据,人资薪酬专员审核各部门数据的真实性与准确性;审核完成后,人资薪酬专员根据审核通过的考勤表制作工资明细表;制表成功后,人力资源部经理审核工资表的真实性与合理性;财务经理对工资表的合规性进行审核,譬如是否符合薪酬发放标准等；财务经理审核后，根据公司内部的资金权限安排将工资明细表提交给相关领导审批；领导审批时主要关注工资表的真实性、合理性等方面，并对工资发放负有最终责任；审批通过后交由出纳复核并履行资金支付；人力资源部进行工资条的制作与发放。图 9–7 为传统财务模式下薪酬管理的主要流程。

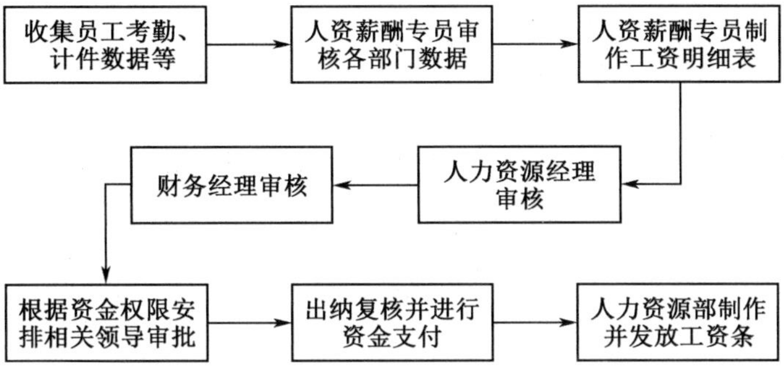

图 9–7　传统财务模式下薪酬管理的主要流程

（二）主要特点

企业薪酬管理是与每一位员工息息相关的业务，传统财务模式下，企业的薪酬管理具有以下特点。

1. 业务量大

集团型企业员工众多，而财务部门每月都要对企业所有员工的薪酬进行核算，其中一笔薪酬凭证的会计分录就多达数十行，需要财务人员处理的薪酬管理相关业务量极大。

2. 核算要求种类多

集团型企业的员工种类较多，存在劳务派遣、劳务外包等情况，不同种类员工的薪酬会计核算的规定不同，根据相关制度要求需要进行多维度核算。

3. 存在信息壁垒

传统财务模式下，不同的信息系统间没有进行互联，薪酬数据无法在系统间进行有效流转，存在一定的信息壁垒。

（三）对传统财务模式下薪酬管理的评价

由于薪酬核算业务具有业务量大、重复率高的特点，传统财务模式下薪酬管理业务具有以下不足。

1. 审核效率低

传统财务模式下的薪酬管理涉及部门较多且流程烦琐,涉及单据量大且以人工审核为主,一定程度上影响了薪酬管理业务的处理效率。由于薪酬管理与每位员工息息相关,薪资条需要由每位员工签字,易出现单据丢失、因时间地理无法签字等问题,业务效率低下。

2. 人员重复配置

薪酬核算业务具有业务量大、重复率高的特点。因此,在传统财务模式下,分(子)公司众多的大型集团中,一些财务人员在不同的分支机构中处理大量类似的简单重复、标准化的工作。这类财务人员工作内容重复,属于重复配置,企业可以将他们的工作内容进行合并集中处理。

3. 实施标准不统一

传统财务模式下,不同的分(子)公司薪酬管理流程之间存在差异。同一家企业可能同时存在银行转账到代发账户、人事提供密盘,银企直联自动划扣,人事部门取支票及密盘去银行发放三种薪酬发放方式。工资计提和发放时间也可以分为当月计提当月发放和当月计提下月发放两种,不利于企业的统一管理。

4. 企业经营风险增加

传统财务模式下,管理部门之间无法实时共享企业的薪酬数据,数据传递以人工传递为主,数据的传递效率低下,薪酬数据极易被篡改或出现错误,任何步骤的失误都会影响薪酬管理业务的准确性和及时性,增加企业经营风险。

二、财务共享服务模式下的薪酬管理

(一)基本流程

企业日常经营过程中,从发放周期来讲,一般分为当月工资当月发放、当月工资次月发放两种形式。若为当月工资次月发放,则按权责发生制需要对当月已实际发生的薪资进行预提,次月进行冲销,次月发放时按实际发放数完成薪资费用的确认。

对于当月工资次月发放的业务场景,业务上主要有两种方式,第一种是月末根据上月实际发放数对本月薪资进行预提;第二种是根据本月薪资实际的发生数进行预提。针对第一种方式,共享中心产品设计时,可设计一张薪酬核算单,该张单据包含上月实际的计提数据及实际发放数据,流程结束后计提数据自动插入预提台账,自动生成凭证并下月自动冲销。针对第二种方式,共享中心产品设计时,可设计两张单据，一张为薪酬计提单（预提申请单方式实现）用于计提，一张为薪酬发放单，用于薪资发放业务的处理，财务人员在共享系统手工填写薪酬计提单，插入冲销台账并下月自动冲销，薪资发放单发放时按实际发生数进行计提凭证及发放凭证的处理。

结合企业实际业务的应用情况，本部分以当月工资次月发放的第一种方式为例（当月工资当月发放的业务流程可参照实训部分），简要阐述业务流程。

首先，共享系统根据人力资源管理系统上传的职工工资、社保、公积金、个人所得税等信息自动生成薪酬核算单；共享会计审核单据是否符合相关财务管理规定、核算所需信息是否完整、内容是否真实等；对于审核通过的单据，共享会计按规则生成薪酬计提凭证并推送凭证（系统自动预提台账，次月自动冲销）；次月，资金会计根据人力资源管理系统提供的应发数进行薪酬发放，生成薪酬发放凭证并推送（图 9-8）。

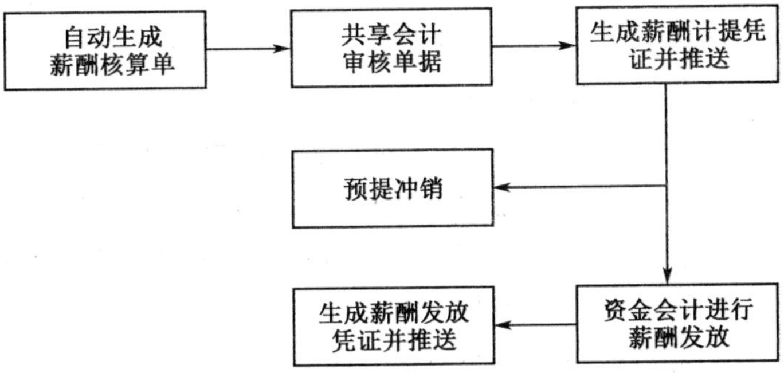

图 9-8 财务共享服务模式下薪酬管理的主要流程

（二）主要特点

与传统财务模式下的薪酬管理相比，财务共享服务模式下的薪酬管理拥有数据保密化、系统自动化的特点。

1. 数据保密性强

在绝大部分企业，工资明细表属于保密文件，一般审批人员只能看到各部门的汇总数。明细数据在后台加密存储，等到共享流程审批结束，由人力资源专员根据审批状态将明细数据推送至银企直联系统直接支付。

2. 流程自动化

财务共享服务模式下，企业将相关的核算要求植入共享系统，部分薪酬管理流程由系统自动进行，例如共享系统会自动生成“支付建议”并自动定时推送至

"资金系统"。

3. 系统有效集成

财务共享服务模式下,根据薪酬业务需要,人力资源共享系统与财务共享信息系统、银企直联系统连接,实现系统间的互联,薪酬数据能够在系统间有效流转。

(三)对财务共享服务模式下薪酬管理的评价

薪酬管理业务量大、重复率高的特点决定了它较适宜采用财务共享服务模式来实现。相较于传统财务模式下的薪酬管理,财务共享服务中心从以下几个方面对薪酬管理业务进行了改进。

1. 提高效率,降低运营成本

传统财务模式下的薪酬管理工作需要 7~15 天,而在财务共享服务模式下流程所需时间缩减至 3 个工作日。此外,财务共享服务中心的会计信息全程共享,减少了各环节对财务业务处理进度的咨询工作量,一定程度上释放了人力。

2. 体现财务价值,促进财务人员转型

财务共享服务模式通过业务流程标准化将会计监督前置,实现了事前控制,体现了财务价值。此外,财务共享服务模式的运用促使财务人员从记账员转变为业务合作伙伴,将更多精力放在管理会计上,更好地支持企业业务的发展。

3. 规范业务流程,便于企业管控

财务共享服务中心为分(子)公司的薪酬管理提供了标准,统一薪酬发放方式、工资计提和发放时间,优化企业业务流程,标准化和规范化薪酬管理业务,促进企业整体管理水平提升便于企业管控。

4. 加强企业管控,降低企业风险

通过财务共享服务中心对数据的实时监控、定期报告与反馈,企业能够实时了解自身财务状况并及时发现经营过程中的风险,加强企业管控。

第五节　税 务 管 理

一、传统财务模式下的税务管理

(一)基本流程

传统财务模式下的企业日常税务管理一般涉及税务会计税务核算、纳税申报、税款缴纳、银行回单、税务分析等环节。具体而言，获取相关数据（基础数据、认证数据、发票数据、海关数据、资金数据、业务数据等）后，税务会计根据相关数据和相关法律法规进行税务核算，编制会计转账凭证并填写税务申报表；填写完成后，交由财务经理对税务申报表内容的真实性和准确性进行审核；财务经理审核后，根据公司内部的资金权限安排将税务申报表提交给相关领导审批；领导审批时主要关注税务申报内容的真实性、合理性等方面，并对税务申报负有最终责任；审批完成后，税务会计在税务局的纳税申报系统中进行网上申报并进行税款缴纳；银行根据税款缴纳情况开具电子缴税付款凭证；税务会计编制付款凭证及税务缴纳汇总表并进行分析（图 9–9）。

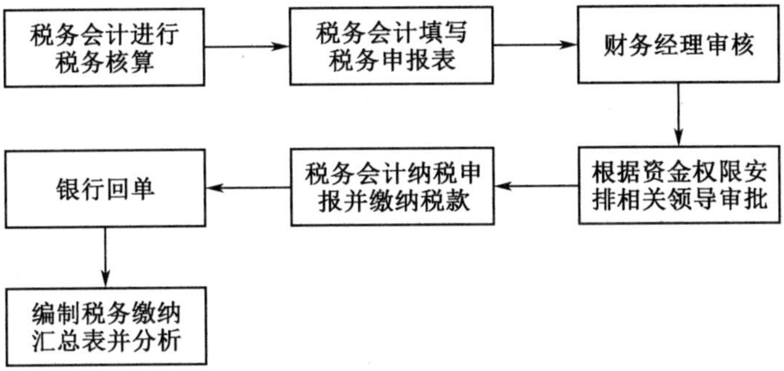

图 9–9　传统财务模式下日常税务管理的主要流程

以某集团型电视巨头企业在采用财务共享信息系统前申报企业所得税为例，相应流程如下。

首先，由属地税务会计根据相关数据（基础数据、认证数据、发票数据、海关数据、资金数据、业务数据等）进行税务核算并填写申报表；属地财务经理对数据的真实性和准确性进行审核并签字；集团总经理对税务申报表进行审批；审批通过后，属地税务会计在税务局的纳税申报系统中进行网上申报；申报完毕后，银行从设定好的账户上划拨税款并发放税收缴款书；属地税务会计将相关单据登记入账并整理税务档案。

（二）主要特点

企业的每一项经济行为都与纳税缴费紧密相关。传统财务模式下，企业的税务管理具有以下特点。

1. 模式粗放

传统企业的税务管理模式较为粗放，税基确认、税金计算等流程主要依靠税务会计人员的专业素质及对相关税务制度的理解。

2. 依赖手工

传统财务模式下，企业依赖于财务核算，采用人工算税、手动管票的方式。

3. 信息分散

大型企业集团的组织结构按照省市县乡层层下放，各属地员工不按照统一的规则标准处理涉税业务，涉税信息较为分散。

4. 被动管控

税务机关加强了对大企业税收征管，并不断加大对企业偷税漏税的惩罚力度，在政策不断规范的背景下，企业处于被动风险管控状态。

（三）对传统财务模式下税务管理的评价

由于存在税费构成复杂且多变、征管属地化、管理不统一等情况，传统财务模式下的企业税务管理工作中存在如下不足。

1. 制度体系不完善

税务管理的过程烦冗复杂，所涉及的相关法律法规较多，传统财务模式下，企业没有规范的管理制度，对各税费的政策理解、计税依据使用等依靠税务人员个体素质，集团型企业对各个分（子）公司的税务执行审核、纳税申报时点控制缺失，导致企业的税务管理成本增加，带来较高的税务风险。

2. 管理流程不规范

流程规范是税务管理的根本。税务管理流程节点多，仅开具发票管理就涉及申领、分发、使用、归档、抄报税等诸多环节，还涉及白票、蓝票、红票等诸多种类。集团性的公司由于业态多、业务量大，对数据准确性、及时性要求都比较高，税务管理流程的设计尤为重要。如果企业税务管理的流程不够清晰，就会造成税金计算不准确、不及时，给企业带来不必要的税收损失。

3. 信息共享程度低

税务信息是企业信息的重要组成部分，企业管理决策需要及时准确的税务信息的支撑，但是一般大企业集团总部、省份、地市、县系等分（子）公司涉税信息共享力度弱，集团税务管控制度及规范缺少迅速下达、推行全国的有效手段，再加上大企业税务管理人员众多、水平良莠不齐且变动频繁，容易造成信息分散失真或者缺失，使企业税务信息不能有效共享。

4. 无法有效控制税务风险

企业税务管理工作专业性较强，但目前我国很多企业没有专门的税务岗位，税务工作主要由财务或会计人员兼任，更没有专业的税务人员进行整体税务规划，易出现对税务政策执行不到位的情况，无法有效控制税务风险。

二、财务共享服务模式下的税务管理

（一）基本流程

税务管理是财务共享服务中心职责占比最低的业务，其中，总部职责占比20%，财务共享服务中心占比30%，业务财务职责占比50%。财务共享服务中心主要负责的是所得税入账、增值税入账、其他税种入账、税收调整入账、税收返还入账、企业所得税弥补亏损台账维护。财务共享服务模式下，企业首先需要整合税务管理职能，分离分（子）公司的税务管理职责和基础税务操作职能，形成以总部税务管理部门为涉税管理业务服务平台、以子公司财务部门为业务支持平台、以税务共享中心为基础涉税业务处理平台的多层次、网络化的税务管理组织模式。

其次，通过建设税务信息化平台，实现税基管理、税额计提、纳税申请、纳税申报、税务统计等涉税业务管理功能；税务信息化平台与前端系统紧密对接，自动获取纳税数据源；将申报流程、缴税信息处理规则内嵌于税务信息化平台，在业务过程中将业务信息和会计信息转化为税务信息，实时自动出具纳税申报表，动态掌握企业需纳税情况，而内嵌的填报逻辑让申报纳税更加规范化。企业通过记录涉税数据，实现纳税申报数据的事后追溯。图9-10为财务共享服务模式下日常税务管理的主要流程图。

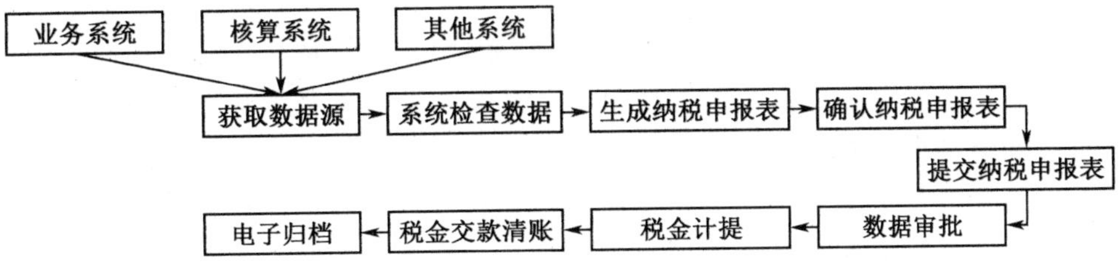

图9-10　财务共享服务模式下日常税务管理的主要流程图

仍以某集团型电视巨头企业申报企业所得税为例，相应流程如下。

税务系统根据前端系统数据自动生成纳税申报表，共享中心税务会计确认并提交纳税申报表；共享中心税务主管和属地财务经理对数据的真实性和准确性进行审核；共享中心总账会计进行企业所得税计提；共享中心税务会计完成网上申报并发起企业所得税报账单;完成相关审批后,共享中心资金会计进行支付企业所得税清账;由共享中心税务会计进行电子归档。

(二)主要特点

与传统财务模式下的税务管理相比,财务共享服务模式下的企业税务管理更加精细化、自动化、集中化、主动化,将企业税务管理人员从简单、重复的基础涉税业务中解放出来从而发挥更大的作用。

1. 精细化

在全面推行"营业税改增值税"试点方案后,我国现存18个税种,上百种地方附加税。财务共享服务模式充分考虑不同分(子)公司的税务差异,精细化管理企业涉税业务。

2. 自动化

财务共享服务模式下的企业利用互联网、人工智能、大数据等信息化手段使部分税务管理流程由系统在后台自动运行,缓解人工压力。

3. 集中化

财务共享服务模式将企业税务集中化处理,在统一的共享系统中有效地推行企业的税务管理制度,使业务人员按照统一的规则标准处理涉税业务。

4. 主动化

随着国家税务政策的不断规范,企业在财务共享信息系统中建立查补税收管理机制,降低被动风险,加强主动税务风险管控。

(三)对财务共享服务模式下税务管理的评价

财务共享服务中心从大企业税务管理体系建设出发,运用信息数据网络化思维,更新传统旧有的企业税务制度规则,构建从企业内部税务活动到税务机关征管平台的税务信息共享路径,承载大企业集团全税种、全主体、全业务、全流程的税务管理应用工作,实现低成本、高效率、低风险的企业税务管理目标。

1. 完善制度体系

财务共享服务模式下,企业建立与自身情况相适应的税务管理制度,将企业涉税票据管理、税款缴纳、税务备案、纳税申报、汇算清缴等涉税业务标准统一,确保各项涉税事项符合税法规定,且对税务事项的会计处理符合企业会计制度或准则,减少人为因素对税务管理业务的影响,加强对企业的管控,降低税务风险。

2. 规范管理流程

在运用财务共享服务模式之前，不同的分（子）公司税务管理业务处理流程存在差异，财务共享服务中心通过建立“税+票+会计”一体化平台，规范管理业务流程，实现交易管理、发票处理、税务处理、会计核算、结算处理全部在财务共享服务中心平台集中管控。针对对外开具发票与外部对内开具发票的不同点建立从发票纸制单据、使用过程、风险提示到入账存档一套完整的管理体系，使发票数据准确性、报账及时性等得到有效控制，达到降低税务风险的目的。

3. 提升信息化程度

税务共享通过信息化的手段实现企业税务的全生命周期管理，将原来手工的税务处理和管理过程转化为由计算机自动完成；通过税务数据的分析和报告为管理层提供直观、动态的涉税数据分析报告，为税务筹划及管理决策提供强有力的支持；帮助企业税务管理部门在进行税务组织共享后，由税务合规的基础职能向面向未来和战略的税务管理职能转变，在企业外部，税务信息系统可以对接税务部门的信息系统，实现在线报税等。

4. 加强税务风险控制

企业通过税务管理信息化平台对税务政策进行集中统一管理，在税务信息化平台中内嵌并固化涉税业务的规则、逻辑及模型，根据实际涉税业务自动识别税务风险并进行预警，及时发现税务风险，保障涉税数据的准确性、完整性、有效性，减少人为失误导致的企业未来利益可能的损失。

第十章　基于现代技术及管理手段的运营管理

第一节　企业财务共享服务中心的制度管理

一、业务流程管理制度

为加强财务共享服务中心的内部管理，规范作业人员行为和专业流程，真正实现作业现场的规范化、标准化和程序化，应制定相关业务流程管理制度。这类制度主要以财务共享服务中心流程管理办法、流程说明书、流程及作业标准化管理规范等形式呈现，以明确财务共享服务中心流程管理的部门和职责、相关流程说明、流程管理规范等内容。

（一）业务标准制定

制定业务标准的目的是通过行政指令在集团内统一各类管理制度、管理规范，通过流程再造统一各级审批流，最大限度地减少个性化设计，消除主观因素和人为臆断，提高工作质量。业务标准化提高了财务共享服务中心的内部工作效率和质量，推动了前端业务规范化，提升了专业服务水平。业务标准化使财务共享业务从无序到有序，是一个质的转变。当企业财务业务处于各自为政的状态时，是无法进行财务共享服务建设的，只有当其制定出业务标准后，才能真正踏上财务共享服务道路。标准化过程是一个需要持续推进和优化的过程，所以必须建立一套可持续的优化流程机制。

（二）流程标准制订

企业不同部门、客户、人员和供应商之间都是靠流程来进行协同运作的。各业务在流转过程中可能会产生相应的实物流、资金流、信息流，一旦流转不畅，就会导致企业运作不畅。

财务共享服务中心建设的一项重要工作是不断分析、鉴别、改进、优化现有的业务流程,使流程真正做到最优化。在财务共享服务中心建设过程中,流程标准化和科学化是财务共享得以高效运作的基础,也是实现信息化的前提。财务共享服务中心作为一个独立运营实体,其流程设计框架一般包括流程地图、流程区域、流程场景及流程。流程地图为最高层次的流程场景,可以涵盖财务共享服务中心所有流程;流程区域在流程地图的基础上,按照流程特性进行划分、汇总和分级;流程场景勾勒出流程区域中流程起始和结束的状态,以及与其他流程的接口关系;流程则是最小单元,是对流程过程的具体描述。财务共享服务中心的流程设计主要依据流程框架进行逐层分解和设计。

(三)财务共享服务的流程范围

财务共享服务流程地图中的核心流程主要是指财务核算业务。财务共享服务中心的流程设计应针对核心流程区域逐一展开并进行优化和设计。

财务核心流程一般包括总账管理、应收管理、资产管理、成本管理、应付管理和资金管理等。

(四)财务共享服务的流程层级

流程是有层次性的,这种层次体现在由上至下、由整体到部分、由宏观到微观、由抽象到具体的逻辑关系上。一般来说,企业先建立主要流程的总体运行过程,然后对其每项活动、每种业务情况进行细化,落实到各个部门、岗位,建立相对独立的子流程以及为其服务的辅助流程。以财务共享服务中心的资产核算流程为例,资产核算流程属于一级流程;资产核算流程中所包含的固定资产核算流程属于二级流程;固定资产核算流程中更为细化的固定资产新增流程、固定资产减少流程、固定资产调拨流程、固定资产折旧流程属于资产核算流程的三级流程。为保证财务共享服务中心未来流程的高效、稳定、规范运转,财务共享服务中心的流程设计工作应尽可能地深入流程的最小单位,从全业务场景出发,为最低层级的子流程进行明细设计。

(五)财务共享服务的典型流程

财务共享服务中最为普遍的流程主要包括 PTP(从采购到支付)流程、OTC(从订单到收款)流程、ATR(从账务到报表)流程等。研究和了解这些典型流程,有利于在实践中更好地对其实施流程管理,提高流程运作效率和质量。

以最典型的PTP流程为例,业务过程中最重要的环节是公司和供应商的业务交接环节。这种交接体现在两个方面:一是向公司传递供应商发票及业务信息;二是财务共享服务中心进行支付并接受供应商查询。基于这两个方面和财务共享服务中心的内部处理过程,整个业务可以分为以下四个逻辑过程。

第一,发票信息采集。发票信息采集过程包括实物发票接受和扫描,以及在有电子发票的情况下采集电子发票信息。这两个步骤的主要目的在于提取发票中的关键信息,并将这些信息作为后期应用的依据。很多财务共享服务中心采用条形码技术结合影像管理系统来实现对发票等票据信息的全程管理。

第二,数据及业务处理。数据处理过程主要是为了实现对采集的发票信息进行审核以及与AP和支付信息的转换。

第三,银行支付。支付信息在得到确认后,将转换为符合网络银行接口标准的支付数据,通过网络银行或银企互联的方式完成支付。

第四,客户服务。PTP流程需要面对众多企业内外部供应商,因此,财务共享服务中心需要提供强有力的服务支持系统,比较典型的是通过呼叫中心、财务邮箱、供应商管理系统等方式来接受内外部供应商进行业务咨询和单据查询。

流程是以满足企业环境及客户需求为目标设计的,所以应随着内外部环境及客户需求的变化来进行优化。流程管理是对流程持续优化的过程。流程管理要从组织实际情况出发,围绕顾客需求,以流程为基础,结合系统技术等相关应用,进行持续跟踪、反馈和优化,提升企业的流程绩效及竞争优势。

(六)业务流程管理职责

1.财务共享服务中心职责

财务共享服务中心要以持续提升流程效率和质量为目标,统筹规划整体业务流程、制订工作计划、设定工作目标,组织开展财务共享流程的梳理、搭建、实施与完善;同时,按照计划开展流程管理工作,通过流程定期检查、日常指标监控和收集反馈等方式监督流程运行效果;若在流程执行过程中发现问题,则需形成问题评估报告、制订整改方案和计划、推动整改措施落地实施,以促进整个流程不断优化、完善,形成流程管理的良性循环。此外,财务共享服务中心需要及时了解相关业务部门需求,定期反馈业务流程的搭建情况。在相关流程搭建完成后,财务共享中心应及时进行测试并反馈测试结果和满意度,组织流程推广相关的宣讲、培训和答疑解惑工作。

2. 被共享单位职责

被共享单位要积极参与并配合财务共享服务中心流程管理工作，及时上报新的业务场景及业务流程需求，总结日常工作中发现的问题和待提升需求，对新需求或新增流程开展分析评估，参与具体方案设计、系统功能需求确认等。

（七）业务处理流程说明

经过财务共享服务中心建设过程中的流程梳理和重新设计，企业应形成一系列业务处理流程规范，以明确财务共享服务中心的业务流程范围、流程层级，以及任何一个经济事项的业务处理步骤。

业务流程管理制度要明确财务共享服务的业务范围，企业据此制定后续操作流程。一般而言，财务共享服务的核心业务流程主要是财务核算的相关业务，应以财务核算业务为重心进行流程优化和设计，包括总账业务管理、应付及费用管理、收入确认及收款管理、资金管理等模块。在确定各业务流程范围后，财务共享服务中心构建起总体运行逻辑和框架，然后对各模块下的业务进行细化，将最低层级的业务子流程考虑在内，完善各子流程的步骤范围，完整展现各层级之间自上而下、由整体到部分的内在逻辑关系。

明确业务流程范围并细化具体流程后，财务共享服务中心应将流程图和流程描述汇编成手册，形成流程说明书。每一类手册在具体流程说明之前均应进行总体说明，包括文档说明、适用范围、编写依据、名词解释、流程图例解释以及流程列表等。

（八）业务流程管理规范

财务共享服务中心应通过流程管理办法等制度，对业务流程的设计、运行和实施、优化和废止全过程进行规范，确保财务共享服务中心的流程管理本身有明确的制度依据和流程指引。

1. 业务流程设计

（1）业务流程需求申请

财务共享服务中心各流程管理人员应总结日常运营中的需求，或基于质量管控中发现的问题，提出新增流程或对旧流程进行修订的需求，并向财务共享服务中心提交相应申请表单。申请内容要体现出必要性和可操作性，可以附带信息系统改造方案及流程图。财务共享服务中心召集相关部门共同对流程新增或修订需求的合理性与可行性进行综合评估，并给出初步评估意见。如果不同意修订，则反馈给原申请人员；如果同意修订，则由流程管理负责人组织开展后续制定工作。

(2)业务流程方案制订

流程管理人员根据前端提出的流程需求，制订详细的流程方案。详细方案包括流程图、操作手册说明、岗位职责说明书等文件。其中，流程图需要根据业务需求详细绘制，包括流程所涉及岗位、操作步骤、操作系统等；操作手册说明则需要根据流程详细方案明确适用的范围及业务场景、流程操作步骤说明、系统相关操作等；岗位职责说明书需要明确各流程步骤中涉及岗位的工作内容及岗位职责等。流程方案文件用语应简洁、明确，涉及的专有名词应在所有文档范围内保持一致。

2. 业务流程的运行和实施

(1)制订业务流程实施计划

财务共享服务中心负责制订流程实施计划。实施计划一般包括流程开发计划、试运行计划、推广计划、宣讲和培训计划等，同时需在计划中明确信息系统开发方、管理责任方、流程验收方等的职责。流程管理人员需从实施计划安排和风险管控的角度，对流程实施计划进行合理性审核。若审核不通过，则反馈给流程管理负责人，重新修订流程实施计划。

(2)业务流程试运行

流程管理人员确定试运行流程的名称、试运行启动时间、试运行周期以及试运行范围等，同时需提前向流程执行相关部门发布流程试运行通知，保证为执行部门预留出足够的准备时间。业务流程实施可以采用试点的方式进行逐步推广，选择实施成功率较高、具有代表性的部门或单位入手，从而缓解业务流程在实施过程中的压力。在流程试运行期间，操作人员配合执行流程的试运行环节，流程管理人员监督流程试运行工作、验收流程试运行结果，同时记录试运行发现的问题，收集并反馈意见。

(3)业务流程正式发布

流程管理人员按照流程试运行期间的记录和反馈意见，修订流程详细方案，形成正式的流程方案，并预留足够的准备时间，提前向流程执行相关部门发布流程正式运行通知。此外，流程文件的发布时间与实施时间的设定需要考虑到流程切换时间，具体时长依据被共享单位实际情况而定。

(4)业务流程的推广和实施

业务流程的实施阶段代表着流程设计方案的正式落地，同时也是流程设计方案效果的检验和反馈。财务共享服务中心负责部署与执行流程推广工作计划,并按照流程实施计划节点定期总结流程推广进度,上报流程实施阶段的成效、发挥的作用和存在的弊端等;通过审阅流程管理人员提交的工作总结报告,评估该业务流程的实施效果。

3. 业务流程的优化和废止

(1)业务流程的优化

各操作人员在流程运行期间,如果发现相关流程环节出现冗余或遗漏、上下游环节间存在协调不畅现象,管理事务范围、组织结构层级、岗位设置或职责发生变化,需要及时向流程管理人员反馈,并提出流程优化申请。申请内容需要体现对应优化流程编码和名称、流程变更原因等。流程管理人员收集各方面反馈的信息,组织相关部门对流程优化需求进行可行性、合理性、合规性等方面的审核评估,并给出评估反馈意见。

(2)业务流程的废止

如果现有工作流程发生重大变化,业务流程已无法适用变化后的工作,或者流程所规范的具体工作事项已不存在、相关支持部门或岗位协同运作的工作流程不存在,则相关业务流程需要废止。当发生以上情况时,相关操作人员向流程管理人员提出流程废止申请,并说明申请作废流程编码和名称、废止的具体原因等信息。

流程管理人员根据申请制订流程废止方案。方案包括废止原因、废止时间以及是否启用新流程等。同时召集业务流程节点各相关部门对流程废止方案的合理性进行分析,并提出评估反馈意见。若审批不通过,则反馈给流程管理人员继续修订。

(九)业务流程控制规范

根据内部控制的思想,业务流程分为设计和执行两个层面。上面提到,除了通过形成制度的方式对业务流程进行重新设计,确保业务处理过程中有章可循之外,还需要采取各种手段监控财务共享服务中心是否按照规章制度、流程手册进行业务处理。对此,企业可以形成流程及作业标准化管理规范等文件,明确业务流程的管理岗位及职责、执行规范和执行检查工作,以确保业务流程执行的规范性。下面以某公司流程及作业标准化管理规范的核心内容为例进行说明。

1. 业务流程管理岗位及职责

财务共享服务中心应明确流程管理的相关岗位与职责。例如,标准化管理岗负责流程及作业标准化监督管理工作，负责监督检查标准化流程、岗位手册的培训质量，负责与相关处室共同评审标准化流程、岗位手册、业务指导及补充解释。各处室负责人负责本处室现场业务流程及作业的归口管理，关注操作流程，及时提出相关流程、岗位手册、业务指导及补充解释的修订意见，提高经营活动的支撑服务能力；负责本处室标准化流程、岗位手册、业务指导及补充解释内容的完整性与维护的及时性，组织相关文件的编制并参与评审。

2. 业务流程及作业标准化执行规范

管理规范中应明确各责任部门负责人负责监督操作人员遵照业务流程和岗位手册进行作业。作业人员在操作现场，需严格遵照业务流程及岗位手册进行作业，不得省略、跳跃、增加流程。

3. 业务流程及作业标准化执行检查

管理规范应针对流程的执行监督检查工作，明确相应的工作规范和流程，包括监督检查制度、检查形式、检查实施以及违规处理办法。

（1）监督检查制度

明确岗位进行定期和不定期的流程及作业标准化执行检查。定期检查可定为每月进行一次检查；综合检查可定为季度末、年末等关键时点进行专项检查；不定期检查可定为日常随机性抽查。检查内容主要包括查意识、查宣导、查制度、查落实等。每次进行的标准化检查必须有流程及作业标准化检查记录，并对记录的真实性负责。对检查中发现的缺陷必须尽快予以指出，对较大的风险隐患，报责任部门领导协调处理。

（2）检查形式

检查可分为日常检查、定期检查和综合检查三种形式。例如，定期检查可明确每月底由标准化管理岗对会计核算处、资金结算处以及运营支持处客户服务组进行全面标准化执行情况检查。发现不规范操作及风险隐患的，必须立刻解决，保证流程及作业标准化的有效执行，提高工作效率。每月 3 日前完成上月度的流程及作业标准化检查报告。

（3）检查实施

流程执行检查根据不同检查主题可以采取不同的形式，对于业务流程的完整度、流程规范意识，可以采取现场巡视、座谈会、随机访谈形式，业务操作规范化检查主要采取现场巡视检查形式，每次检查需填写检查记录。要坚持查改结合，一经查出，立即整改。

(4)违规处理办法

相关岗位可以对流程检查的结果分情况处理。例如,首次发现员工违规操作的,记录操作人员工号,责令其立即纠正操作流程或作业方式;二次发现违规操作的,除上述流程外,将情况通告组长,请组长协助进行监督;三次及以上发现违规操作的,组内通报批评并责令其重新参加流程操作培训。

二、人员管理制度

人才管理是成功建立财务共享服务中心的关键,也是中国企业面临的重要挑战之一。财务共享服务中心的优秀人才能够从烦琐、重复的工作中总结规律,用创新方法优化流程,甚至能够给业务部门提供有效发展意见。

人员管理制度主要定义财务共享服务中心的部门职能、岗位职责,组织协作机制和业务汇报关系,需要明确财务共享服务中心培训管理团队的职责与工作机制,确保各项培训的实施效果,还需要明确人员绩效和激励管理的规范与要求。人员管理制度主要以人员任职要求及工作概述或岗位说明书、工作交接管理办法、员工培训管理办法、绩效管理办法等形式呈现。

(一)人员任职要求及工作概述

财务共享服务中心需要在明确整体财务组织架构和组织岗位设置的基础上,对每一类岗位的基本信息、工作职责概述和具体职责、工作特征、任职要求(包括学历和工作经验、专业知识、工作技能、素质或能力等)以及岗位管理信息进行说明,形成岗位说明书。

(二)众里导他

财务共享服务中心是基于财务业务从事共享服务的组织,作为企业内的中心机构,人才选拔比服务外包企业更加严格。在这种背景下,其人员选拔受专业知识、服务技能等多种因素影响。

(三)人才培训

员工培训是员工知识管理的核心范畴,是提高员工自身素质的重要方法,目的是启发员工自我学习,加快知识资产循环周转,快速发挥效益。知识一方面来自员工的自我积累,另一方面可通过组织培训获得。

财务共享服务中心应针对不同群体制定不同的学习目标,并通过差异化培训方式使员工得到学习的机会。培训分为职前培训和在职培训两种。职前培训是指新进人员应在入职前进行财务岗位通用知识技能的培训。在职培训可以分为共同性培训和岗位培训。根据培训对象不同,共同性培训又可分为管理者培训和一般性培训。管理者培训的对象通常是业务主任以上级别、从事经营管理的人员,目的是提高管理者的管理水平和技能。管理者培训次数不定,一般每年两次左右,培训方式主要有外出参加培训课、内部培训、自学管理书籍等。一般人员培训是对业务主任以下级别的员工进行的培训。企业的管理人员通过日常工作或日常接触,启发和指导下属的工作方法和工作技能,激发下属的工作热情,培养下属敬业、协作等品质。岗位培训是一项经常性工作,它贯穿于财务共享工作的全过程。岗位培训方法有规范性演示、通过讨论传送意见和观念、有计划地安排各种能力训练。

(四)人员培训管理规范

财务共享服务中心的人员培训体系也应该落实到制度,形成员工培训管理办法、员工培训手册等文件,对培训工作的组织管理架构、权利与义务、培训形式和内容以及培训结果评价进行规范。

1. 人员培训管理职责

财务共享服务中心需明确复杂培训工作统筹规划、具体事务以及协调工作的人员职责。例如,运营支持处负责人负责建立与修订培训制度以及培训方案的整体规划,制订培训计划。人员管理岗负责收集员工培训需求,并汇总分析,进行组织实施和培训现场管理;协调各部门进行培训安排和培训实施、培训档案管理和培训效果评估;组织培训课程体系开发和培训讲师的管理,并向集团培训部上报培训结果。各处室培训协调人员负责收集本部门培训需求,协调人员管理岗安排本部门培训工作。

2. 人员培训的权利与义务

财务共享服务中心人员培训是财务人员工作的一部分,每个财务人员均有义务参加培训,确有特殊原因不能参加培训的,需经批准后方可请假。外出学习的人员有义务将外出学习成果向未参训人员传授,使大家共同提高。财务共享服务中心绩效考核人员负责培训签到、记录以及培训资料存档工作。财务共享服务中心人员可以对培训内容提出建议。

3. 人员培训效果检查方法

制度可规定以下方法,对人员培训效果进行检查和评估:

①财务共享服务中心绩效考核人员通过培训内容的调查问卷、心得体会或者不定期组织考试等方式,对培训效果进行评价;

②财务共享服务中心新员工入职培训、相关岗位技能操作培训等可通过考试、实操考核的方法进行效果测评,考试结果与个人考核密切相关,并根据考试结果给予相应的奖励与惩罚;

③职业素质类、管理类培训等不便于考试测评的培训课程,可以采用调查问卷、学习心得汇报等方式检验培训的效果并进行学习分享;

④财务共享服务中心应设置相关岗位,对各类培训资料、影像、照片等收集整理,形成培训档案。

(五)绩效管理规范

财务共享服务中心应制定绩效管理办法等文件,对绩效管理的全过程进行规范。根据绩效管理的流程,绩效管理规范的内容应该包括以下几个方面(图 10-1)。

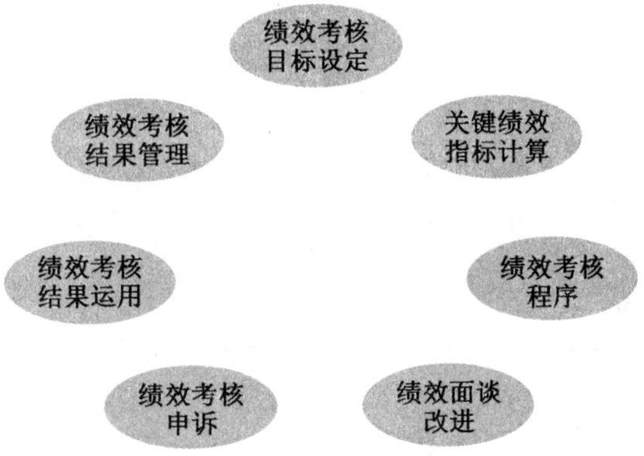

图 10-1 绩效管理规范内容示意图

1. 绩效考核目标设定

(1)考核目标分解

考核指标的设计和分解需要满足财务共享服务中心绩效目标的要求,从管理层到员工逐级分解。结合所属部门或岗位的业务性质分别设定考核内容,设置关键绩效指标(KPI)。KPI 可以结合平衡计分卡的四个维度——财务、客户、内部运营、学习与成长进行选取,或采用价值链模式进行绩效管理。具体目标设定的方法将在绩效管理章节详细说明。

(2)KPI 的制定原则

各组织和员工绩效指标数量原则上以 3~5 个为宜,要选择对财务共享服务中心年度目标、重点工作任务起重要作用的 KPI;绩效指标设置应遵循重要性与 SMART 原则。

具体性原则(S):要体现绩效目标之间的因果关系,能够反映和衡量关键成功因素的具体 KPI。

可衡量原则(M):可定期收集的、准确的、完整的数据,KPI 可以量化计算,工作目标可以用能够普遍理解的标准(阶段目标、效果、时间等)衡量。

可实现原则(A):绩效考核指标必须在考核对象的责任和权力范围之内,是可以通过努力实现的。

相关性原则(R):绩效指标是与本职工作及其他目标相关联的。

时效性原则(T):确保在需要的时候能够及时得到所需的数据。

(3)绩效方案设定程序

首先,初步设定绩效考核方案。每年初开展绩效考核方案制订工作,内容包括期间各岗位 KPI、达标参考值、考核权重等。其次,审核绩效考核方案。财务共享服务中心组织管理层审核和确定绩效考核方案,提交有权审核人根据公司管理要求进行确认和调整。再次,绩效考核方案确定及培训。考核方案通过审核后,财务共享服务中心应及时召开专门会议或拟定正式通知,组织全员学习考核方案,全方位讲解绩效考核方案、期间目标、实施方法等。最后,调整绩效考核方案。原则上绩效考核方案在年初设定后,确定的 KPI、达标参考值、考核权重等在考核期间内不予调整,如发现部分指标不再符合财务共享服务中心当前形势,或内外部环境发生预料之外的变化,致使考核初期设置的指标失去可衡量性,可以调整考核指标和目标达成值,包括增加或删除指标、调整指标目标值、调整指标权重。具体变动内容需提交有权审核人根据公司管理要求进行确认和调整。

2. KPI 计算

(1)指标计分方式

KPI 按百分制计算,得出

$$\text{KPI 总分} = \sum (\text{每项 KPI 得分} \times \text{权重})$$

(2)绩效等级划分

绩效考核需按等级划分,具体以员工考核制度要求为准;为保证各组考核结果公平、可比,绩效等级划分在财务共享服务中心内部根据岗位绩效得分排名进行正态分布,提升先进,督促落后。

(3)绩效考核权限职责

员工的直接上级为考评责任人。考评责任人综合运用被考评人的考核指标数据，一并考虑员工综合表现，做出客观的评价。考评责任人对员工考核结果的公正性、真实性、合理性负责。员工直接上级领导为该员工考核的复核责任人。复核责任人对考评责任人给出的考核成绩进行复核，若对考评责任人的评价有疑义，应同考评责任人沟通协调解决。

3. 绩效考核程序

每季度末，负责绩效考核的人员发起季度考核工作，具体包括制定具体时间表，安排管理层开展考核打分；各岗位考评责任人在对被考评人充分了解的基础上，对其进行客观、公正的综合评价，给出各岗位综合评价得分；负责绩效考核的人员将绩效结果交由复核责任人审核后，报送至最终审批责任人。每季度末，同时要求员工完成自评工作；考评责任人在员工考核结果最终审批通过后，通知被考评人考评结果，并针对考评结果和员工自评的差异，与员工面谈未来工作建议与期望。

年度考核成绩需由负责绩效考核的人员将每个员工四个季度的考核得分加权平均，填报财务共享服务中心年度绩效评分表并按照等级分布进行绩效等级划分；各岗位年末提交年终工作总结；复核责任人对岗位绩效得分评价结果进行抽查复核工作，确保计算准确有效；审批责任人最终审批考评结果，发送各考评责任人；考评责任人在员工考核结果最终审批通过后，通知被考评人考评结果，并针对考评结果和年终总结的差异，与员工面谈未来工作建议与期望。

4. 绩效面谈改进

（1）考核面谈周期

考核面谈时间可以为季度、年度考核期末，也可以根据经营管理的实际需要进行调整。

（2）执行考核面谈

根据绩效考评的结果，本着对下属进行工作指导、建议，为其将来改进提供帮助的原则，对应岗位考评责任人应与被考评人进行针对考核结果的面谈，并填写员工绩效考核面谈表。

具体面谈内容应包含以下四点：

①告知被考评人本次考核的得分及具体构成情况；

②分析被考评人的优势和不足，帮助其了解自身工作上的优缺点，帮助被考评人在今后的工作中发挥强项、改进弱项；

③反映被考评人本期的工作表现，并帮助其设定下阶段的目标，双方对下阶段工作的期望达成一致意见；

④考评责任人需了解被考评人的发展及对个人发展的需要，以帮助其实现个人职业发展，更加出色、有效地完成工作。

(3)绩效提升计划

年度末，对于考评结果较差的员工，由直接考评人和更高层管理人员对员工开展面谈，共同制订绩效提升计划。财务共享服务中心负责人依据各部门绩效指标完成进度及存在的问题，审阅和参与相关的绩效提升计划，督促绩效提升计划实施。

5. 绩效考核申诉

如果被考评人对考核结果有异议，可与其直接考评人进行绩效面谈沟通解决，若仍有异议，可向更高管理层级申诉，并提交绩效申诉表。管理人员在接受申诉请求后的一定期间内，组织人员进行审核，并对申诉者的申诉请求予以答复。若确认申诉有效，则可根据具体情形，调整申诉人的绩效考核结果，并发送告知其相关领导。申诉内容可包括：员工未被进行绩效面谈工作；未事前明确本期绩效考核的目标及评分标准；考核计分有误，结果缺乏客观公正性等。

6. 绩效考核结果运用

(1)年度、季度考核结果运用

根据绩效考核的结果，可以对财务共享服务中心员工采取下列措施：培训、降职、降薪；轮岗、晋级，结合财务共享服务中心相关轮岗和晋升政策，给予轮岗机会或晋级调整，以促进其工作积极性，继续发挥员工个人优势。

(2)其他奖励

财务共享服务中心负责人可视实际情况给予绩效考核优秀者物质、荣誉奖励。

7. 绩效考核结果管理

(1)绩效考核指标和结果的修正

员工因工作内容、岗位调整需要调整工作计划、绩效考核标准时，经考评责任人同意后，可以进行调整和修正。

(2)考核结果归档

考核评价结果和相关资料属于员工保密资料，考核结果只能被相关授权人员查阅，对无授权或未经审批的其他人员一律保密。

(六)留住人才

财务共享服务中心人才流失率高是普遍存在的现象。如何将财务共享服务中心从基础会计处理中心转变成价值创造中心,如何利用互联网时代的新技术和流程优化让员工更多地参与价值增值工作,从根本上调动员工的积极性,是解决人才流失的关键性问题。

轮岗机制的原则是能者上、劣者下,优胜劣汰,增强员工的危机感,推动员工工作能力快速提高,提高公司人员素质和促进公司发展进程,形成员工和公司共同进步的良好氛围。轮岗机制还可以多岗位锻炼人员、培养人才。通过内部岗位轮换,既能缓解人员配置不足的压力,又能有效地培养出能够独当一面的复合型人才。财务共享服务中心的特点是标准化流程作业,工作强度大,且枯燥乏味,而实行轮岗制度可以有效降低员工因为工作内容重复带来的烦躁感,提高员工的工作满意度。

轮岗流程依次为确定轮岗岗位范围、公布轮岗岗位、轮岗前沟通听取意见、做好轮岗岗位培训和交接、一定期间内跟踪轮岗人员工作进展程度同时予以指导、根据岗位职责和绩效指标考核评估轮岗结果。

此外,公司应就人才管理设立选拔输出机制,规范员工选拔晋升流程,鼓励员工积极上进,不断提升个人素质和能力,有效提高工作绩效,同时给员工提供良好的晋升和自我发展平台与空间,形成公平、公正、公开的竞争机制。

员工晋升机制一般分为定期选拔和不定期选拔。定期选拔是根据当年企业战略及人力资源规划,由人力资源部统一组织实施,原则上每年度一次;不定期选拔是根据公司发展或临时重大工作需要,当出现职位空缺并决定采用内部竞聘时,可由用人部门提起申请,经总经理审批后交人力资源部统一组织实施。

三、文档管理制度

标准化管理贯穿业务流程管理、培训管理、服务管理、组织管理、质量管理、绩效管理之中,起到固化流程、提升效率、树立品牌的作用。标准化管理的载体为标准化文档。管控服务型财务共享服务中心强调业财一体化,分类管理文档可以使公司形成大数据库,可纵向对比公司各期数据,实现刚化管控。

文档管理包含会计档案分类、档案管理人员及其职责、会计档案交接和会计档案保管。会计档案可分为五大类:会计凭证、会计账簿、会计报告、电子档案和其他。其中,其他类包括银行存款余额调节表、银行对账单、会计保管清册、会计移交清册、合同文件、接收成员单位会计资料交接清单等;电子档案类包含核算、资金、报表等信息化系统数据,依据原始凭证形成电子影像资料等。

财务共享服务中心设有档案管理岗,其主要工作内容是负责接收财务共享服务中心扫描岗移交的会计档案，按照档案管理要求进行会计凭证打印及与实物票据匹配、顺号、装订、分册、装箱与归档管理，以及做好会计档案资料的保管工作，严防会计资料毁损、散失和泄密。成员单位档案管理岗在负责以上工作内容的同时，还需配合财务共享服务中心档案管理岗检查本单位的会计档案保管工作。

财务共享服务中心档案管理岗需要定期编制档案移交清单，并按照移交清单将相应的原始档案移交给下属成员单位。

根据会计档案保管规定，财务共享服务中心内部人员因工作需要查阅会计档案时，必须按会计档案管理办法及时归还原处，若要查阅已入库档案，必须办理有关借用手续。成员单位或公司内其他单位及部门若因公需查阅会计档案时，必须持有效证件并完善审批手续，经财务共享服务中心相应领导或成员单位所在地相应领导同意后，方能由档案管理人员接待查阅。

（一）文档管理职责

1. 财务共享服务中心职责

财务共享服务中心负责制定文档管理规章制度和标准规范，参与档案管理工作相关系统的规划、设计、开发、实施等工作，并跟踪实现整个过程。确定财务共享服务中心文档档案归档的范围以及保管期限，同时负责对文档档案接收归档以及保管、统计、借阅等管理工作。除此之外，财务共享服务中心还要指导、监督和检查档案的归档与管理工作，定期核查文档档案的真实可读性，对存在持续可读风险的档案进行长期保存管理。

2. 被共享单位职责

被共享单位负责本单位形成的文档档案的扫描、收集、上传及填写相关文档档案信息，协助财务共享服务中心编制文档档案归档范围和档案保管期限表。同时信息部门在文档档案管理工作相关系统的规划、设计、开发、实施、运维等过程中需要落实文档档案的归档要求，并在相关系统中予以实现，为档案归档及管理提供信息技术支持和日常维护，保证文档档案管理系统的正常运行。此外，信息部门也要加强网络安全的管理，及时开展计算机病毒防范和系统升级工作，保证相关电子会计档案的安全存储。

（二）文档管理流程

财务共享服务中心文档管理流程可分为档案收集、整理、归档、存储、使用和销毁几个阶段。相关制度应对管理内容、管理要求进行明确规定。

1. 档案收集

会计档案资料的收集要做到及时、完整、高效且有序，这也是会计档案科学管理的基础，为后期会计档案的管理和利用做好铺垫。电子会计档案由业务系统的会计数据组成，一部分需要通过接口转换成版式文件后，传输到电子档案管理系统；另一部分在业务系统中已经是版式文件(如电子发票)，则可以直接通过接口传输到电子档案管理系统。同时，需要对电子文件的真实性、安全性、可用性、完整性进行检测。线下的纸质会计档案由会计人员定期移交给会计档案整理归档人员。

2. 档案整理

根据《会计档案管理办法》，会计档案工作分为会计部门工作和档案部门工作，会计档案整理属于会计部门负责的工作，电子会计档案与纸质会计档案分开排列，对两种载体的会计档案按照规则进行整理。

具体内容包括：

(1)组卷

将会计资料按一定的规则分成装订单位、装订成册并填写封面等。

(2)分类

根据会计核算业务的情况以及会计材料的属性和特点，确定分类标准，并按照一定的分类规则，将实际的会计档案进行分类。

(3)排列

在分类的基础上，将会计档案按照分类顺序进行排列。

(4)编号

对具体案卷进行标识，为会计档案的统计、保管和查找利用创造条件。

(5)编目

将经过分类、装订、排列、编号的会计案卷进行登记，录入案卷目录。

3. 档案归档

财务共享服务中心应将档案按月度进行归档。档案管理人员应对被共享单位所上传的文档进行清点，以确保文档档案的完整性和可靠性。妥善保管并保留副本，如记账凭证、总分类账、现金日记账和银行存款日记账，并按照有关税务、审计等管理部门的要求及时打印有关账簿、报表。

4. 档案存储

根据国家档案局的标准，文档档案数据备份时要选择优质的磁盘介质，备用盘与储存盘分离存放，并做好防压、防尘、防光、防腐蚀工作。同时制作档案管理文件卡片，按照分类和一定顺序对文档档案进行编号，并注明时间和文件内容。电子文档档案应按照公司、档案种类等分文件夹存放，存储在可长期保存的不可擦写光盘中，并用标签注明载体序号、全宗号、类别号、密级、保管期限、存入日期等。打印输出的纸质载体材料应做到字迹清晰，并留有经手人员和会计主管人员的签字或盖章，以保证其真实性、准确性。

5. 档案使用

被共享单位能够查阅、下载本单位的文档档案；财务共享服务中心能够查阅其他被共享单位上传的文档档案，在查阅后依照相关文档档案管理办法及时归还原处。对于电子档案的使用根据各单位的授权提供使用，同时记录其使用过程，包括使用人、使用方式、文件编号、文件名、利用时间等。查阅已入库的文档档案则必须通过相关审批流程，经财务共享服务中心或被共享单位相应领导同意后办理借用手续。电子文档档案使用权限交接由相关领导进行审批并开通。

6. 档案销毁

档案的销毁由本单位档案保管机构会同档案所属机构提出销毁意见，并编制文档档案销毁清册，列明销毁的文档档案的名称、卷号、册数、起止年度和档案编号、应保管期限、已保管期限、销毁时间等内容，由单位负责人在清册上签署意见并进行保存。文档档案销毁后，监督销毁的人员应当在清册上签字盖章，并将销毁情况及时向本单位负责人报告。

四、现场管理制度

现场管理就是指用科学的管理制度、标准和方法对现场各生产要素（包括人工、机械、材料、方法、环境、信息等）进行合理有效的计划、组织、协调、控制和检测，使其处于良好结合的状态，使人流、物流、信息流畅通有序。目前，现场管理最为广泛使用的是现场管理“5S”方法。

财务共享服务中心应设立“5S”管理小组，运营管理组组长为“5S”管理责任人且担任管理小组组长，成员2~3名，由财务共享服务中心各科室员工轮流担任。

“5S”管理小组组长的职责：负责牵头财务共享服务中心实施过程中的各项工作，如组织制定各项“5S”管理规范、奖罚制度；“5S”管理活动组织、策划、实施、检查、评比公布、改进等；对员工进行“5S”基本知识及“5S”规范性培训，推动“5S”顺利进展；其他与“5S”有关的活动事务。

“5S”管理小组组员的职责：负责具体落实“5S”实施过程中的各项工作，如实施、检查、评比、督促与跟进等；对“5S”日常执行情况进行监督、检查；提醒员工在上班期间遵守“5S”管理条例，督促员工在下班前整理好个人物品，如有违反并不听劝告者，应予以扣分并向“5S”管理小组组长汇报。

现场管理是指用科学的管理制度、标准和方法对工作场所环境，包括人工、机械、材料、方法、环境、信息等进行合理有效的计划、组织、协调、控制和检测，使其处于良好的结合状态，使人流、物流、信息流通畅有序。常见的现场管理手段包括目视管理、看板管理、5S 管理及其扩展等。财务共享服务中心可以根据自身的管理需要，选择现场管理的手段，形成办公现场管理办法，通过该制度对财务共享服务中心的内部办公环境和员工行为准则进行明确细致的规范，如办公桌面、工位、公共区域等，以及员工行为要求和远程办公的相关规范。同时，还需要通过其他手段对现场管理要求进行落实。

（一）现场管理具体要求

1. 个人办公桌面的管理要求

①办公桌上保留显示器、电话、笔筒、水杯、计算器等必备办公用品，其余物品存入柜中。

②桌面上的办公用品要有序摆放，不得堆放与工作无关的物品。

③每日下班前要清理办公桌桌面上的杂物，保持桌面干净整洁；重要的文件、物品（如印章、支票、银行 U 盾等）、保密档案、会计资料等应入柜、入屉保管；非保密性质文件全部整齐地放置在文件架、文件夹中，不得随意散放在桌面上。

④桌面文件架内放置的文件应为非保密性质的常用文件。定期对文件架进行整理，过期文件和使用频率低的文件应入柜保管或归档；需要销毁的文件不可随意丢弃，应在使用完成后当即粉碎，避免误用风险。

⑤离开工位时，锁定或者关闭电脑显示屏，下班时关闭主机电源，节约用电的同时避免办公信息泄露。

⑥使用各种充电器，完成充电后，应及时停止充电；当不再给电子设备充电时，应当将充电器拔下；禁止使用大功率电器。

2. 个人办公位的管理要求

①个人办公桌面、地面保持干净卫生。

②办公桌隔板不得张贴或悬挂与工作无关的物品，影响办公区整洁度。

③电脑电源线、网络线、固定电话线等应当扎放整齐。

④离开办公桌前，需将座椅推送至办公桌下方。

⑤重要文件应放置在有锁的抽屉或文件柜中保管，不得随意丢放在办公桌

上，避免遗失和泄密。

⑥垃圾篓应当置于桌下内侧，不得放在通道上。

3. 办公公共区域的管理要求

①打印区域纸张应当存放整齐。打印完成后，文件应当及时取回，避免遗失、泄密；能够二次利用的废弃纸张应当回收利用。

②会议室桌椅应保持整洁，如临时挪用办公椅，应在使用完毕后及时归位。会议结束后，会议室桌椅需归置整齐后有序离场。

③茶水间应保持清洁。已使用过的一次性水杯不得随意放置或丢弃。饮水机、水壶旁应放置沥水桶，不得有茶渣及水渍，保证茶水间干净、卫生。

④办公室无人办公时，灯、电脑、打印机等办公电器应处于关闭状态；本部门最后离开办公室的人，应当关闭本部门区域的门窗，并负责检查、切断本部门工位的电子设备电源；最后一位离开办公室的员工，应当检查、关闭所有的门，确保安全。

4. 员工行为要求

①员工应拥有专业的职业素养、端正的工作态度。应遵守职业规则，养成良好的沟通习惯，与同事相处时互相尊重、团结。

②对待工作应负有责任心，工作期间不得专注于与工作无关的事情。

③在办公场所应保持安静，固定电话、手机铃声应当控制音量，打电话、与人交谈时应把声音控制在两个人能够听见的范围内，避免影响他人工作；有事情需要讨论可到会议室；午休和会议期间，自觉将手机设为无声或震动状态。

5. 远程办公管理要求

①为保证员工安全防护及身体健康，在出现疫情、暴雨等灾害时，可以采取远程办公的方式安排工作。

②远程办公是指通过现代互联网技术，包括因特网、移动电话、音频视频会议软件等工具，在传统办公地点范围之外进行协同工作的新型办公方式，包括居家办公、异地办公、移动办公等远程办公模式。

③远程办公期间，员工应保持办公场所具备网络与通话条件，并及时接通办公电话，回复信息，响应上级工作指示，工作时间一小时内未回复信息以旷工处理。

④远程办公应遵守诚信、自律、高效的原则，制订每日工作计划，并规律作息，注重仪容仪表，确保保质保量完成工作任务。

⑤员工应准时参加公司电话会议、视频会议，若需要接入视频应注意衣着整

洁,形象端庄大方。

(二)现场管理制度落实方法

现场管理制度要想真正发挥效果,需贯彻落实每一步骤,避免形式主义、流于表面。只有将现场管理与日常业务、质量管理体系、标准化建设、全员绩效考核及管理创一流等工作相结合,才能真正提升企业基础管理水平。

1. 营造氛围,加强培训

为营造良好的工作氛围,财务共享服务中心需通过竖立警示性标志、制作活动展板等形式在办公活动场所进行有效宣传。警示性标志和活动展板要形象生动、图文并茂,方便员工理解。

2. 检查督导,树立样板

督促员工养成自我审视的习惯。每天上班后、下班前花费一定时间进行自我检查。同时,落实财务共享服务中心各处室领导的指导与监督的责任,定期对办公场所日常管理进行检查与评比,结合随机抽查、即时整改的方法,力促员工养成良好的职场行为习惯。在实施督导的过程中,可选取一些典型的员工、小组、部门,进行"标杆"管理。通过"标杆"的日常工作表现,查摆实际管理问题,从而找到解决与优化的有效途径。

3. 奖惩激励,持续改进

办公现场管理检查小组每月对办公区进行检查,可以通过制定办公现场管理检查表进行评分,并对检查结果进行对比公示。对于办公现场管理的亮点,要及时表扬与鼓励;对于管理盲点与不足之处,则要督促相关人员及时改进。同时,可巧妙利用公示的方式,达到看板管理、目视管理的效果。将改善前后的对比照片贴在看板上,让员工切实感受到对比效果,鼓励员工积极地纠正问题,改进自身行为。对于执行过程中发现的问题,还可设置"曝光台"进行公示。压力与鼓励双管齐下,方能达到最优的现场管理效果。

五、服务管理制度

服务管理是指对财务共享服务中心员工在服务效果、服务时效、服务态度等工作上管控与提升的过程。财务共享服务中心以服务为导向,服务的完善、改进是提升财务共享服务中心工作质量的必经之路。服务管理制度的内容主要包含客户沟通管理规范、首问责任规范、投诉处理、客户满意度调查等。

(一)客户沟通管理规范

第一,时效要求。财务共享服务中心服务支撑岗应重点关注时效要求,及时答复、反馈员工咨询的问题。当员工通过公共邮箱进行业务咨询时,财务共享服务中心服务支撑岗应在24小时内处理、回复邮件,对于超出解答能力需要获取相关接口人支持的,另行获取答案后再答复,也需一并遵循此时效要求。当员工通过电话进行业务咨询时,首问责任人(包括财务业务人员和服务支撑岗人员)在正常情况下应实时回复,对于超出解答能力需转交其他相关人员回复的问题,应该予以跟踪、关注,直到完成答复,此答复时间不超过24小时。

第二,质量要求。基本要求为答复正确、内容详细、依据充分。问题答复要严格参照内控制度、报账规定、核算办法等公司规章制度明确的相关要求进行解释。问题答复使用礼貌用语,亲切自然、大方得体,要做到标准、统一,不能出现“同一问题不同解释”的情况。

第三,保密性要求。服务人员对于沟通过程中获取的可能涉密内容,需要遵循保密性原则,不得随意泄露。财务共享服务中心服务支撑岗在接受客户咨询时,应严格遵循保密要求,回复内容仅限在客户应当知晓信息范围内。

(二)首问责任规范

首问责任制是指财务共享服务中心处理相关业务的过程中,首先收到来访、咨询或接待办事的业务处理人员对该项事项负责的机制。若员工发邮件到公共邮箱询问,公共邮箱处理人为首问责任人;若员工发邮件向多个财务人员询问,邮件第一个收件人为首问责任人。

首问责任人的主要职责如下:要以认真负责的态度和文明礼貌用语来接待客户咨询;尽量在自己能力范围内答复员工询问,如首问责任人不能自行答复,应积极咨询或者转由各支持接口人答复;首问责任人应知晓员工的询问在24小时内是否得到反馈,并应一直跟踪直至问题关闭。问题关闭是指员工认可其提出的问题已经得到准确答复。

相关财务人员的主要职责如下:接到首问责任人转交的问题后,应及时进行处理,保证在规定时限内反馈答复结果,不能自行答复的重大问题,请示领导后再答复;若出现新业务、形成新流程,或者原有流程发生了变更、优化,应对财务共享服务中心相关人员进行及时培训、知识传输;将问题答复结果通过邮箱发送给首问责任人,再由首问责任人负责发送给问题咨询人。

(三)投诉处理

投诉可分为以下两类。

第一,有效投诉。投诉内容详细,投诉理由充分,并经财务共享服务中心核查属实。

第二,无效投诉。投诉理由不充分,依据不完整,且经过财务共享服务中心核查确认被投诉事项与财务共享服务中心业务处理人员无关。

投诉处理流程如下。

第一,员工可通过公共邮箱或热线电话等方式进行投诉。

第二,财务共享服务中心服务支撑岗收到投诉后进行分析,并组织相关人员进行调查,判断是否为有效投诉及投诉等级。

第三,核查完毕后,财务共享服务中心服务支撑岗与被投诉人所在部门负责人共同出具调查结果和处理方案。属于被投诉人责任的,应出具对其的处理方案;属于流程问题的,应反馈给相关人员,并由其出具流程优化方案。

第四,财务共享服务中心将调查结果和被投诉人处理方案提交给财务共享服务中心主任审批。

第五,在财务共享服务中心主任审批后,服务支撑岗依据审批结果对相关责任人进行考核处理。

第六,在财务共享服务中心主任审批后,服务支撑岗将投诉结果反馈给投诉人,并与之进行沟通,以取得投诉人的认可与理解。

第七,处理完毕后,服务支撑岗对相关文档进行归档管理。

(四)客户满意度调查

为更好地督促财务共享服务中心员工树立服务意识、提升服务水平,需定期进行服务评价。财务共享服务中心服务满意度评价可采用客户满意度调查及投诉分析等方法,对财务共享服务中心除运营管理部门以外的所有作业人员的服务水平进行评价。

财务共享服务中心的服务满意度调查主要包括五个方面:服务效果、服务时限、服务态度、沟通技巧和服务协作性。财务共享服务中心应依据服务满意度调查及投诉结果分析,诊断目前存在的主要问题,针对薄弱环节提出具体整改与提升措施,主要包括但不限于以下内容。

第一,结合满意度调查,对于员工普遍反映满意度较低的服务内容制订改进方案，对财务共享服务中心相关责任人组织对应培训，提升专业技能，有效改进服务效果。

第二，加强财务共享服务中心员工的服务培训，强化员工的服务意识，提升员工的沟通技巧与服务能力。

第三，针对客户投诉，若被投诉人责任重大，则在绩效考核时有所体现。

第四，结合企业出现的新业务、新问题，对现有流程进行梳理，减少不必要的流程环节，提高财务共享服务中心的工作效率。

第五，进一步完善服务标准体系，加强考核，促进员工服务质量的提升。

（五）服务管理双方职责

1. 财务共享服务中心职责

①财务共享服务中心按照协议约定的服务类型和服务内容为客户提供服务。

②财务共享服务中心按照协议约定的共享服务标准为客户提供高质量服务。

③由于被共享单位原因导致财务共享服务中心不能履行承诺的共享服务，财务共享服务中心可免除责任。

④由于不可抗力导致财务共享服务中心不能履行承诺的共享服务，财务共享服务中心可免除责任，不可抗力包括但不限于网络运营商服务异常中断、银行服务异常中断、火灾、疫情或其他灾难、罢工、战争或其他暴力以及任何法律、政府部门或机构的命令或要求等。

2. 被共享单位职责

①被共享单位应按照流程与操作规范正确填写并及时提交完整的报账单据以及相关支持性附件；

②被共享单位应确保报账单据及其他支持性附件的真实性；

③被共享单位应确保报账单据及其他支持性附件的影像文件清晰可读；

④被共享单位应确保报账事项审批的完整性与真实性；

⑤被共享单位应及时对财务共享服务中心提供的服务结果进行检查，并及时反馈检查结果；

⑥发生任何可能影响服务提供的情形，被共享单位应及时与财务共享服务中心取得联系，并提供详细信息以尽早解决问题，减少问题造成的影响或损失；

⑦被共享单位应积极参与财务共享服务中心发起的服务调查、会议或其他专题研讨并及时反馈意见。

(六)服务管理类型及内容

财务共享服务中心的共享服务将由协议双方基于对具体服务类型、被共享单位需求、服务复杂程度、服务时间等方面的综合考虑,进行协商与定义。一般而言,财务共享服务中心向被共享单位提供收入审核及确认、业务支付审核、应付及费用报销、总账与报表管理、资金结算管理等财务流程中的单据审核、会计核算、资金结算等多种服务。

为提高服务水平、监督服务质量及实现最终服务目标,协议双方将根据具体服务类型对 KPI 进行定义。为衡量服务效果、保障服务质量,财务共享服务中心应对协议期间内提供服务相应的 KPI 及共享服务的达成情况进行披露报告,协议双方将对共享服务协议的执行情况进行定期复核,其中初次上线服务公司将在首期 3 个月向被共享单位初次报告,之后每年向被共享单位进行一次报告。

(七)服务管理费用

1. 计费模型目标

计费模型的总体目标是提供透明的定价和服务费用,便于被共享单位和外部监管机构评价定价公允性。为支持建立计费模型,应明确如表 10-1 所示的三项原则并予以优先满足。

表 10-1 计费模型设计原则

优先级	原则	描述
1	操作简易	计算方法简单,方便操作,易于理解
2	价格公允	根据共享服务实际成本和市场对标,确定业务标准价格
3	价值创造	通过定义共享服务,推动财务共享服务中心提高服务质量,拓展服务范围,实现价值创造

2. 计费模型结构

计费模型的设计是为了保证财务共享服务中心运营成本经过加成后分配至相关业务,从而确定各类业务的标准定价。具体步骤包括将财务共享服务中心实际运营成本首先分配至各类财务共享流程,而后根据各流程提供的具体服务类型进行分摊。

计费模式确立的基本步骤如下:首先,预测年度工作量和处理该业务发生的直接成本;其次,定义并预测内部间接成本;再次,将间接成本按工作量或其他分摊因子分摊至受益流程中;最后,确定各类业务的定价(按单计费、按次计费或阶梯计费)。

3. 计费模型设计

(1)按单计费模式

①成本归集。财务共享服务中心按照成本类型归集各业务组日常发生的直接成本和间接成本,主要成本类型如表 10-2 所示。

表 10-2 主要成本类型

成本类型	成本因素	成本定义
直接成本	人工成本	各部门人员薪酬及福利支出
	日常运营费用	各部门直接相关的管理费用,如差旅费、办公费、部门活动经费等支出
	部门特殊需求	各部门针对自身特殊需求发生的开发、活动等行为的支出
间接成本	信息系统费用	财务共享服务系统日常运维支出
	开发建设费用	财务共享服务中心因需开发的系统以及设施建设的支出
	管理层成本	财务共享服务中心管理层(非各部门直属)薪酬及福利支出
	财务共享服务中心整体运营费用	与财务共享服务中心整体直接相关的管理费用,如会议费、公司活动经费等无法直接分摊至各部门的日常支出
	资产折旧与摊销费用	财务共享服务中心日常资产折旧费用以及前期资本化费用摊销

②服务计费。本步骤主要是计算每项服务的价格,根据实际发生的业务量与业务单价计算当月应收取的服务费用,相关计费示例如表 10-3 所示。

表 10-3 按单计费模式下服务计费示例

服务类型	分配因素参考	业务单价/元
收入审核及确认	业务处理量	××
业务支付审核	业务处理量	××
应付及费用报销	业务处理量	××
总账与报表管理	业务处理量	××
资金结算	资金付款笔数/支付次数	××

③服务费用计算公式。

成本归集环节：

财务共享服务中心各部门内部分摊前成本=本部门发生的直接成本

财务共享服务中心各部门内部分摊后成本=本部门发生的直接成本+分摊至该部门的间接成本

服务价格测算：

财务共享服务中心各类业务标准单价=财务共享服务中心分摊后成本÷相关单据处理量

(2)阶梯计费模式

在阶梯计费模式下，主要成本类型的服务计费与按单计费模式一致，唯一差异点在于具体计费时，其计费基础为单据总量，而非单量与单价的乘积。

4. 特殊事项计费

针对以下特殊事项，在计费时不遵循上述计费模型，而遵循单独计费的方式。

(八)共享服务时间

财务共享服务中心采用国家规定的标准工时，工作日为周一至周五，法定节假日休息。非工作时间不计入财务共享服务中心业务处理时效。

(九)服务协议变更

1. 共享服务协议复核

共享服务协议自生效日起，将由财务共享服务中心发起、协议双方代表人参与每年不少于一次的共享服务协议复核流程，协议双方应就共享服务协议中针对服务类型、服务内容及服务费用等详细内容存在的异议展开协商。所有可能对当前共享服务协议产生变更的意见必须经协议双方通过议定。如果协议双方同意共享服务协议的变更事项，共享服务协议方可修改，协议双方需重新签订变更后的共享服务协议。协议双方有责任就以下方面对共享服务协议进行复核：

①协议双方尚未达成一致的事项；

②服务关键绩效指标调整；

③服务费用及计费机制调整；

④共享服务协议有效期；

⑤其他可能对当前共享服务协议产生变更的事项。

2. 共享服务终止

被共享单位有义务在共享服务协议约定期间内接受由财务共享服务中心提供的服务。如果被共享单位有意愿在共享服务协议约定终止日之前退出与财务共享服务中心的服务购买约定,需遵循相关流程。

①服务终止通知。一般情况下,被共享单位有义务至少提前3个月发出服务终止通知,明确服务终止时间、终止原因等。

②服务终止经济事项评估。财务共享服务中心接收服务终止通知后,有权在1个月内对服务终止涉及的经济事项进行评估并出具评估报告。

③服务终止。协议双方负责人将就服务终止事项及相关经济赔偿进行协商议定。如果双方达成一致,财务共享服务中心在服务终止通知发出一段时间后终止提供服务;如果双方未达成一致,双方应首先提交争议至集团财务主管协调,如集团财务主管无法解决双方争议,则上报至相关法务部门进行后续处理。

3. 共享服务扩展

如果被共享单位有意愿在服务提供期间扩展当前共享服务协议范围内的服务类型及内容,需遵循相关流程。

①服务扩展需求。一般情况下,被共享单位有义务在约定期间内提出服务扩展需求,明确服务扩展类型及内容、服务范围等。

②服务扩展成本。服务扩展合理成本外的任何增量成本及额外成本将由被共享单位承担。

③服务扩展。如果双方达成一致,服务将在服务扩展通知发出一段时间后开始提供(具体执行时间根据双方约定)。

(十)服务协议签订

共享服务协议(包括任何附件)是规定了协议双方商务关系、权利和义务的完整法律协议,一经签订,则会取代双方之间可能存在的与本协议之主题事项有关的其他所有口头或书面的陈述、理解或协议。为保障服务的质量和性能,协议双方应妥善保管。

六、质量管理制度

质量管理办法是财务共享服务中心质量管理制度建设的核心文件,它是为保证各职能岗位的工作质量达到基本质量目标而设定的准则,包含质量管理目标,质量管理的机构、岗位设置和工作机制,质量评价规范等。其中,质量评价规范是质量管理制度的核心,对各类质量管理方法的具体操作进行了规范。

(一)质量管理目标

质量管理目标是指财务共享服务中心在提供业务服务的质量方面所追求的目的。质量管理目标应以内外部客户需求和期望为基础设定,必须与财务共享服务中心的宗旨和战略定位相适应,由财务共享服务中心的最高领导制定并通过正式渠道发布。质量管理目标的制定必须是合理的,这包括两方面的含义。一方面,质量管理目标不能过高,甚至超出财务共享服务中心的能力范围。质量管理目标必须是财务共享服务中心通过努力可以实现的。另一方面,质量管理目标也不能过低,如果质量管理目标唾手可得,则不利于财务核算质量的提升。

(二)质量管理的机构、岗位设置和工作机制

一般而言,财务共享服务中心应下设质量管理处,设质量管理处负责人岗位;质量管理处下设质量管理组,组内设质量提升管理岗和稽核岗。

质量管理处负责人应根据财务共享服务中心相关运营管理制度,负责建立健全质量管理体系并监督体系的运行,统筹质量管理处的工作,组织制订中心年度质量改进计划和重大质量问题解决方案,对中心所有会计运营流程和非会计运营流程实行全程质量监控与管理。

质量提升管理岗应根据财务共享服务中心岗位操作手册,负责检查财务共享服务中心内部各个岗位是否按照操作规范及操作要求处理作业,加强中心所有员工的质量意识,产出符合质量保证的作业成果。根据财务共享服务中心流程及作业标准管理规范,负责检查财务共享服务中心各处室或小组的流程是否符合规范,加强流程管理的质量控制,确保流程正确高效运作。

稽核岗应根据稽核方案安排,定期抽查财务共享服务中心业务操作流程的合规性和准确性。根据稽核审查结果,编写稽核报告,提出改进建议,并报质量管理组组长审核报告和改进建议。负责及时向上级汇报稽核过程中发现的重大问题。根据审批后确定的稽核改进建议,负责协调跟进建议的推进和落实,逐步提升财务共享服务中心工作流程的合规性。

质量管理组织的工作机制是指针对质量管理工作产生的下层向上层反映质量问题、建议以及系统需求等的一种机制。明确汇报机制有利于质量问题和需求的收集,保障整个质量管理工作的信息畅通。对质量检测中的差错除在系统中反馈外还可向负责该工作的作业人员进行反馈;核算工作中产生的质量改进的建议

及想法可直接反馈到本处室的质量提升管理岗处。

（三）质量评价规范

质量管理办法中应重点说明各类质量检查方法的具体操作，包括检查频率、检查范围、检查人员、检查流程、检查方法以及后续整改措施。常见的质量检查方法包括工单抽查、业务运营处自查、质量访谈、定向检测、年度评估、质量后续跟进等多种方式。下面以工单抽查为例，说明质量管理制度中应明确的内容。

①工单抽查定义：财务共享服务中心质量管理组对各业务运营处各组处理完成的工单进行抽查，同时对质量监控指标的数值进行追踪跟进，并根据抽查结果与质量监控指标，对流程质量进行分析评估和持续提升。

②检查频率：每天/每周（轮循各流程质检）。

③检查范围：财务共享服务中心全部流程。

④检查人员：质量提升管理岗及业务运营处下属各组财务人员。

⑤检查流程：质量管理组根据各类业务的抽样比例形成质检样本，并对样本工单的处理结果统筹安排业务运营处下属各组财务人员进行检查。抽样比例为各类业务发生总量的适当比例或参考质量监控指标确定的适当比例或业务量，抽样由系统根据条件自动完成。质量管理组汇总在工单抽查过程中发现的问题工单，及时通知相关业务运营处各组组长对问题工单进行复查和整改。问题工单整改完成后，质量管理组应进行二次复核。

⑥检查标准：

a. 流程执行规范性：检查流程中各岗位是否按照共享流程操作规范和审核指引进行操作；检查影像附件是否完整、准确，符合公司相关财务制度规定；检查审批流程是否完整、准确等。

b. 流程结果准确性：对样本工单的会计核算结果、资金支付结果进行检查。

需要指出的是，财务共享服务中心质量管理组在开展质量管理工作时，可以通过一些指标的计算，判断检查业务的重点方向，这些指标具体包括：

①抽检环节业务处理准确率（适用于未配置复核岗的环节）：1－差错工单数量（如初核岗挂起、退回的工单）/工作总量×100%。

②复核环节业务处理准确率（适用于配置复核岗的环节）：1－差错工单数量（如复核岗发起退回的工单）/工作总量×100%。

③关账差错调整次数：关账时各类业务手工差错调整工单数量。

④年度审计差错调整事项数量：外部审计调整分录中与各组业务差错相关的

分录笔数。

第二节　财务共享服务中心的绩效管理

所谓绩效管理,是指各级管理者和员工为了达到组织目标而共同参与的绩效计划制订、辅导沟通、考核评价、结果应用、目标提升的持续循环过程。财务共享服务中心绩效管理以经营战略和年度经营目标为指导,通过对员工工作进行绩效评价,达到奖优惩劣、提升员工绩效水平的目的。要保障财务共享服务中心规模化、高效率运营,就要对财务共享平台的各类运营指标进行统计和分析。

绩效管理通过设定科学合理的组织目标、部门目标和个人目标,为企业员工指明努力方向。管理者可以通过绩效辅导沟通及时发现下属工作中存在的问题,给下属提供必要的工作指导和资源整合;下属通过工作态度及工作方法的改进,保证绩效目标得以实现。

一、绩效管理的概述

(一)基于云会计的绩效管理概述

所谓云会计,具体指的是将传统的会计工作模式和目前的互联网工作思维、在线云技术等进行结合,并基于上述要素进行企业信息化会计财务管理系统的构建,从而开展云在线会计核算、财务管理等工作。简单来讲,云会计是会计信息化建设和外包服务模式的完美融合。企业可以基于购买形式向线上服务提供商购买信息化会计软件的使用权,这对于企业会计信息化建设和运行成本的降低来讲有重要的意义。

大数据时代背景下,云技术的发展和应用对企业的绩效管理有着一定的影响,特别是对企业的财务共享服务中心的绩效管理有着一定的推进作用。针对现阶段企业财务管理的特点,只有积极加强财务共享服务中心绩效管理,积极运用先进的管理手段,进行流程化、标准化作业,才能将风险降到最低,才能真正避免一些重复的财务工作内容,使得财务管理效率逐渐提升。财务共享信息系统能够促进财务效率的提升,实现财务内部资源的优化配置,最终实现财务管理质量的全面提升。云会计系统下的财务共享服务中心绩效管理有利于财务管理质量的有效提升,有利于将风险降到最低,有利于避免风险不可控的现象。绩效管理是最为关键的环节,能够避免相关风险的发生,特别是财务共享服务中心的全面推广，能够提升企业财务管理的效果。

当前，财务共享服务中心的云会计绩效管理是一个全新的事物，在发展的过程中，需要不断地完善和规划。该系统中也会出现一定的缺陷，如在相关系统的完善方面，还需进一步加强。针对存在的缺陷，要加强研究力度，不断地进行相关知识内容体系的完善，积极进行进一步的研发和拓展，这样才能促进该系统全面地落实和实施。特别是大数据时代背景下，全面推广基于云会计的绩效管理能够使得大数据信息更加准确，并为财务会计提升效率做好准备。

（二）绩效和绩效管理的概念

绩效是指个人或组织在一定期间内投入产出的效能与效率，其中，投入是指人、财、物、时间、信息等资源，产出是指工作任务和工作目标在数量与质量等方面的完成情况。绩效是组织所期望得到的结果，是组织为实现目标而在不同层面上展现的有效输出，它包括组织绩效和个人绩效两个层面。

绩效管理是指在一定时期内动态科学地衡量员工工作状况以及工作效果，持续提高和改善员工的工作业绩和工作能力的管理方式。管理学大师德鲁克曾指出，管理是一种实践，其本质在于“行”而非在于“知”，其验证在于“成果”而非在于“逻辑”。可见，绩效管理正是这一管理思维的体现，它通过制定客观且有效的绩效管理标准，使得各级管理者对下属在考核期内的工作努力程度、业务能力等行为及工作业绩，工作的效率和效果等行为的结果都有一个明确的了解，在持续不断沟通的前提下，帮助企业员工消除工作过程中的障碍，最终达到实现组织远景规划及企业战略目标的目的。

绩效管理的内容包括：制订绩效计划、绩效实施与管理、绩效评价和绩效反馈面谈，并以此为基础确定员工的绩效工资。绩效计划是在新的绩效周期开始时对员工在该绩效周期内要做什么、为什么做、需做到什么程度、员工的决策权限、何时应做完等问题各级管理者和员工进行讨论，以便在相互理解的基础上达成协议。绩效实施与管理是指各级管理者应在整个企业绩效管理循环实施的过程中，通过各种手段与员工进行持续的沟通，了解员工的工作状况，解决和预防绩效期间内可能会发生的各类问题，以便帮助员工更好地完成绩效计划。绩效评价是各级管理者和员工在绩效周期结束时，使用既定合理的衡量技术与绩效评价方法，对员工的工作绩效进行评价的过程。绩效反馈面谈是各级管理者与员工之间进行绩效评价面谈，使员工充分了解并接受绩效评价结果，同时由管理者指导员工改进绩效的过程。

(三)绩效管理系统的构成

绩效管理系统是由考评者、被考评者、绩效指标、考评程序、考评方法与考评结果等要素按照横向分工与纵向分解的方式组成的,具有战略导向、过程检测、问题诊断、进度控制、人员激励等功能的有机整体。

1. 考评者与被考评者

考评者与被考评者是绩效管理系统中的主体因素,主要体现在绩效指标的制定阶段和绩效考评阶段。绩效指标需要考评者与被考评者共同制定,这样会使二者就指标的意义与作用达成共识,有利于目标的顺利实现,也增加了绩效工作的民主性。在考评阶段,考评者是实施考评的主体,被考评者是客体,是考评的对象。需要注意的是,考评者和被考评者的位置并不是绝对的,根据考评方法和方式的不同,二者是可以交换的。例如,上级考评时,领导者是考评者;而采用 360 度考评方法时,下属也可以成为上级的考评者。

2. 绩效指标

绩效指标是考评的内容,是被考评者承担的工作职责与内容的定量或者定性化标的。绩效指标的设定与考评充分体现了绩效管理系统的战略导向功能,即绩效指标(特别是关键绩效指标)是从企业战略目标中提炼出来的,而绩效指标的顺利完成也就意味着企业战略目标的实现。

3. 考评程序与考评方法

考评程序与考评方法是将绩效指标、考评者、被考评者以及考评结果连接起来的纽带,不同的考评程序和考评方法使绩效管理体现出了不同的工作。

4. 考评结果

考评结果是考评者依据考评程序和考评方法,对被考评者的工作业绩进行考评所取得的结果,反映了被考评者对绩效指标的完成情况,能够体现出被考评者的能力高低,并且考评结果为人力资源管理其他系统的工作展开提供了依据,例如培训、薪酬、晋升等,这是绩效管理系统和其他系统发生作用的媒介。

(四)绩效管理的作用

绩效管理不仅能促进组织和个人绩效的提升,还能促进管理流程和业务流程优化以及企业基础管理水平提高,从而最终保证组织战略目标的实现。企业无论处于哪个发展阶段,绩效管理对于提升企业竞争力都具有巨大的促进作用。

1. 绩效管理促进组织和个人绩效的提升

有效的绩效管理可以使组织的管理者和员工明白自身所处的位置以及岗位的职责和目标，保证组织为内外部客户提供稳定、持续改进的优质服务。在日常的绩效计划的执行过程中，管理者通过绩效辅导与沟通及时发现下属员工在工作中存在的问题，给下属提供必要的工作指导和资源支持；下属通过改进工作态度以及工作方法，保证绩效目标的实现。同时，通过绩效管理能够甄选和区分高工作绩效和低工作绩效的员工，保证优秀人才脱颖而出，淘汰不合适人员。绩效管理能促使内部优秀人才得到成长，吸引外部优秀人才，使人力资源满足组织发展的需要，促进组织和个人绩效的提升。

2. 促进管理流程和业务流程优化以及基础管理水平提高

企业管理是对人、对事的管理。对人的管理主要是约束激励问题，对事的管理就是流程问题。所谓流程，就是一件事情或者一项业务如何运作，涉及因何而做、如何去做、做完后传递给谁等几个方面的问题，上述四个环节的不同安排都会对产出结果有影响，也极大地影响组织的效率提升和流程优化。

在绩效管理过程中，各级管理者都应从企业整体利益以及工作效率出发，以提高业务处理效率为目标，在上述四个方面不断调整优化，使组织运行效率逐渐提高，同时逐步优化企业管理流程和业务流程。绩效管理能发现企业基础管理中存在的问题，对基础管理提出更高的要求，促进企业基础管理水平的提升，并确保为客户提供稳定输出的优质服务。

组织和个人绩效水平将直接影响组织的整体运作效率和价值创造，因此衡量和提高组织、部门以及员工个人的绩效水平，是企业经营管理者的一项重要的常规工作，而构建和完善绩效管理系统是企业的一项战略性任务。

二、基于云会计的绩效管理框架模型

财务共享服务模式作为一种近几年兴起的管理模式，能够在保证会计信息质量的前提条件下简化企业的业务流程，并通过合理的流程优化降低人力成本。大数据、云会计技术在企业财务共享服务模式中的应用，使得绩效管理更加标准化和流程化，可以让财务共享服务中心的员工和管理者各司其职，不再做重复的工作。财务共享服务中心采用了先进的云会计技术，所以可以让企业总部及子公司统一接收并处理收到的信息，如果发现有可改进的地方，也会得到有效反馈，从而方便改进。

财务共享服务中心主要分为 6 个层级，分别为基础设施层、业务层、数据层、服务层、应用层和用户层。

基础设施层中包含的智能终端、网络、服务器、安全设备和存储器等内容是组成业务层的基础，同时基础设施层还可以采集对应行业的外部数据，并可以应用于数据层和应用层。总之，整个框架正是建立在这些网络基础设施之上的。在企业的发展过程中，企业基础设施的完善是核心，也是前提。

业务层中的会计核算系统、客户关系管理系统、会计档案管理系统、运营管理系统和费用报销管理系统等都是与绩效管理系统相关的系统，而制订绩效管理的决策需要从其中提取相关企业的内部数据。业务层面之所以能够有序地推进，是因为企业中核心基础设施的完善给业务工作提供动力源泉，保障了企业内部的业务水平与服务态度得到进一步的提高与改善。决策层面的数据类型决定了整个企业的业务在推进时，能够把绩效管理融入业务工作。

在基于云会计的财务共享服务中心绩效管理框架中，数据层是管理框架的核心，数据的收集、储存、调用及保护是管理模式中的重点。对于企业内部的会计资金数据以及服务类型和客户总体量，都是依靠数据层做出整体的调研分析。数据层中的处理首先是将从基础设施层和业务层中的与企业绩效管理有关的结构化数据与非结构化数据存储到 ODS 业务同步复制数据库中，然后利用 Hadoop、HPCC 和 Storm 等大数据技术进行数据处理之后，进入数据中心，以满足服务层和应用层的需要。

服务层主要是通过线上获取数据的手段来对企业相关信息进行操作处理。服务层能够给应用层带来一定量的客户信息反馈。服务层的数据来自经过加工处理的数据中心，然后通过服务层再次对数据进行处理和有效利用，再通过 B2Bi、B2Ci、BPI、EAI 等技术对其进行应用整合。在用户整合方面，需要统一用户、统一身份、统一授权和统一管理。此外，通过 EMPI、统一注册、统一通信和安全管理等满足基础服务的需要。

应用层主要是根据企业的服务群体、客户这些方面的反馈信息来进行运营管理的层面。应用层中的组织绩效管理主要包括财务、客户、学习创新和内部流程这四个维度。其中，财务维度是指财务共享服务中心的建设运行成本、职工薪酬成本、每项任务完成成本和未支付的现金等；客户维度包括客户满意度、客户体验管理能力、服务水平协议达成度和客户投诉处理率等；内部流程维度包括业务数量、会计核算处理效率、流程执行力和一次性承购比例等；学习创新维度包括定期培训课程种类、有效建议数量、人均培训时长和培训结果满意度等。因为财务共享服务中心服务的客户不同，或采用的共享方式不同，所以其组织绩效具体评价指标也各不相同。每个财务共享服务中心在不同的发展阶段,其具体评价指标也需要进行相应调整。在财务共享服务中心成立初期,组织绩效考核指标或者评价标准可以适当放宽,给予新组织较多时间和机会,以不断完善、优化;运行平稳后,组织绩效考核指标和评价标准可加以提高,以便更加严格、客观地反映组织绩效的真实水平,并据此不断改进;运行成熟期,承接新业务或者新公司时,组织绩效考核指标和评价标准可适当调整,以便财务共享服务中心能够更好、更快地适应新业务或新公司的业务。组织绩效评价指标需要调整和优化时,应由财务共享服务中心专家团队提出并编写《组织绩效评价体系优化方案》,由运营管理副主任审批,并报财务共享服务中心主任审批后,再由标准化支撑岗发布。对于人员绩效管理,其中运营业务人员的绩效管理主要取决于单据类型、业务处理效率、业务处理数量和客户满意度等方面;技术人员和管理人员的绩效管理不再像运营业务人员的绩效管理那样单一,将进行 360 度评估、个案评估,还要从组织绩效达成率和业务人员流失率等方面进行评估。对财务共享服务中心员工进行绩效评估的目的是公平、公正、客观地评价员工的工作结果、工作行为和表现,以促进员工持续学习和发展,提高员工满意度,从而提高客户满意度,最终实现企业价值增长。

用户层是企业的决策者,包括公司总部、分公司、财务共享服务中心等,其从应用层提供的不同财务决策方案中选择最有利的方案,从而对企业的资源和人力进行更好的分配。这些财务决策方案首先从基础设施层获取财务共享服务模式下与绩效管理有关的数据,由业务层和数据层对其进行清洗和梳理,并通过服务层和应用层提供决策分析技术,从而将简单的财务数据和非财务数据进行处理整合,转变为管理层需要的财务决策方案。

三、基于云会计的绩效管理流程

在大数据时代,企业总部与分布在全球的分公司的联系不再困难,运用云会计和移动互联网技术建立的财务共享服务中心可以让其方便快捷地联系起来。建立标准化的绩效管理流程,能够显著提高企业的业务处理能力与管控力。借鉴国外企业实施财务共享服务模式下的有关绩效管理的实践经验,并考虑到我国企业财务共享服务对准确性、规范性和及时性的特殊需求,设计出以下绩效管理流程,如图 10-2 所示。

下面从绩效管理的目标制定、目标分解、预警监督、原因分析、考核激励和总结改进六个闭环模块对企业财务共享服务中心的绩效管理过程进行详细阐述。

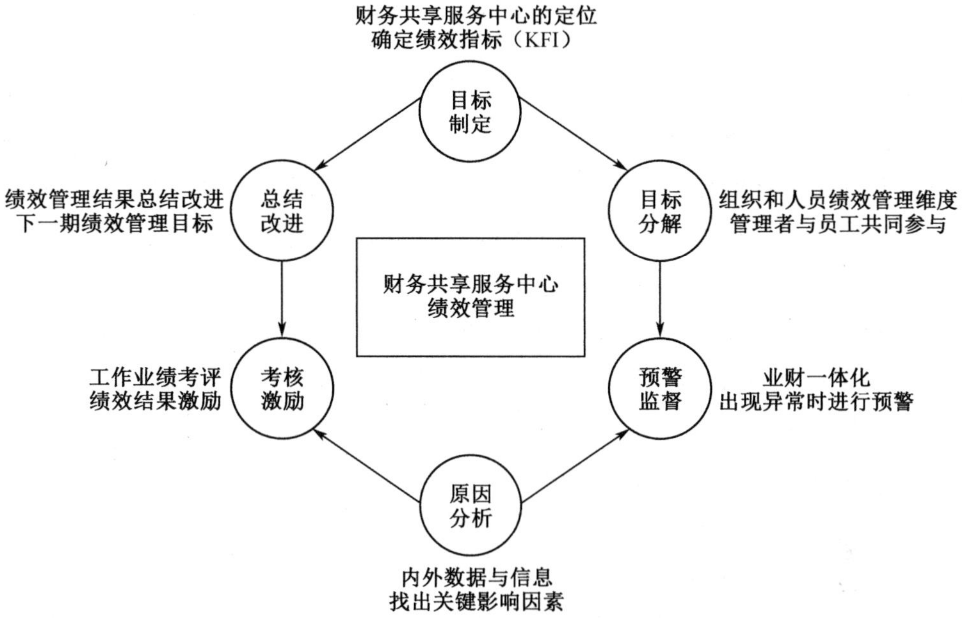

图 10-2　财务共享服务中心的绩效管理流程

(一)目标制定

企业的财务共享服务中心不仅要向总公司和分公司等内部客户提供服务,而且若财务共享服务中心是独立运营模式,还要对除了集体企业之外的外部客户提供服务。对于内外部客户,财务共享服务中心都需提供优质的服务,以保证客户的满意程度和降低外部客户的流失率。

企业绩效管理目标制定所需要的财务信息和非财务信息均通过财务共享服务中心运营管理信息系统来采集和传递,实现对绩效管理流程的系统覆盖及支撑,从而提高绩效管理的效率与效果。在采用财务共享服务模式时,以及在绩效评价管理模式的前提下,运用大数据和云会计技术可以得到财务共享服务中心的内外部数据,从而对这些数据进行信息评估并分析该模式下财务共享服务中心的远景定位和战略目标,明确绩效管理指标的设计及执行目标,可以对后续调整及改进各个员工的工作岗位和绩效管理目标有一定的影响。在财务共享服务中心绩效管理中,如果不能确定绩效指标(KPI),那么绩效管理的目标就无法明确,更不要说对目标的分解了。因此,企业管理者需根据各自财务共享服务的不同需要,来制定财务共享服务中心的绩效目标。

（二）目标分解

企业建立财务共享服务中心，运用大数据和云会计技术建立一套动态绩效管理系统，不再是像传统绩效管理那样由主管通过参考企业整体业绩以及个人完成的任务比重进行模糊化评价，而是将绩效管理的目标从组织绩效管理和人员绩效管理两个维度进行量化和分解，能够较为真实、完整地对员工的工作业绩进行评价。

财务共享服务中心要完成既定的绩效管理目标，就必须将其进行层层分解并落实到各个业务单位、部门和员工，每个岗位需要完成的任务以及对应岗位所需人员的条件都是可以量化的。既定岗位的工作目标的确定是分解绩效管理目标的重中之重，也就是说，企业各岗位人员在绩效考核周期的权利与义务是必须要明确的。绩效管理目标分解和各岗位目标的制定不但需要企业管理人员的参与，而且企业员工也应该加入其中，因为管理人员所设计的目标往往从理论上看比较容易，但当员工实际执行的时候还是存在一定难度，所以专业人员同员工的上级以及员工共同制定的个人绩效计划才能既保证员工的积极性，又能保证目标的合理性。在云会计环境下，利用大数据技术分析绩效管理的实时变化，在绩效目标明显过低或过高的情况下，都应该进行原因分析并适当调整绩效目标。

（三）预警监督

由于传统观念的束缚和传统流程的烦琐，财务部门与业务部门收到的信息往往不对称，因为财务部门通过手工传递和加工得到的信息在经历一系列的流程过后会远远滞后于业务活动，而且存在于各个职能机构之间的利益冲突以及不同流程间的对接障碍也会降低数据的获取效率和利用率。构建财务共享服务中心，借助大数据和云会计技术，可以将财务部门与业务部门的各自流程进行有机结合，通过共享财务业务的信息流，实现财务和业务能同步结合的目标。业财一体化流程可以利用计算机将信息通过网络高速传递，既避免了人工的干扰，又为会计信息的真实准确性和实时传播速度提供了保障。经过合理设计的系统可以在规范会计信息输入的同时，向财务共享服务中心管理者输出所需的信息，从而方便管理者实时管控绩效管理过程中的风险。

借助大数据和云会计技术，财务共享服务中心绩效管理系统将实际执行的结果和计划进行对比和预测，跟踪业绩完成情况。管理人员通过绩效管理系统可以控制绩效管理的过程和结果，因为在系统中，员工工作的错误次数、错误率、业务处理量、完成时间等信息都会被记录下来。管理人员针对系统反映出的整体情况和异常情况,可以快速地做出实时调整。当预计的业绩完成情况和实际的结果出现差异时,需要使用一些技术和手段寻找根源,对业绩不达标的单位和个人进行预警。绩效监督与管控越及时,越能做出有效的调整。

(四)原因分析

绩效管理系统通过连接到基础设施层中的存储器、服务器、智能终端等,在云会计平台上收集并处理企业外部关于企业绩效管理的数据,从财务核算系统、财务分析系统、客户关系管理系统、资金管理系统和电子影像管理系统等有关系统中获得初始数据,并通过大数据技术对其进行清洗和处理,再运用同比、环比、标杆对比等一系列方法对业绩执行情况进行分析,分析结果可以在绩效系统中通过经营业绩分析报表、经营仪表盘等形式展现出来。绩效管理原因分析旨在明确绩效问题,找出影响绩效结果的关键原因,从而提出适当的绩效调整计划。

(五)考核激励

通过云会计平台,财务共享服务中心绩效管理的数据在各系统、各个模块间相互传递。信息的传递不是简单的相加,而是以 N 次方的速度被扩散。绩效考核激励的基础是经过分析的来自系统中的相关数据和信息,对财务共享服务中心员工在其岗位上的工作业绩进行评定和激励。绩效考核要根据评价的对象、工作岗位类别、工作特点的不同区别对待,对员工是否完成其岗位要求的任务、工作成果是否优良、工作能力的强弱、对待工作的态度是否积极乐观以及个人道德等方面进行考核。

成功的绩效管理考核激励不仅能有效地管理员工的工作业绩,进而实现整个财务共享服务中心的绩效管理目标,而且从效果上而言,也能够对员工产生持续的、积极的鼓励作用。绩效管理中的绩效激励就是通过奖励员工的绩效成果的方式提高并持续保持员工的工作积极性,使员工的个人利益、价值取向与财务共享服务中心的发展保持一致。此外,财务共享服务中心管理者应根据员工的业绩、能力而给予其与之相符的薪资待遇或职位,还可以采用荣誉、关怀、培训等方式对员工进行激励。

(六)总结改进

总结改进是对财务共享服务中心的整体绩效管理目标和员工个人在初期所

制定目标的完成情况与其在工作中的业绩、能力进行客观的分析及总结。管理人员就员工的绩效考核的结果、显示的问题和改进方法与员工进行总结沟通和反馈沟通。管理者与员工就绩效评价的最终结果进行讨论,使员工明白自身绩效水平在整个集团中的位置,且管理者应该引导员工尽量避免其短缺之处,充分利用其优势,从而为下一期的员工绩效目标的改进提供帮助。在制订出新的员工绩效管理目标改进方案后,该绩效周期内的沟通管理到此结束。随着新的绩效周期的开始,管理者和员工可以在绩效改进计划的基础上确定新绩效周期的绩效目标、计划,启动新一轮的绩效管理。

企业财务共享服务中心利用大数据和云会计技术,使采集和整理分析与绩效管理相关的各种数据成为可能,也为企业管理者采用大数据技术做出科学合理的绩效管理评价提供了技术支撑。企业的财务共享服务中心是利用大数据和云会计技术建立的,其绩效管理是将企业的业务流程和有关系统进行整合,提高自动化绩效管理的能力,降低企业绩效管理的时间和成本,可以使管理层实时地进行绩效管理。

四、财务共享服务中心的绩效管理

财务共享服务中心作为一种创新型的管理模式,需要建立起一套符合自身发展阶段、适应行业特点的绩效评价体系,通过对绩效目标的明确和层层分解,落实到业务流程各环节、各岗位及人员,才能实现统一组织和人员目标,持续提升财务共享服务经营业绩。

(一)财务共享服务中心绩效管理存在的主要问题

由于我国财务共享服务的理念引人较晚,企业本身的绩效管理也存在突出的问题,部分财务共享服务中心的绩效管理依然延续传统企业绩效管理的思想实施,而没有更多地考虑新型管理模式的绩效考核特点,甚至盲目照抄照搬国外经验。人力资源部门配合下的考核又大多是按照设计的表格要求"一年一次实施考核任务",对考核工作敷衍了事,导致绩效管理流于形式,考核成果无法有效予以应用。这种未结合财务共享服务中心业务特点的考核,既容易影响员工的工作积极性,又影响财务共享服务中心业务处理的效率与效果。总体而言,财务共享服务中心在绩效管理实践中存在以下常见问题。

1. 绩效评价目标模糊

国内财务共享服务模式起步不久,很多企业处于试行阶段并缺乏管理经验,往往无法准确定位财务共享服务模式下绩效管理的具体目标,不能区分财务共享服务模式与传统管理模式下绩效管理目标的差别。这就造成财务共享服务模式下的绩效管理目标往往并不明确,相配套的绩效考核等管理手段无法跟上,财务共享服务给企业带来的效益难以在短时间内体现出来。

2. 绩效评价措施滞后

企业由于缺乏财务共享服务中心的建设管理经验,绩效目标不清晰,整个绩效评价方式难以匹配财务共享服务中心的绩效管理需要。绩效评价的相应指标不全,模糊不清,领导凭印象打分,员工的评分或者基本相同,或者根据职位高低或企业业绩给出平均成绩。评价的周期过长,以近期的工作表现替代全年,容易造成评价发生偏差。这种偏主观的评价容易影响员工的工作主动性和积极性。绩效评价没有发挥真正的作用,工作中出现的问题和矛盾也不能得到有效的解决,工作效率无法提高,绩效评价明显滞后。

3. 绩效评价信息整合程度低

财务共享服务中心的绩效评价必须通过日报、周报、半月报、月报、季报和年报等实时性数据,为企业的绩效评价提供数据支撑。财务共享服务中心要处理大量的业务数据,并将其转换为财务数据,必须依靠信息化平台,才能准确、及时地收集数据并整合信息。国内企业的财务共享服务中心作为新生事物,原始积累的管理数据少,难以找到同行业企业的基准数据做参考,因此,很多企业在财务共享服务中心的建设、运转过程中缺乏与财务共享服务匹配的绩效评价信息系统,无法对绩效管理信息进行有效合理的整合和利用,使得财务共享服务中心的绩效评价缺乏关键数据的支持,即难以对工作人员进行评价,也会对财务共享服务中心业务的现实效果的评估造成困难。

由此可见,我国企业在建立财务共享服务中心后,亟须一个能全面反映共享中心和各个业务单元真实情况的绩效管理体系。这个体系的核心内容是绩效管理的指标体系,这要求企业的绩效考核指标不仅要包括财务指标,还要包括能预测未来的非财务指标,促使企业更多从因果关系角度进行绩效考核。

(二)财务共享服务中心绩效管理体系的构建原则

为了构建适合我国财务共享服务中心特色的绩效管理体系,应当遵循四个原则,分别是:因地制宜、与时俱进、以岗为主、因人而异。前两条原则着重明确了财务共享服务中心组织绩效的落地原则,后两条则聚焦于组织内人员的绩效管理。

1. 因地制宜

不同的企业对财务共享服务中心达成的目标和具体效果有不同的预期，针对这些不同的目标可以有侧重地形成相应的绩效指标。财务共享服务中心组织要结合管理诉求建立自己的绩效指标和管理措施，并随管理诉求的变化而进行及时调整。例如，企业希望提高盈利水平时，应侧重各业务单元的盈利目标，将收益率指标加入绩效指标；当企业希望通过财务共享服务中心将分散且低效率的一般性事务处理进行整合降低成本时，企业应侧重成本效率目标，将预算达成度等符合性的成本指标加入绩效指标；当企业希望提高产品服务质量时，应侧重优化服务目标，将客户满意度、差错率和周期改进相关指标加入绩效指标。通常财务共享服务中心应将提高效率、降低运营成本、提高盈利水平、加强管控、质量管理及提供优质服务等目标，具体演化为更为明细的考核关注点。

2. 与时俱进

与时俱进原则强调要结合财务共享服务中心组织的成长阶段设立不同的绩效管理目标和措施。在财务共享服务中心初创期，组织会更多关注流程、系统、数据的标准化和规则制定。在此阶段，组织绩效目标主要指向流程梳理了多少、标准化自动化水平高低、发现多少违规问题、挽回多少损失等；当财务共享管理模式日趋成熟稳定，企业经营者对财务共享服务中心的诉求会更多转向成本优化、管理分析报告等与经营业绩更紧密挂钩的方面；随着新兴技术在财务领域的落地实践日益增多，财务共享服务中心的发展也会从仅仅着眼企业内部需求扩展到外部商务机会捕捉，相应地，财务共享服务中心组织的绩效目标也开始转为产品力、外部竞争优势，甚至营利性等。与时俱进原则反映了财务共享服务中心绩效指标的设定须按照组织发展的阶段，结合现实需要，着眼未来发展，并推动组织能力的不断提升。

3. 以岗为主

在财务共享服务中心的人员组织架构中，目前较多企业倾向使用业务运营和运营管理并列的组织管理模式。在日常工作中，两个组织相互支持，持续提升经营水平，达成共享运营目标。因此，业务运营和运营管理两大类岗位的绩效管理的方向、抓手和考核必将有所区别，而又相互补充，共同支持组织目标的实现。在两类组织各自内部，由于工作环节细分、是否有监督职责、是否有人员管理职责等差异，又会分为多个岗位，对这些岗位的评价管理也无法完全一致。这意味着对财务共享服务中心管理的精细化要求也更高，涉及组织内人员绩效指标时，必须遵循以岗为主的原则。

4. 因人而异

在财务共享服务中心的运营层面，由于人员年龄、教育、工作、收入和职业发展等背景和诉求不同，对绩效管理的导向敏感度也会有所差异。而且，企业用工的形式越来越灵活多样，主要表现为外包员工，甚至接入灵活用工平台。这对人员绩效管理精细化的要求更高，对不同用工来源岗位设置更为明确，有竞争力的与成本能效相挂钩的绩效管理指标的需求也更加迫切。

（三）财务共享服务中心绩效管理指标的五要素

根据国内企业的实践经验，标准化、服务水平、质量管理、业务处理效率、现场管理是财务共享服务中心绩效管理指标的五大要素，对于财务共享服务中心的高效运转至关重要。

1. 标准化

财务共享服务中心的标准化管理可以分为流程管理与文档管理的标准化。流程的标准化管理将落实在流程的及时制定与修订，即对流程的动态优化，以及同一流程执行中统一的执行标准与一致的执行结果。文档的标准化管理落实在文档发布是否及时，文档发布过程是否经过必要审批，文档格式是否标准，是否及时更新及归档等。

2. 服务水平

服务水平是指财务共享服务中心提供服务产品以及由此带来的周边服务的水平。财务共享服务中心的服务产品即员工的报销、账务处理等，对于此类服务，缩短处理时间、提升产品质量是提升服务水平的重要方式；周边服务则体现在财务共享服务中心员工的服务意识、服务态度和沟通技巧等软技能上。

以独立运营模式下的财务共享服务中心为例，中心要向集团母公司、分（子）公司等内部客户提供服务，还要向外部客户提供服务，财务共享服务中心需要提高服务质量以提高内外部客户的满意度，从而维持良好的客户关系。相对于外部客户，内部客户对财务共享服务中心的服务标准的要求更高，这种服务标准甚至是模糊的，如果忽视内部客户的需求和满意度，使用缺少客户满意度等指标的绩效考核指标体系，将极大影响企业和财务共享服务中心的未来可持续发展。财务共享服务中心的绩效管理指标体系应该根据自身服务的目标和特点建立客户满意度的指标，包括产品服务质量与服务关系两方面。例如，财务共享服务中心能否利用自助服务技术随时响应不同地域、时区的客户需求并为之提供便捷、高效的服务；财务共享服务中心能否在提供标准化服务的同时灵活对待客户的特殊需要,甚至提供超额的服务。此外,在服务过程中,财务共享服务中心工作人员能否热情对待客户,通过其专业能力和专业的服务态度获得客户的认可和信任。这些问题都会对客户的满意度产生直接的影响。对上述问题应该根据重要性的不同,在客户满意度指标当中有不同程度的体现。

3. 质量管理

质量是财务共享服务中心赖以生存和发展的基础,因此必须对质量工作常抓不懈,通常可以用风险评估的方式确立监控点,并组建质量团队实施质量监控。财务共享服务中心的质量管理主要包括两个重要的方面:一是业务操作质量,相关指标涉及提单业务、账务核算、结算流程、服务沟通等方面;二是管理方面的质量,如各业务单元、作业人员以及管理人员之间的规范,它包括责任与权限规程等。

4. 业务处理效率

业务处理效率体现了财务共享服务中心在业务实施过程中员工和客户最为关心的绩效评价指标,是财务共享服务中心赖以生存和发展的基础。提升业务处理效率可以从时效和单据的积压时间着手,合理稳定的时效能够提高客户的满意度,而对积压单据的及时处理则能有效避免员工或客户因为单据积压过久所引发的投诉。业务处理效率的具体绩效管理指标包括财务共享服务中心可以承接的业务总量、单个员工的业务数量、差错率、一次性通过率等量化指标。

5. 现场管理

现场管理可以通过5S管理(即整理、整顿、清洁、清扫和素养五方面)、看板管理(如对每天的效率、质量的及时公示)和考勤管理等方式予以实现。在财务共享服务中心的现场进行电子绩效看板的动态展示,一方面向管理领导提供管理决策信息,另一方面向员工提供日常绩效考核数据,合理引导员工的工作行为,并依托绩效数据进行有效激励。可见,实施现场管理,能够为财务共享服务中心员工营造一个高效率、高质量的业务处理环境,并促进员工业务能力的不断提升。

(四)财务共享服务中心绩效管理指标分类

1. 按绩效管理的对象划分为组织绩效和人员绩效

组织绩效是管理者运用一定的指标体系,对财务共享服务中心的整体运营效果做出的概括性评价,通过有效的评价可以揭示其运营能力、成本管控能力和客户满意度水平,为管理人员和利益相关者提供相关信息,为改善组织绩效指明方向。

人员绩效管理由绩效计划制订、绩效辅导沟通、考核与发展目标确定以及绩效结果应用等环节组成,绩效辅导沟通是绩效管理取得成效的基础,各级管理者和员工对绩效管理工具和方法的理解及掌握情况,是绩效管理成功的关键。在实际执行过程中,财务共享服务中心组织目标明确后,将目标持续分解至员工个体。一方面,可按照业务组运营岗位进行明确,将效率、质量、时间等指标分配到人,且将个体表现收集计入考核;另一方面,也可以按照组织目标将重点项目,例如系统优化、能效提升、成本节约、客户体验提升、业务拓展等指定专人专项负责,以过程进展和结项复盘等形式评价具体人员的工作绩效。

2. 按绩效管理目标划分为能效类、成本类和项目类绩效

①能效类绩效管理:反映的是财务共享服务中心对运营能效的关注和持续提升的需求,这也是企业经营者比较普遍的需求。有效地实行能效管理需要将投入产出测算、流程精细化设计、人员配置要求及系统工具的使用进行有机组合,一般都是运营管理部门牵头,量化分配至各个业务部门执行。

②成本类绩效管理:在实际工作中,财务共享服务中心存在对成本降低的持续要求,当然这个目标并不能以牺牲服务质量和降低风险防范水平作为代价。成本类绩效管理与能效类绩效管理有相似部分,例如流程环节精细化设计管理、人员能效标准量化等,但同时需要在人力成本、场地成本、培训成本等方面进行更多深入研究,实现成本的绝对降低。

③项目类绩效管理:在非运营类目标的实现中可以广泛采用项目类管理方式,并给予项目管理人员以相应的结果考核和过程管理权限。

由此可见,财务共享服务中心绩效管理的核心内容是构建绩效管理的指标体系,对财务共享服务模式下企业的战略目标在企业各业务部门、员工间进行层层细化和分解。确定财务共享服务中心绩效指标的前提是要明确企业建立财务共享服务中心的战略目标和具体要达成的效果。由于在实际工作中,往往会安排能效类、成本类、项目类绩效管理并行,因此本章后续内容将按照组织绩效和人员绩效的分类进行具体介绍。

五、财务共享服务中心人员绩效管理

再好的战略也需要战术层面的极致执行才能发挥效力。财务共享服务中心的人员是组织绩效目标实现的保证。财务共享服务中心人员绩效管理主要包括绩效目标分解、绩效考核跟进、绩效管理沟通等内容。

(一)绩效目标分解

为了达成组织绩效目标,需要合理高效地将组织绩效目标进行分解,结合各岗位人员的实际能力和职责范围设定绩效考核指标。

1. 绩效目标分类

从组织绩效目标出发,将根据 KPI、平衡计分卡或价值链分析等管理模型梳理出来的组织目标分解到不同共享业务组。在设计财务共享服务中心的人员绩效指标时,应当区分业务操作人员、运营管理人员和技术人员进行分类。

财务共享服务中心的业务操作人员是共享服务产品的直接生产者,直接面对客户,是财务共享服务中心最活跃的成员。实践中对于这类人员的评价标准是各项交易业务的处理量、处理速度和及时性。业务操作人员的绩效考核主要从两个方面入手:一是量化的绩效考核,明确每个岗位的标准工作量,鼓励多劳多得。例如,应收应付岗位的人员以处理票据的份数、总账税务组以申报的税务报表和花费的时间等作为绩效评价指标。二是对创新性和改良活动的激励,促进基层员工的学习和成长。

运营管理人员和技术人员是财务共享服务中心的支持人员,中心运营的核心,他们的稳定直接关系到中心应对风险的能力及创新能力。这类人员的工作没有明确的输出,主要是日常的跟踪、维护、检查和培训。因此,运营管理人员和技术人员的绩效考核主要通过业务方面时效性、质量、客户满意度进行,时效性要求员工在规定的时间完成任务,质量指标反映在差错率方面,客户满意度主要通过客户对业务反馈的结果和满意度调查来评价。

为了保证处理量、处理速度和及时性这三个基础目标的实现,兑现对客户的服务承诺或 SLA 目标,财务共享服务中心也会增设一些辅助岗位,例如各组复审、复核人员,运营管理组的质量稽核人员等,他们同时也可以以相关的交易作为考核核心目标。

2. 绩效目标量化

随着财务共享服务中心业务持续推进,如何看清运营绩效结果和目标之间的差异、做好跟进督促,是共享服务管理者面临的主要问题。对此,在人员绩效目标设计上务必要遵循量化的原则。

运营管理人员在设立绩效考核目标时,应尽量采用量化考核方式,将其工作量用单据、周期性事项、准确率等指标进行考核,尽量避免用主观评价的方式完成绩效目标的制定和考核。对于个别员工负责的系统流程优化项目,可以限定里程碑事项完成时间和结果评价的方式，形成量化考核体系。

量化考核的前提是较高的业务规范性和标准性。但目前，财务共享服务中心人员常常面临业务不够规范的问题，每一单处理的时间波动很大，很难统一进行量化考核。在标准化工作不完备时，可以考虑对不同单据设立不同的审核工作量系数，在以量为主的考核目标体系下增加适当调节能力，反映工作现实。当然，解决这一问题的根本方法是推进表单、规则、审核点的标准化工作。

3. 绩效考核中的特殊安排

(1)特殊业务的加减分机制

量化的考核指标会使人员绩效考核更加客观公正。但即使绩效考核体系再完备，也会遇到大量无法提前预计的临时性工作。在这种情况下，适当的加减分机制对财务共享服务中心业务推进有重要作用。对于付出额外劳动，在企业或更高级组织中为财务共享服务中心带来能力提升的员工，要考虑给予一定的加分激励，推动团队荣誉感提升；对由于个人原因，出现违纪行为或接到有效投诉等情况的员工，经核实并与人力部门协商后，可以给予扣分等惩罚措施。

(2)外包用工的绩效考核机制

越来越多的企业考虑将标准化程度较高的财务共享业务交付给外包公司或工时制外包人员处理，如何考核和激励这些员工成为共享中心管理者面临的问题。

一般而言，内部员工岗位稳定，对业务流程更为熟悉，相对外包员工有一定的经验优势。但外包员工中也有一些熟悉业务、认同企业平台、有个人发展需求的人才。对这类外包员工可以进行规范化考核管理。根据其岗位分布，与内部员工执行相同的考核体系，实现公平竞赛。同时，为外包员工建立稳定的评级认证体系，让其感受到组织的关心和认同，增加其稳定性。有条件的企业还可以考虑建立外包员工转正机制，结合业务表现、知识储备、沟通能力等方面择优转正。

综上，人员绩效考核采用岗位专项化、指标数字化的方式，同时考虑到绩效管理的特殊安排，基本上可以形成一套行之有效的绩效考核指标体系。

(二)绩效考核跟进

根据人员绩效考核体系，财务共享服务中心可以按规定执行跟进绩效考核工作，并根据考核结果进行问题分析、相应优化。在绩效考核跟进环节，需要获取考核结果的数据，有效应用绩效考核结果。

1. 获取绩效结果数据

目前,越来越多的财务共享服务中心建设了财务共享运营平台系统。信息系统平台的重要功能是快速、准确、以数字化的形式获得组织和员工的业务处理情况,并按照不同需求进行有效加工。

如果财务共享服务中心已经拥有信息系统支持能力,可将相关绩效考核指标体系内置其中,实现按天、周、月、季、年等条件周期性地查询每个作业人员的工作情况,结合考核进度安排公示。

如果财务共享服务中心暂不具备系统数据提取能力,则需要人工整合数据,并进行加工反馈。此时务必做好数据使用规范和数据运营人员的培训,落实公示和管理工作,确保相关数据准确可用。

2. 绩效结果应用

由于财务共享服务中心的管理诉求并不一致,不同企业采用不同的考核结果应用方式。一般而言,绩效考核结果可作为薪酬计算、质量评价和后续工作优化的依据。对于薪酬计算,有以下两种方式。

(1)按单计酬:以每单工作量计算收入,定期结算,多用于灵活用工。

(2)保底十按单计酬:在一定工作量的前提下,予以基础薪酬发放,每增加处理一单就增加一份收入。对于质量评价,绩效考核结果可用于周期性考核评价,即在月度累计考核结果的基础上,按季度或年度进行排名和绩效分配。对于后续工作优化,可通过管理者和员工的沟通反馈,明确工作优化的方向和手段。

(三)绩效管理沟通

沟通是人员绩效管理中的一项重要工作,贯穿了计划制订、过程指导和结果反馈三个环节。

1. 计划制订沟通

绩效管理工作的起点是计划制订,绩效计划的形成过程就是管理者与员工之间互动与沟通的过程。在这个过程中,管理者应当鼓励员工积极参与制定绩效目标,双方经过充分沟通交流后,明确本期绩效计划的目标、内容、实现措施、步骤和方法等内容。

绩效计划制定沟通一般采用会议的方式。绩效计划会议可以是面向整个组织的员工大会,也可以以部门或团队为单位,或者是针对个人的单独会议。管理者与员工需要就绩效的具体目标、关键指标、绩效评判标准、可能面临的困难、达成目标的优先级以及所需的授权等内容进行讨论,形成共识后加以确认,进而形成绩效计划文档，清晰地注明员工的工作目标、最终应实现的工作结果、衡量员工工作结果的指标和标准、各项指标所占的权重等，最后经过管理者与员工双方签字后该文档生效。管理者和员工将依据该计划文档指导工作，并进行后续的绩效管理和绩效期末的考评。

2. 过程指导沟通

绩效计划生效并执行后，绩效管理进入绩效过程指导沟通的阶段。过程指导沟通是在绩效管理活动过程中，根据下属在不同阶段的实际表现，管理者与员工围绕思想认识、工作质量、操作方法与流程、技术应用、技能培训等方面的问题所进行的沟通。该过程是绩效沟通中的核心工作，是整项工作任务较好完成的关键。

管理者与员工进行过程指导沟通时，一般会对员工目前绩效计划的执行情况进行分析总结，找到需要解决的问题，继而进行针对性的指导。管理者一般会围绕下列问题进行指导：

①员工的工作进展情况怎么样？

②员工和团队是否在正确的达成目标和绩效标准的轨道上运行？

③如果有偏离方向的趋势，应该采取哪些行动扭转这种局面？

④员工在哪些方面的工作做得较好？哪些方面需要纠正或改进？

⑤员工在哪些方面遇到了困难或障碍？

⑥管理者和员工双方在哪些方面已达成一致？哪些方面还存在分歧？面对目前的情境，要对工作目标和达成目标的行动做出哪些调整？

⑦为使员工出色地完成绩效目标，管理者需要提供哪些帮助和指导？

绩效过程指导沟通应按工作的节点或工作的进展程度定期进行。有些管理者认为，只有在下属工作出现问题时才需要进行指导沟通，这是不正确的。有效的指导沟通能够提高下属工作的积极性和主动性。具体的指导沟通方式多种多样，既可以是正式的书面报告、会议沟通，也可以采用走动式管理、开放式办公乃至邮件沟通等非正式方式进行。

3. 结果反馈沟通

绩效考核结果产生后，管理者需要就结果与员工进行反馈沟通，双方共同针对绩效评价结果进行检视和讨论，使员工了解自身绩效水平。在讨论过程中，管理者应给予适当引导，让员工发挥主观能动性，识别工作过程中的优缺点，据此制定工作绩效改善目标以及目标达成的时间表，为下一期绩效管理活动打好基础。在此基础上，员工可以提出自己的绩效改进计划，并且向管理者寻求支持。

综上所述,沟通工作会在绩效管理的每一个环节顺序进行,并随着绩效周期的更迭周而复始。如果每次沟通都能取得良好效果,经过不断的循环,绩效管理的效果就会得到持续提升,财务共享服务中心的业绩和员工绩效也将会实现稳步的增长。

第三节 财务众包——财务共享服务新模式

一、财务共享服务组织模式现状分析

模式是某种事物的标准形式或使人们可以照着做的标准形式。模式标志了物件之间隐藏的规律关系,这些物件并不一定是图像、图案,也可以是数字、抽象的关系,甚至是思维的方式。只要是一再重复出现的事物,就可能存在某种模式。

要建立财务共享服务中心的企业,首要考虑的是模式的选择问题,即建立一个什么标准样式的财务共享服务中心。这一问题的解决,对于每一个集团选择一个什么样的合适路径来建立有效的财务共享服务中心至关重要。从已经开展的财务共享服务经验来看,财务共享服务中心主要出现了四种常见的模式:基本模式、市场模式、高级市场模式、独立经营模式。从国内已经建立财务共享服务中心的模式来看,大多采用基本模式和市场模式,而采用高级市场模式和独立经营模式的企业并不多见。

基本模式通过合并和整合日常的事务处理工作、交易活动和行政管理工作,实现规模经济并消除冗余,最终以降低成本和流程规范化、标准化为目标。这种模式与企业中后线职能的集中处理工作模式相似,往往不将其职能内部的基础运营与决策权相割裂。

市场模式是在基本模式的基础上进一步分离企业职能内部的基本运作与决策权,将控制职能与服务职能相互分离,通过服务收费抵偿成本,终极目的是降低成本,提高服务质量。在这种模式下,享受财务共享服务的顾客(集团内部的其他组织)不再是被动的服务接受者,其可以根据自己的意愿做出是否接受这些服务的决定,也就是说,服务不再是托管式的,决策权由接受服务的客户全面掌握。这时的财务共享服务组织为了证明自身服务的专业化,需要不断提升自身的服务质量,优化流程,加强沟通,根据确定的服务流程与标准提供服务,除此之外,还需要提供基于基础信息的专业顾问,提供帮助决策的增值服务,且强调不断提高服务质量和降低成本,以达到客户的关键绩效指标。与此同时,成本补偿机制开始引

人财务共享服务中心,接受服务的客户需要根据财务共享服务中心的测算成本支付费用。总之,市场模式与基本模式的关键区别有两个:一是咨询服务内容更加专业;二是控制权与服务权相分离。

二、众包为财务共享服务组织模式创新提供可能

(一)众包的内涵

如果说劳动分工理论把一个复杂的业务处理变成了流程化分环节作业的模式,那么众包模式就进一步将工作进行了任务细化,甚至达到了颗粒的细度。传统模式下的一项由单人完成的工作可能需要几个动作组合起来才能完成,但在众包模式下,会追求极致的动作分解,甚至穿针引线这样的工作都有可能被分解为穿针和引线两个任务颗粒。

当任务被高度颗粒化后,直接带来的好处就是任务的复杂性降低。每一个小的任务颗粒对技能的要求将大大小于组合起来的一个完整的流程环节的工作技能要求。这就使社会上大量没有掌握复杂技能的普通人员能够参与到众包组织模式的工作中来,并且追求用极低的成本来完成相关工作。

在传统的流程管理中,企业往往需要一整块的时间来完成某项工作,而且流程中间大多数是穿行关系,这样就对工作时间的连续性有一定的要求。在众包模式下,任务颗粒化后会出现越来越多的在同一期间内的并行任务,从而对时间的连续性要求有所下降,并且可以做到由互联网上的众多个体在同一时间完成多种类型的任务,实现时间的碎片化。

如前面谈到的,当技能降低,任务颗粒多,且时间碎片化后,众包的人员组织形式就可以实现网络化了。众包将会有大量的社会化资源参与,形成网状的任务交付结构,最终完成该项任务的流程化组装和最终的应用。

对于众包网络中完成任务的每个个体来说,因为每个任务客户的收益是很小的,所以实时的收益计量是其持续参与的核心动力。收益的实时化并不是要求随时支付,而在于实时告知作业用户获得了多少收益,之后定期进行支付。

(二)财务共享服务中心采用众包模式的意义

众包模式的基本原理是将工作流程进行充分的标准化和拆解,将其中一些对专业技能要求不高的环节通过互联网平台分发出去,平台对接客户端上广泛的人群通过抢单的方式进行作业,作业完成且达到预期质量要求的单据,按预设定价

进行结算。通过众包模式,简单基础的流程环节利用社会群体的碎片化时间来进行处理,即使使用同样的成本,在人员管理上和轻资产化方面带来的收益也能够给企业带来价值。

财务共享服务中心采用众包组织模式的意义主要体现在以下方面。

1. 降低成本

会计核算工作的一大特点就是业务具有明显的高峰期和低峰期。低峰期时,财务共享服务中心的人力资源会存在极大的浪费,但由于雇佣合同的限制,又不能根据业务量的变化随意减少或者增加员工。如果按照平均水平进行人力配置,会导致月底峰值压力难以应对;如果按照峰值配置人力资源,又会造成平时工作量的不饱和。财务共享服务中心采用众包模式后,可以在峰值时加大对众包人群的任务投放,维持自身运营团队相对平均或紧凑的人力资源数量。

众包最终会以互联网为媒介。众包商只要拥有一台电脑或一部手机,就可以不受时间、空间的限制,随时随地为财务共享服务中心提供核算服务。而且,所有环节都在网上进行,企业不需要为这些众包商提供固定的办公场所,这又节省了一大笔费用。财务共享服务中心很多基础的会计核算工作可以由互联网上的广大用户去完成,然后依据完成的工作量给予相应的报酬,这样有助于财务共享服务中心在业务低峰期大大节省人力成本。

2. 提高共享价值创造能力

财务共享服务中心建立的初衷是为了将集团下属分公司中重复的会计作业集中到财务共享服务中心统一处理。这样一方面可以将分公司人员从繁杂、简单的后勤服务工作中解脱出来,使其更加专注于核心的经营业务;另一方面可以将性质相同的工作集中处理,能够加强财务管控,提高工作效率,降低成本。随着核算效率的提升与人工成本的降低,财务共享服务中心正在不断追求新的价值创造能力的提升,不断创新,以寻求新的增值服务创新模式。

当前国家倡导的"互联网+"模式为财务共享服务中心转型、创新提供了政策条件和技术支持。众包模式帮助财务共享服务中心内部的高素质员工摆脱"会计加工厂"的简单重复性劳动,将更多的精力和时间放在利用财务共享服务的数据优势,发挥到管理会计中的预算的编制、执行、监控以及财务数据的整合与分析中。

(三)财务共享服务中心采用众包模式的可行性分析

1. 标准化的业务流程

对于众包来说,复杂的业务没有办法让技能单一的社会参与者进行处理,必须要进行颗粒化的拆分，而能够拆分的前提就是可以标准化。财务共享服务中心在建立之初就将纳入共享的业务进行了系统化的梳理，形成了标准化的操作流程，并保持不断地迭代，以持续完善操作流程。将现有核算流程开发到众包产品的过程中，开发人员更容易依据核算流程中的要点开发出合适的众包产品，以提高产品开发的效率和效果。

2. 专业化的运营团队

财务共享服务中心拥有非常专业的工作人员，他们在经年累月的工作过程中必然会遇到不同类型的核算问题，积累了丰富的问题解决经验，对会计核算工作有着深刻的领悟。在开发众包产品的过程中，这样一批专业人士凭借其专业优势和丰富经验，能够针对产品提出合适的方案以及具有建设性的意见和建议，可以提高产品成功的可能性。

三、财务共享服务中心采用众包模式的逻辑运行框架分析

对于财务共享服务中心来说，众包模式的出现是对现有共享组织模式的补充，它能够在一定程度上降低财务共享服务中心的运营成本。但由于众包模式是新兴的组织模式，从方法到技术平台各方面均存在挑战，要想让众包模式成功落地，需要在前期有严谨的思考和设计，这样才能达到预期的效果。因此，在设计众包模式前，需要了解众包自有的逻辑运行框架，形成众包模式的闭环管理设计，其内容如图 10-3 所示。

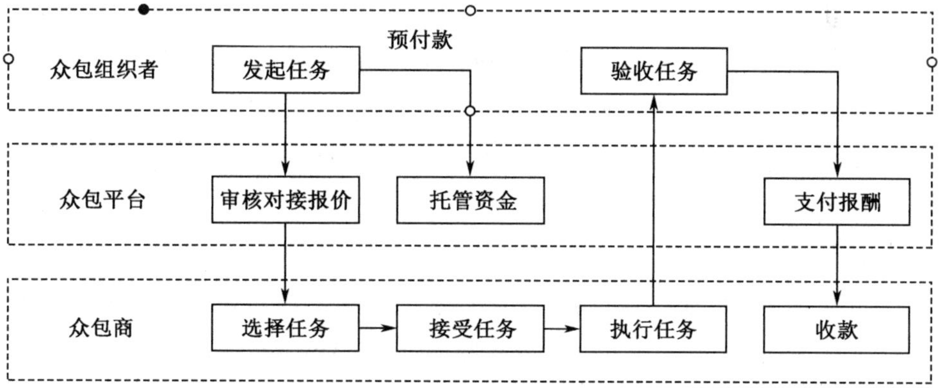

图 10-3　财务共享服务中心采用众包模式的逻辑运行框架

从图 10-3 中可以发现，众包是由众包组织者连续发起任务，然后众包商在众包市场里选择任务；众包商接受任务并完成任务后，由众包组织者验证任务完成

情况,验证通过后,众包组织者支付报酬给众包商;众包商获得报酬,支付相关成本并有所盈利,而盈利驱动众包商开始选择下一个任务,继续开始新的任务流程,这就是一个微任务的运行过程。从上述众包的闭环运行框架中可以看出,闭环流程主体是众包组织者和众包商,闭环流程的载体是众包平台,形成闭环的行为是发起、选择、接受、完成、验证、支付和盈利。

按照这个逻辑运行框架,将其运用于财务共享服务中心,分析如下。

(一)众包组织者

作为闭环管理流程的主体及闭环发起人,众包组织者处于流程的上游。在众包模式中,所有的初次核算微任务均由众包组织者发起。通常情况下,雇员成本、外包成本和众包成本三者相比,众包成本是最低的。企业作为逐利性组织,降低成本是其不断追求的经营方向。当财务事项满足财务共享众包原则时,企业端愿意采用众包模式来处理会计核算工作。

从行业来说,金融业、服务业、销售业、通信业、教育业等的财务事项相对容易处理,也更能快速实现财务共享服务中心建设,此类行业的法人成为众包组织者的可能性较大;制造业、建筑业、勘探业、房地产业、国防业等的财务事项复杂难懂,且涉及保密条款较多,此类行业的法人成为众包组织者的可能性较小。这样来看,可能性较大的行业多属于第三产业。

从财务模块来说,费用、总账、税务容易满足财务共享众包原则,资金、资产、报表不易满足,而大多数企业前三项的工作量会占到全部财务工作的70%以上。这说明众包组织者手里拥有大量符合财务共享众包原则的任务进行发布。虽然财务共享众包在国内属于新兴模式,还不能准确定位市场规模,但笔者相信未来的任务量可达到万亿级,对于国内财务共享众包闭环而言,不会缺乏众包组织者。

(二)众包商

作为闭环主体和任务执行者,众包商处于流程下游。对于众包闭环能否完成,从实际执行角度出发,众包商的重要性甚至高于众包组织者。

对于财务共享众包而言,众包商的角色定位更复杂、更敏感。在这个闭环运行框架中,大多数众包商首先面对的就是信任问题。众包组织者一旦愿意将自己的财务信息公之于众,即使对其做了相关处理,也会有如下顾忌。例如,“众包商会不会把这些发票在朋友圈展示”“众包商能不能知道这笔账务如何处理”“众包商会不会做竞争对手的间谍”。混迹于众包圈的众包商的想法远没有这么复杂,他们只在乎能不能获得报酬、报酬有多少。

财务共享众包能不能吸引众包商，最主要的还是看专业需求有多高，换句话说，众包组织者能把微任务做到多好。一个完美的微任务应该是人人都可以参与并能够尝试解决的。如果众包组织者直接把一堆财务数据扔进众包市场，然后让众包商做出报表，那肯定没有多少人能完成任务；若是仅让众包商判断一张发票、一页纳税证明是否正确，这样就会容易许多。至于有多少众包商愿意处理财务共享服务中心发布的众包业务，我们可以将潜在的众包商进行排序，其主要内容如下。

第一，会计从业人员。全国现有 2 000 万以上持有会计从业资格证书者。这些人每天、每月都有可以自由支配的自主时间，他们可以利用碎片化的时间增加个人收入。

第二，在校大学生。我国在校大学生突破 4 000 万，单从学历角度出发，他们完全能胜任简单的票据辨认与记录工作。笔者甚至相信，高学历人士通过常年锻炼的逻辑判断能力可以支撑部分会计专业的学习。以 50%的在校大学生计算，我国也会拥有 2 000 多万潜在的众包商群体。此外，在校大学生进行平台注册，一方面可以获得收入，另一方面可以辅助实践学习，增加学习体验。

第三，白领阶层。在这里，暂且将已经走上工作岗位的大学毕业生定位为白领阶层，潜在的数量为 1.5 亿~2 亿。其中，大多数人每天过着两点一线的简单生活，利用碎片化时间就可以实现众包微任务，并为自己的生活增加额外收入。笔者保守估计，1 亿人将会成为潜在的财务共享众包商。

以上三类人群相加，估计潜在的众包商在 1.3 亿左右。如果赋予报酬预期值是每人每月 1 000 元，即使将微任务定价为 1 元 1 个，这 1.3 亿人每个月也可以处理千亿级的财务共享众包任务，因此，财务共享服务中心的众包平台可以为数百万的大型企业解决基础核算问题。虽然众包商报酬定价是一个复杂的评估体系，但可以肯定的是，大多数人不会抗拒 1 分钟有 1 元入账的快乐，当然，这基于众包组织者能做好财务共享众包微任务。只要能设计好微任务，众包商就会大量涌入并进行注册。

（三）众包平台

众包平台是通过互联网搭建的众包市场，也是财务会计核算互联网化的体现。从严格意义上说，财务共享众包市场不止众包平台这一种实现方法，但众包平台却是互联网时代最高效、最安全、最省钱的财务共享众包市场实现方式。众包平台有两类:一类是综合性众包平台,另一类是单一性众包平台。前者的平台上可以发布各式各样的任务,后者的平台仅发布同一类属性的任务。通过互联网实现财务共享众包后,很长一段时间都建议通过单一性众包平台处理,这正是财务信息的独立性和及时性所要求的。

对于运营方来说,最为重要的是,要让众包平台变成一个中介平台,这个平台可以导入大量的任务,同时有大批人来承接任务。

财务共享服务中心如果需要在众包平台引入大量的企业客户发布任务,应积极吸引企业客户入驻平台。对于企业来说,是否会入驻这样一个众包平台,最为核心的考虑是这个平台的安全性和成本,另一个考虑的因素是价格,企业客户会对比众包平台和其自身依托财务共享服务中心运营时的成本。平台的盈利需求会导致作业成本的增加,如果最终的综合成本不能够打动用户,则难以成功实现引流。

对于众包平台来说,需要对自身接口的开放性和标准化提前做好充足的准备,通过标准化的接口方式来和差异化的平台进行对接,而且要有一定的跨界服务的能力,不仅要能够管好自身这边的接口对接,还要能够帮助客户推动其接口的开发和运用。

对于企业客户来说,非常重要的运营内容是服务支持。尽管平台起到的是一个 B2C 的对接作用,但如果平台在其中不发挥任何服务支持作用,企业客户就会对此产生极大的不满,还会导致企业客户的流失。因此,平台可以和财务共享服务中心一样建立邮箱、微信、电话等全方位的支持体系。

(四)发起任务

发起任务是众包组织者在众包闭环运行框架中的第一个行为。当众包组织者将一个核算微任务放至众包平台上,它就完成了一次任务发起。发起的微任务会以信息通知的形式告知所有众包商,并将任务完成的标准进行告知,以及确定完成任务所能获得的报酬。当众包组织者能按照财务共享众包原则设计出微任务时,就可以随时发起任务。

(五)选择任务

选择任务是众包商在众包闭环运行框架中的第一个行为。在财务共享众包环境下,众包组织者会将大量的微任务发放至众包平台,而众包商根据获得的处理权限和自身的能力选择能够胜任的各项微任务。当众包商数量较多时,会出现任务争抢行为,这时选择行为会被弱化。完美的核算微任务不会有众包商是否愿意选择的担忧。

(六)接受任务

接受任务是众包商自愿与众包组织者签订接包契约的行为表达。众包商一旦做出接受微任务的决定,就意味着认同众包组织方提供的权责条款。众包商不一定是出于获利需要而接受,也可能是完全出于好奇或者兴趣而接受。但对于核算微任务性质的众包,因任务极其简单,几乎不涉及创新,所以众包商对于此类任务大多数是出于获利目的而接受。因此,只要众包组织者能够给予具有足够吸引力的劳务报酬,那么众包商做出接受任务的行为就会成为自然而然的决定。

(七)完成任务

完成任务是众包商发出结束任务信号的行为。对于财务共享众包行为而言,众包商会按照众包组织者的要求处理账务信息,例如,进行一次发票抬头的审核、一次收据金额与分摊表的比对、一次票据粘贴单金额的汇总等。在这个任务完成的过程中,众包商会根据众包组织者提供的线上培训内容和自身认知处理任务,直至任务结束。众包商点击“完成”是向众包组织者索取报酬的指令发送。基于市场规则,众包商没有理由不执行完成行为。

(八)验证任务

验证是众包组织者、众包商和众包平台的后台程序进行众包商是否能获得报酬的判定行为。在企业的财务信息处理流程中,复查与稽查是其重要环节,因为财务信息容错率极低,交由任何人开展核算活动都需要进行查验。最理想的情况是,当众包商完成任务时,后台程序通过判定规则的设置,能够自动校验核算是否按规定进行。

当企业账务处理规则足够规范时,财务信息系统完全能够做出有效判断。当然,现实中也会有需要灵活处理的财务工作,特别是费用报销部分,同样的事物在不同的场景很可能做出不同的处理要求。当系统没有此类判断逻辑时,就需要众包组织者成立人工验证组来对这部分财务核算工作进行查验。众包组织者也可以制订众包商互相验证规则来进行验证。其实,当核算信息满足系统规则时,基本都能做到系统自动验证,这一步骤对于众包主体来说,虽然都是被动行为,但也是必须做的。

（九）报酬支付

报酬支付是众包组织者对于认可的众包商任务完成情况兑现报酬的一种行为，也是众包组织者基于契约必须承担的责任。当然，支付的方式有很多，通常情况下是在众包平台结算后，通过第三方机构完成。报酬可以按任务支付，也可以按时间段支付。核算微任务因单个任务量极少，因此单价较少，只要做好资金池准备，就能高枕无忧。

（十）盈利测试

盈利测试是众包商开启下一次众包闭环的一个保障。众包商会根据完成每个核算微任务需要的时间成本和流量成本去计算能否盈利。盈利时，会刺激众包商不断地接受新的任务。众包组织者只需要通过简单的分析就能得出众包商是否盈利的结果。盈利与否是自然发生的，众包组织者只要保持众包商处于盈利状态即可。

四、财务共享服务中心组织绩效管理

财务共享服务模式下的绩效管理指标体系对公正、公平、科学要求更加严格。财务共享服务模式下需从不同的维度并基于财务共享服务模式的特点进行绩效考核和管理，否则容易因绩效结果的偏差而做出具有错误导向的决策。财务共享服务中心的组织绩效管理包括以下几种常见的模式。

（一）关键绩效指标模式

1. 关键绩效指标概要

KPI 是为了解决战略实施问题所设计出来的一种战略分解与控制方法，其理论假设是根据二八原则，找到公司战略实施成功的关键成功因素，并以此确定需要对战略实施过程进行考核的 KPI，进而用这些指标进行考核。KPI 是对公司战略目标的分解，是对实现公司战略目标的一系列具体工作效果的衡量、评价指标，它是由管理者与员工共同参与制定的，体现了管理者与员工对企业战略目标和为达成这一目标应该做的关键工作的共识和承诺。基于 KPI 对绩效进行管理可以确保个人、部门的工作方向和内容能够对企业战略目标的实现提供切实的帮助。

KPI 应该反映员工工作的直接效果，指标本身应该是可量化的。如果难以量化，那么也必须是可以行为化的。KPI 的制定一般会遵循 SMART 原则。

确定 KPI 一般遵循以下流程：

（1）建立评价指标体系

组织可按照从宏观到微观的顺序，依次建立各级指标体系。首先明确企业的战略目标，找出企业的业务重点，并确定这些关键业务领域的 KPI，建立企业级 KPI。其次，各部门的主管需要依据企业级 KPI，建立部门级 KPI。最后，各部门的主管和部门的 KPI 管理人员一起再将 KPI 进一步分解为更细的 KPI. 这些业绩衡量指标也是员工绩效考核的要素和依据。

（2）设定评价标准

财务共享服务中心实施绩效管理之前，一件很重要的事情就是要评估当前的绩效水平。评价绩效水平必须有一个可参照的标准。一般而言，指标指的是从哪些方面来对工作进行衡量或评价；而标准指的是在各个指标上分别应该达到什么样的水平，只有明确了起点，才知道最后跑出了多远。指标解决的是我们需要评价“什么”的问题，标准解决的是要求被评价者做得“怎样”、完成“多少”的问题。

（3）审核关键绩效指标

对 KPI 进行审核的目的主要是确认这些 KPI 是否能够全面、客观地反映评价对象的工作绩效，以及是否适用于评价操作。完整的 KPI“能清晰描述绩效考核对象的增值工作产出；针对每一项工作产出提取了绩效指标和标准；划分了各项增值产出的相对重要性等级；能追踪绩效评价对象的实际绩效水平，以便将评估对象的实际表现与要求的绩效标准对照”。同时，策略性地分解指标，使企业战略目标变成了个人绩效目标，员工个人在实现个人绩效目标的同时，也是在实现企业总体的战略目标，达到两者和谐，实现企业与员工共赢的结果。

2. 财务共享服务中心的关键绩效指标内容体系

财务共享服务中心绩效考核指标必须以清晰的财务共享服务中心组织职能定位和岗位设计为基础，且与财务共享服务中心内部各岗位的责权互相匹配。

在指标的具体设计中应该做到：

①既要有定量指标，又要有定性指标。

②既要有财务共享服务中心成本指标，又要有运营效率的业务指标。

③既要有外部利益相关者关心的指标，支持业务单元的业务增长，与服务水平协议的保证保持要内在的一致性，又要有财务共享服务中心内部管理者关心的指标。

④既要有过程性的指标，又要有结果性的指标。

⑤既要有近期评价指标，又要有远期影响因素的评价指标。根据财务共享服

务中心岗位职责的不同,其绩效指标的比例构成也会有所差异。

财务共享服务中心的绩效指标体系源自对财务共享服务中心的能力要求。企业需在质量管理、提高效率、控制成本、提升服务和综合管理等各个方面关注更为明细的能力要求,并将其演化为考核关注点。

根据财务共享服务中心绩效指标的关注点,下面以某公司构建的 KPI 为例进行说明。每年年初,由总公司根据短期战略目标制定本年度财务共享服务中心整体运营目标,并根据整体运营目标制定中心组织绩效指标(即中心负责人绩效指标)。中心组织绩效 KPI 如表 10-4 所示。

表 10-4 某公司财务共享服务中心组织绩效 KPI

绩效指标	公式	指标权重系数	评分办法	目标值
业务总量差错率	业务总量差错率 = $\sum$(业务 N 差错率 × 业务 N 权重系数)		定量	
人均标准单目标达成率	人均标准单目标达成率 = $\sum$(业务人均标准单目标达成率 × 业务 N 权重系数)		定量	
业务处理平均延迟时间	通过对单据不同处理时间段赋予对应分值进行打分		定量	
单位标准单成本目标达成率	单位标准单成本目标达成率 = $\sum$(业务 N 单位标准单成本目标达成率 × 业务 N 权重系数)		定量	
客户满意度	以各分公司客户满意度调查统计结果判定		定量	
招聘目标达成率	招聘目标达成率 = 当期实际招聘人数 / 当期预计招聘人数		定量	
人员保留率	人员保留率 = (期初中心人员总数 - 当期中心流失人数) / 期初中心人员总数			
综合绩效得分 = $\sum$(绩效指标 × 指标权重系数) + (扣分项上限 - 扣除分数)				

①业务总量差错率。业务总量差错率是中心从会计作业处理质量考评的角度制定的考核指标,通过对业务差错笔数和已处理业务笔数的考查,来评定中心

某一类型会计作业的处理质量，并乘以相应的业务权重系数得出。

业务差错是指业务处理完毕后稽核检查出的差错。业务总量差错率目标控制范围值，指中心通过质量管理手段将业务总量差错率控制在一定范围内，该目标值为业务发生的正常的差错数值比率。

业务差错率=业务稽核的差错笔数/已稽核业务笔数

②人均标准单目标达成率。该指标指中心人均标准单的实际完成情况，通过与目标值的比较来衡量中心的会计作业效率。

业务人均标准单目标达成率=实际人均标准单量/目标人均标准单量

③业务处理平均延迟时间。设定业务基准处理时间，计算出业务平均延迟时间，通过设置延迟处理时间范围对应系统设定分数进行打分。

④单位标准单成本目标达成率。该指标指中心在处理标准单时单位标准单的成本目标达成情况，通过实际单位标准单成本与目标单位标准单成本的比较，实现中心成本控制的目标。

单位标准单成本的核算主要包括人力、职场、行政支出方面的增加了本地区成本系数后的成本核算。

$$\text{单位标准单成本目标达成率}=\frac{\text{实际单位标准单成本}}{\text{目标单位标准单成本}}$$

⑤客户满意度。该指标指中心客户对中心所提供的服务的满意程度，根据客户对中心服务的满意情况评价来评定。该指标为百分制得分。

⑥招聘目标达成率及人员保留率。招聘目标达成率是指中心在考核周期内计划招聘员工数量的完成情况，通过考核该指标来考察中心团队建设情况以及人员的流动情况。

招聘目标达成率计算公式为

招聘目标达成率=当期实际招聘人数/当期预计招聘人数

人员保留率计算公式为

$$\text{人员保留率}=\frac{\text{期初中心的人员总数}-\text{当期中心流失人数}}{\text{期初中心的人员总数}}$$

通过对上述指标的计算和评价，可以直观地衡量财务共享服务中心业务处理的准确程度、人均标准单量的完成情况、单位标准单的成本控制情况、客户满意度以及实现团队组织建设的目标等方面的情况，并分析原因，制定相应的优化措施。

（二）平衡计分卡模式

1. 平衡计分卡简介

在平衡计分卡产生之前，财务指标是唯一能够衡量绩效的标准，一些机构也开发出以财务指标为核心的综合性管理整合工具，例如20世纪初杜邦公司和通用汽车公司开发的以净资产收益率为核心的投资回报模型，20世纪90年代提出的经济增加值（EVA），这些工具被广泛地用于企业绩效评价和管理整合。

但从企业绩效评价的角度来看，这些以财务为核心的指标具有很大的局限性：第一，财务指标反映的只是过去已经发生的事项，属于结果性指标，无法反映出未来的发展潜力和发展前景；第二，对财务指标的过分关注容易导致企业管理层的短视行为，而忽略了企业长期价值创造和对企业长期价值动因的关注与投入；第三，财务指标难以进行过程性管理，往往只能被动接受财务结果或者在下一周期进行修正，这在工业时代的循环性生产运营中缺点还不明显，但在知识经济时代快速变化和弹性结构的运营流程中就很难应用。

为了弥补这些缺陷，哈佛大学教授罗伯特·卡普兰及诺朗诺顿公司总裁戴维·诺顿在一项对企业绩效评价体系的研究计划基础上，于1992年提出一种全新的企业绩效评价工具——平衡计分卡（Balanced Score Card，BSC）。平衡计分卡从根本上打破了传统的只注重财务指标的绩效评价方法，它提出公司应从财务、客户、内部流程、学习与成长四个角度审视自身业绩，如图10-4所示。

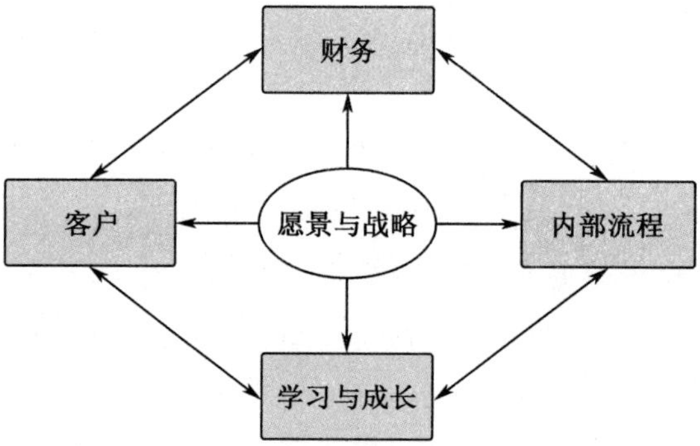

图10-4　平衡计分卡

财务指标主要是从股东价值角度来反映企业的增长、盈利能力及风险战略，而客户、内部流程、学习与成长三个层面则能够深入反映推动财务指标改善的动因，即从客户角度来看企业是否创造了客户价值，内部业务流程是否能够支撑股东价值和客户价值的实现，企业的学习、创新与成长能否推动内部业务流程的改善。

平衡计分卡的四个维度不仅仅是评价的视角，它们实际上是以一种逻辑严密而一致的方法，描述了企业战略在企业各个层面的具体表现。简单地说，企业的根本目标是为股东创造财务价值，这一目标的达成取决于客户是否愿意购买，而客户的购买意愿则源于企业必须具备的服务能力与技术(内部流程角度)，而企业的制度和人力资本(学习与成长角度)则影响服务能力和技术提供。这四个维度间的因果关系构成了企业实现战略目标的管理框架，将战略目标与具体的绩效评价指标相联系。所以平衡计分卡也逐渐变化为战略和策略相结合的管理工具，即战略实施工具，并且在实务中取得了良好的效果。

平衡计分卡除了延续对财务业绩的关注外，还倡导重视对客户、供应商、雇员、技术创新等这些影响未来经营业绩的因素的分析，重视企业业务流程、学习和创新等无形资产对提高企业长期竞争力的价值的评估，它是对传统财务评价指标的重大突破，具体来说其贡献体现在如下几个方面。

第一，财务指标与非财务指标的结合。平衡计分卡除了关注财务指标外，还与客户、内部流程、学习与成长等非财务指标密不可分，只有两方面都得到改善，企业的战略目标才能实现。

第二，注重内部指标与外部指标的结合。平衡计分卡不仅从股东角度关注企业价值的创造，还从客户角度关注企业价值的创造；不仅注重从股东、客户等外部视角的绩效衡量，还关注内部流程、学习与成长等内部视角的绩效衡量方式。

第三，注重滞后指标与前置指标的结合。财务指标作为企业业绩衡量形式是一种结果性滞后指标，财务结果由其内在原因作为驱动因素，而客户、内部流程、学习与成长指标正构成财务结果指标的动因，是导致一定原因的前置指标。

第四，关注短期指标与长期指标的平衡。利用平衡计分卡，管理人员可以测量自己的企业如何为当前以及未来的客户创造价值。在保持对财务业绩关注的同时，平衡计分卡清楚地表明了长期价值的驱动因素。

2. 基于平衡计分卡的财务共享服务中心绩效指标体系

以平衡计分卡的四个维度作为财务共享服务中心的绩效管理体系，主要基于以下两方面原因。

第一，财务共享服务中心的管理层希望通过绩效指标达到提升运作效率、创造价值的目的。基于平衡计分卡制定绩效指标时，能够从战略分析着手，确定财务共享服务中心的战略目标，并进一步分解为业务目标，使得绩效指标的导向与企业的目标一致。

第二，简单的 KPI 的设定并不能达到全面评估财务共享服务中心绩效的目的，组织的绩效和管理水平单纯从企业的财务指标来考核是不客观、不全面的，并且需要经过多方讨论，才能够最大限度地提升整体组织绩效。

因此，实践中广泛使用平衡计分卡来完善共享服务的绩效管理，通过四个维度，将财务指标与非财务指标结合、内部指标与外部指标结合、短期指标与长期指标结合，来进行全面的绩效评价。财务维度的绩效考核能够满足财务共享服务业务发展的要求，促使财务共享服务在保证工作质量的前提下降低成本。客户维度能够促使财务共享服务提高客户满意度。内部流程维度能确保财务共享服务高效、准时、高质量地运行，从而提高整个财务共享服务中心的运作效率。学习与成长维度能够促使财务共享服务长期健康发展。具体指标内容设计如下(图 10-5)。

图 10-5　基于平衡计分卡的财务共享服务中心绩效评价体系

(1)财务维度

传统的财务指标通常表现为盈利、增长和股东价值等，涵盖偿债、盈利、周转、投资等方面，很多企业会增加各个行业独有的衡量指标，比如互联网企业的商品交易总额、国有企业的利润完成率、金融业的高净值客户占比等。这些均为企业整体财务状况的量化指标，难以用于衡量考核特定部门和员工的绩效。基于平衡计分卡的财务共享服务中心绩效评价体系在财务维度的考核点在于员工在工作流程改进、技术创新等方面对于经济效益的推动作用。

财务共享服务中心的财务维度主要关注成本预算的达成情况，考核指标包括费用预算完成率、综合成本节约率、标准单成本、实际(虚拟)收入、投资回报率、利润率、费用率、SLA 单价等指标的达标和变动情况。其中，投资回报率是一个重点指标。虽然财务共享组织本身的花费/收益绝对金额不大，但它是一个落地业财融合、展现管理会计实践成果的窗口，也是推动财务转型的主要动力。取得准确测算结果，除了关注当期发生的人员、场地、系统使用费用等，还应注意对各类项目的实施费用进行及时的摊销和计提，确保成本和收入同期反映，有助于长期变动趋势分析。

如果财务共享服务中心采取独立运营模式，则将其定位为利润中心，不仅考核成本，还应审视组织和个人促进中心价值提升的情况，考核指标包括中心对外服务的收益、中心员工的价值创造等。尽管很多企业内部的财务共享组织没有实现对外的收费，甚至分摊，也没有签订 SLA，但仍有必要将虚拟收入引入绩效考核目标的设计，没有虚拟收入就无法有效地长期反映出财务共享的价值。

(2)客户维度

平衡计分卡的客户维度反映了客户对于财务共享服务中心的满意度、忠诚度，并且监控服务质量、新老客户的变动情况等，明确财务共享服务中心与客户之间关系的紧密程度。良好的客户关系会带来稳定的营业收入，为客户持续提供优质和高效率服务则是客户认可的基础。特别是在 SLA 签订后，业务或财务共享组织会有明确的服务水平约定和收费、奖惩规定，这个无疑是财务共享服务中心关注的首要目标。因为质量服务(含时效和准确性)和服务单价的竞争力会直接决定内部客户对财务共享组织的反馈和收费/成本分摊的推进程度，直接影响财务指标的达成。

在客户的满意度调查中，常见的方法包括日常咨询评价、单据服务评价、关键用户评价、线上调研、客户服务现场评价等。作为定量考核指标，其具体涉及客户有效投诉数量、平均问题解决周期、客户投诉处理率、SLA 达成度、平均服务满意度得分等。

对于客户忠诚度的指标考核，建议采用净推荐指数(net promoter score，NPS)。该指数经常应用于人力团队内部，评价个体人员对组织的满意程度。财务共享服务中心可以借鉴这种方法，评价员工对接受的财务共享组织服务的满意度和推荐指数。在推荐指标设计上嵌入时效、质量、咨询服务等信息，供财务管理层和共享组织深入分析。

(3)内部流程维度

内部流程指标反映了财务共享服务中心的内部运营管理能力，包括对客户具体业务实施过程中的效率的关注，进而评价产品服务质量和响应速度。它有利于财务共享服务中心改进自身流程，提升绩效质量。

内部流程的绩效主要体现在会计作业层次、流程优化层次以及风险控制层次：

①会计作业层次是最基本的考核维度，主要关注财务处理的准确性、及时性以及完整入账的情况，具体指标包括业务操作差错率、内部流程执行力度与合规性、账务处理差异调整次数、一次性成功比率、会计信息质量、单据遗失率、账龄逾期率等；

②流程优化层次是在正确执行流程的前提下，考核流程的简化、优化等，具体指标包括会计核算处理效率、处理每笔交易所用的时间、月结平均时长等；

③风险控制层次强调流程中关键风险点是否得到有效控制，具体指标包括流程重大风险识别的有效次数、风险控制措施的贡献数量等。

(4)学习与成长维度

学习与成长维度体现了财务共享服务中心对创新性事物的接受程度以及主动创新的动力和能力，主要是针对财务共享服务中心团队建设、人员培训、人才保留与培养以及日常管理的评价，内容涉及提升专业创新能力、提升员工素质和提高员工忠诚度等方面。

作为一种定性的考核指标，主要内容包括培训目标完成率、人均培训学时、培训有效度、创新观点数量、创新观点实施比例、对新业务的响应的及时性与质量、员工轮岗实施率、员工流失率等。该维度测评的目的是要推动财务共享服务中心进行流程创新、服务创新、价值创新，持续提高服务质量和运行效率。

以上就是平衡计分卡在财务共享服务中心绩效考核中的应用。需要指出的是，这是一种相对固化的评价体系，在具体的实践中仍要结合自身需要，因地制宜地构建考核指标体系。

(三)价值链管理模式

除了平衡计分卡模式，管理会计中价值链的四步行动法(DCDC)也可以用于财务共享服务中心组织绩效管理。价值链四步行动法包括：定义价值(define value)、创造价值(create value)、传递价值(deliver value)、捕捉价值(capture value)，具体应用逻辑如下。

1. 定义价值

财务共享服务中心绩效管理的根本目的是提高价值创造能力。因此，在进行绩效评价之前，必须了解在企业经营和财务共享服务组织价值链条中的利益相关者及其诉求。

一般而言，财务共享服务中心的利益相关者包括内部员工、企业内部其他部门和外部关注者：

①内部员工是财务共享服务中心各级管理者和员工，是共享服务的供给方，他们的诉求往往集中在职业发展、技能提升和薪酬回报等方面；

②企业内部其他部门即共享服务的需求方，包括全体员工、业务流程上下游的部门、财务管理者和企业经营者等，他们的诉求主要是业务处理速度、合规执行水平、风险防控能力和成本控制措施等方面；

③外部关注者包括政府及下属专业管理机构，包括财政、税务、审计、统计、工商、证券监督等部门，他们的诉求主要在报表及统计结果的正确性、及时性等方面。

财务共享服务中心要理解的是，各方的利益诉求实际上是有差别的，如何明确相关诉求的共同点、平衡好各方的诉求，明确定义自身应提供的价值，是财务共享建设成功的主要判断标准。根据业务实践，财务共享服务中心需要定义的价值包括：

①财务和非财务指标，包括投资回报率、成本费用率等显性指标，客户满意度、忠诚度等隐性指标。

②有形和无形资产指标，包括可以控制的物质资源等显性指标，组织在员工或客户中的口碑等隐性指标。

③短期和远期指标，即在一年以内可以实现的经营成果及一年以上可持续发展的经营潜力指标。财务共享服务中心的经营者务必始终抱着价值创造意识，对显性和隐性指标、短期和长期指标都要做好投入，才能始终保持组织活力和持续经营能力。

2. 创造价值

创造价值必须将业务流程和各利益相关者的诉求相结合。原则上，业务流程的开展遵循三步法，即投入—制造—产出，财务共享服务也是如此，但每一步的重点考虑因素略有不同。

在投入环节，首先要明确资源投入的数量和质量。不同于常规的定价策略，财务共享的出发点不是简单的成本大幅下降，而是质量和价格同步，即更高的质量和更低的价格。财务共享服务中心必须平衡质量和成本，找到最优的资源投入方式。这也是很多财务共享服务中心在场地选址、人员招募和系统选型中要反复考虑的真正原因。

在制造环节，内部员工特别是基层操作人员的薪酬、发展诉求会成为一个重要考虑因素，确保在成本可控的情况下提供高质量的服务。如果贸然全面招聘应届毕业生，的确可以控制成本，但产出质量可能不高，影响客户满意度。因此，新老财务人员的配比、员工参与程度、不同业务组人员的知识储备、相关的流程简化程度和各项控制措施的系统埋点都成为制造环节的关键成功因素。

在产出环节，客户和外部关注者的诉求是主要影响因素。服务的评价结果会影响内部员工的绩效评价，而且客户的满意度和外部关注者的合规要求也会逐步提升，这在各环节的绩效考核指标中应予提前考虑。明确了三个环节的作用，结合内外部利益相关者的要求，财务共享服务中心可以明确绩效考核的重点指标和考核方法，并相应配置考核工具来跟进督促，保障服务质量。

3. 传递价值

由于财务共享服务中心提供的是各种财税审核、账务处理及相关分析报告等服务，价值传递过程中常规的销售渠道、营利性分析很难完全适用，但在构建评价指标时仍需要考虑以下因素：

第一，客户的分级分类管理。财务共享服务中心对客户必须十分了解，即使是已经十分熟悉的内部业务、财务部门，也要抱有敬畏之心。特别是对影响力大、业务紧急程度高、合规风险高的条线，必须给予高度重视，在流程人员配置上给予倾斜。

第二，服务产品的精细化管理。财务共享服务中心应对各业务线的服务产品进行精细的成本收益分析，通过适当的渠道给予公示，并在定价上给予侧重，推动业务侧协同，降低高成本业务的投入。例如，将业务流程进行进一步的优化、采购合适的系统工具等，从而实现企业降本增效、提升客户价值的价值目标，满足企业经营者的期望。

4. 捕捉价值

尽管财务共享服务中心的目标是内部服务，很少会有利润分配的情况，但在捕捉价值环节应该将持续优化经营的虚拟收入和共享投入成本进行虚拟核算。如果有盈利，应该将这部分公开，作为内部奖励和外部分享。外部分享可以采用诸如降低单价、优先处理、联合团建等方式进行，深化财务共享服务中心与内部客户的协同关系。

通过以上价值链分析，财务共享服务中心可以将每个环节的关键目标总结出来，去除重复指标、排列优先级，形成关键的组织绩效指标和考核方式。

上面总结了几种财务共享服务组织绩效管理的指标构建和要点，企业应秉承因地制宜、与时俱进的原则，探索组织绩效管理模式的创新。

第十一章　智能财务共享与企业管理会计体系

第一节　基于共享服务的数据中心构建

“数据已经成为一种商业资产、一项重要的经济投入,可以创造出新的经济利益、更高质量的价值”。大数据之父舍恩伯格在《大数据时代》一书中指出,在信息时代,数据是企业的“金矿”,是最宝贵的生产要素。事实上,在市场环境不确定性和模糊性日益增加的当下,以“用数据支持决策、用数据强化管控”见长的数字化管理已然成为企业在经营管理过程中分析过去、把握现在、掌控未来的“利器”。

数字化管理的本质就是量化管理的精确化,它体现的是管理的科学性,摒弃的是过去依靠经营管理者的经验和能力做出判断的粗放式管理,让数据说话、用数据决策、靠数据管理。

一、集团级数据中心的重要性

数据中心被视为大型集团管理信息系统的“心脏”。最近几年来,随着云计算、大数据、移动互联网、智能化等信息技术的不断发展,数据中心的市场需求日益增加,大型企业、互联网巨头、政府机构纷纷建立数据中心,以满足自身业务发展与精细化管理的诉求。构建数据中心能为集团带来以下几方面价值。

第一,从技术层面来看,数据中心的建设是企业信息化建设中的必经阶段,它代表了企业信息化的方向。信息化是当今世界经济和社会发展的大趋势,对提高企业竞争力至关重要。由于企业信息涉及面广,各种应用系统常常不能有效地共享数据,不断增加的安全威胁对数据的安全性提出了挑战,急剧增长的数据量使得既有的存储容量和应用系统难以适应企业的需求,因此建设可靠性高、容量大的数据中心十分必要。

第二,从业务层面来看,数据中心是企业的业务支撑平台。数据中心的建设是支持业务发展、驱动业务增长的必然要求。数据中心建设越贴近企业的真实业务需求,越能适应业务快速发展的持续扩大,发挥的价值就越大。企业在建立数据中心时要考虑目前及未来可能存在的业务规模持续扩大、客户数量持续增多的问题。

第三,从管理层面来看,数据中心的建设实现了企业信息的高度共享和整合。通过对数据资源的整合、挖掘和转换,可以更好地为各级管理者的分析、决策提供依据。一个有效的数据中心能有效打通业务与财务之间的壁垒,解决企业内部的"信息孤岛"问题,同时把企业内部不同地域、不同部门之间的信息整合起来,让管理者可以获得及时、准确、真实、可靠、全面的数据,进而为管理者的决策分析提供高质量的基础数据。以地产企业为例,决策者最关心的是销售金额、结转收入、回款情况等指标。在建立数据中心的基础上,企业可利用商业智能系统中的数据挖掘、数据分析等技术,将这些指标在可视化的管理驾驶舱中一一呈现出来,以便决策者以此为基础制订下一步的经营计划,进而推动战略目标的顺利实现。

因此,尽快建立一个汇集不同口径、不同地域、不同来源的集团级数据中心是企业进行高效管控、科学决策的基础与前提。

然而,在实际工作中,企业要想建立一个集团级数据中心是一件非常困难的事情。有些企业虽然建立了数据中心,但只是做了简单的基础数据收集汇总工作。由于数据口径不统一,导致数出多门,同一个指标在不同部门可能有不同的计算口径,有些指标又有不同的数据来源,这些现状导致数据中心发挥的价值非常有限,不能满足业务运营、经营决策的实际需求。有的企业没有建立数据中心,没有收集数据进来,或者收集的数据不全、质量不好,更谈不上出具对管理者有用的管理报告。一方面,数据对于企业而言犹如金矿般宝贵;另一方面,在建立一个真正有用、高效的数据中心时,众多企业却无从下手。

二、从财务共享服务中心到集团级数据中心

财务共享服务中心具备成为集团级数据中心的天然优势,其主要内容体现在以下方面。

首先,在基础数据收集方面,财务共享服务中心使原来分散的数据得以汇总和统一处理,为管理者的分析与决策工作收集了大量可靠、低成本的数据。一方面,财务共享服务中心汇集了所有的核算数据,并且将原本分散在不同地域、不同部门的全公司的会计核算工作集中到一个平台进行;另一方面,财务共享服务中心打通了财务和业务之间的壁垒,实现了对交易事项的集中式记录和处理,使企业从源头上掌握内部各单位的真实交易数据。

其次，在基础数据规范方面，财务共享服务中心通过流程再造，实现了交易过程的显性化和规范化，夯实了数据基础，促进了流程、管理、数据质量的规范，使企业从源头上获取真实、规范、高质量的数据，使其成为今后进行战略分析、制定管理决策的重要依据。

最后，在数据中心建设路径方面，财务共享服务中心是企业信息化平台中最贴合数据中心建设要求的系统平台，它具备成为集团级数据中心的最佳条件。财务共享服务中心可以提炼出管理者最关心的报告级数据，是管理者管控思想最基础的体现。

过去，传统财务共享服务中心集中的数据基础是对外披露的、以单位企业核算为主的局部数据。这些数据的局限性表现在以下方面：只注重核算，忽视了分析；只有法人口径的数据，没有管理口径的数据；只有核算数据，没有业务数据；空有数据，但很难提炼出对管理决策有价值的成果。

如今，瞄准管理目标构建的高级阶段的财务共享服务中心，即财务共享 3.0 阶段，将集成核算数据、预算数据、资金数据、资产数据、成本数据、外部标杆数据等与高层管理和决策相关的信息，成为公司未来决策最重要的数据支持平台，为管理会计的应用奠定了重要基础。财务共享服务中心的三个阶段如图 11－1 所示。

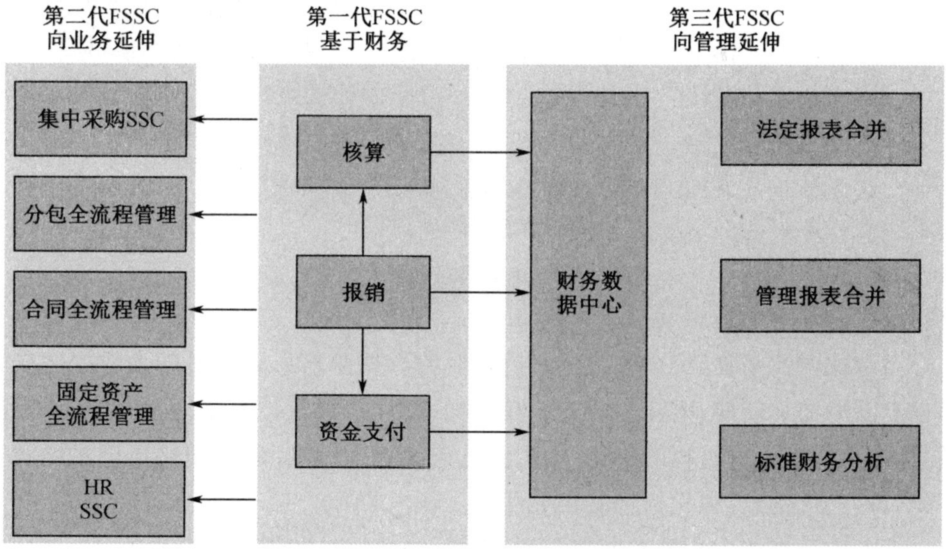

图 11-1　财务共享服务中心的三个阶段

事实上，海尔集团、华为集团等领先企业的实践充分证明，通过财务共享服务中心组建一个真实、可靠、规范、全面且基于管理目标的集团级数据中心,进而得到企业数据的全局视图,是当下符合企业需求又切实可行的集团级数据中心的最佳构建路径。

从技术层面上看,财务共享服务中心作为集团化数据中心,无论在平台架构、平台拓展还是数据集成等方面都不存在障碍;从产品层面来看,当前基于数据中心要求的成型的共享平台产品已经问世。

三、从数据中心迈向大数据平台

当前,随着大数据技术的逐渐成熟,大数据逐渐向企业运营、财务管理内部延展。当下企业所面对的数据主要可以分为三大类,即财务小数据、业务中数据、社会大数据,三者之间的关系如图 11-2 所示。

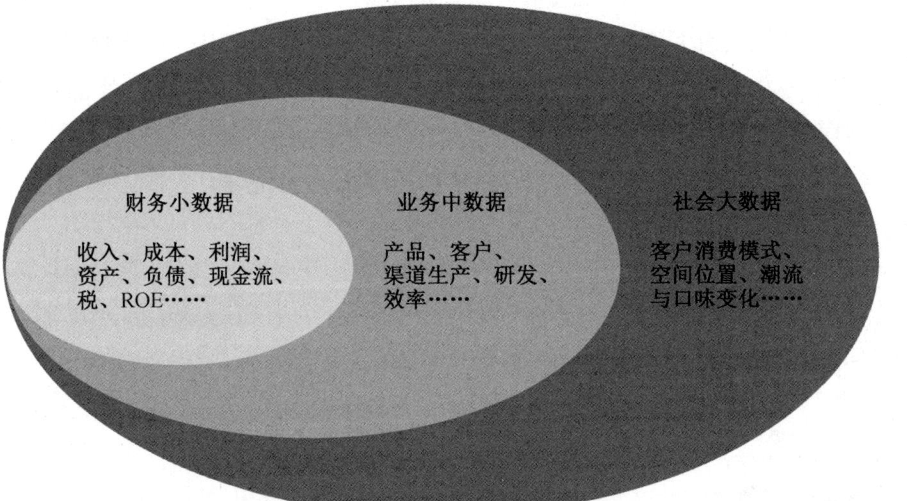

图 11-2 企业面对的三类数据

大数据时代来临,将全方位地改进企业的数据分析思路。财务小数据的变化是信息获取更加便捷,财务向业务前段延伸,增加执行管控要素;业务处理更加高效,体现为报表合并过程的快速处理;信息记录更加精准,即从交易与记录的源头标识管理会计信息,强化信息的相关性。

业务中数据的变化是有望打破部门之间的壁垒,在工业 4.0 状态下,从接单到协同、产出、交付会同步进行;更关注作业与资源能否成为真正的“业务单元”;更关注结果到过程的演进路径。这意味着随着绩效考核方法的演变,以往 KPI(关键绩效指标)、BSC(平衡计分卡)、EVA(经济增加值)都是对结果绩效的衡量,而

OKR（目标与关键成果法）改变了绩效考核的方式，它不仅关注绩效，而且关注结果。

社会大数据的演进是不可逆的浪潮。在整个行业运行过程中，企业间的壁垒变得越来越小，甚至有可能瞬间被打破；获取资源的过程和内部交易的过程都会依赖外部大数据来定义客户，完成交易。整个企业不再只是产品的制造者，而要整合外部平台。此时，企业本身的生存环境会发生重大变化。

大数据时代，将全方位地改进企业的商业模式和数据分析思路。如何充分利用和挖掘大数据、智能化技术，将财务共享服务中心从交易环节向业务环节深度延伸，将财务共享服务中心从企业内部向外部生态链延伸，成为中国企业构建的高水准的财务共享服务中心，继而构建集团级数据中心，是需要探索的关键问题。

利用“互联网+云”搭建企业在线“商旅共享+采购共享”平台，并且与财务共享、税务共享平台集成，构建大型集团的智能共享平台。

基于“商旅共享+采购共享+财务共享+税务共享”的业财税一体化智能共享平台，从后端财务向前端业务延伸，打通企业的业务流和财务流，对内覆盖全员全流程，对外覆盖价值链全程，既连接供应商、商旅、客户等，又对接银行、税务等外部系统，实现了业务流程、会计核算流程和管理流程的有机融合，实现了交易透明化、流程自动化、数据真实化。基于业财税一体化智能共享平台的模式，将从源头打通企业内部的业务中数据、财务小数据，将企业变成数据平台，以真实、可靠、规范的高质量的信息产出为使命，再加上社会大数据，最终构建出一个集“财务小数据、业务中数据、社会大数据”于一体的集团级大数据平台，将在企业经营环境的预测、分析、决策、管控中展现出越来越重要的价值。

以 A 保险集团为例，基于互联网技术，通过智能共享平台体系的搭建，建立了内外融合的新型财务运营体系，从前端资源的获取，到企业内部的运营加工，再到数据分析和展示四套账（资源账、管理账、会计账、监管账）。A 保险集团基于业财税一体化智能共享平台形成的大数据平台，主要用于数据的存储、展示、分析和应用。前端的交易、对账、发票、付款等一系列流程均作为数据采集点，产生大量的数据资源，实时进入大数据平台进行信息的存储，通过管理维度进行归集、展示，并支持灵活的拖拽分析展示。A 保险集团通过大数据平台对四套账的展示，打造了一个 B2B（企业到外部合作伙伴）、B2G（企业到政府机构）的运营管理系统。与此同时，A 保险集团建立了基于大数据和人工智能的财务交易数据分析模型，为资源配置、科学决策提供了支撑，进而提升了信息化建设水平。

第二节 预算管理与财务共享服务的协同融合

一、预算管理概述

(一)预算管理的概念

预算是用来合理配置企业实物、财力、人力等资源,以保证企业既定的战略目标能够实现的一种系统的方法。通过进行预算管理工作,可以有效对企业目标实现过程的进程进行实时监控,合理分析并预测企业未来一段时间的财务情况、现金流与经营利润等内容,有效地把控成本费用的支出。

(二)预算管理的职能

1. 规划职能

预算是对企业未来经营情况的预测;预算过程按照企业经营目标与职能规划将其层层分解,下达到企业各个负责部门当中。各个部门根据自身的目标做出详细的计划安排,以确保每个人都有自己的工作目标和任务,确保上级与下级工作目标的一致性。企业的每名员工都会编制自身的工作计划并且积极地投入工作中,最终实现公司的整体目标。

2. 控制与监督职能

预算管理是一个严格按照设定标准进行管理的模式,它将涉及企业运营过程的方方面面。首先,预算的编制过程是对经济业务发生的提前预测,是对经济活动发生的事前控制,通过合理的分析与预测,明确企业近期的经营目标,以防止发生不必要的风险。其次,在执行预算的过程中,实施部门及上级部门可以实时监控预算完成的进度情况,并且判定其是否符合预算标准,对于出现的与预算目标不符的特殊事项则使其进入特殊批准渠道,判断其是否需要调整,通过这种事中控制来保证在预算实施过程中预算目标的实现。最后,预算管理的最后一个环节是对预算实施结果的分析与考评,在分析的过程中披露本次工作中存在的缺陷与不足,分析实际工作与预算目标出现偏差的原因,落实责任,更好地部署工作,实现事后控制。

3. 考核激励职能

预算目标的设定是对企业具体经营目标的合理预测,要将其落实到每一位员工的工作内容中,让每位员工根据自己的任务目标制订工作计划,到了期末可以根据完成工作的进度与质量对员工的工作情况进行考核与评价,并根据评价结果合理地对员工进行奖励与惩罚。通过绩效考评可以激发员工的工作热情和潜在能力,促使企业全体员工不断提高自己,将个人价值的实现同公司战略目标的实现相关联,从而为企业做出贡献。

(三)预算管理的流程

预算管理工作的实施应该包含以下几个流程:首先,确定预算目标,在明确目标的基础上,各个部门根据自己的实际情况编制未来一段时间的预算计划,汇总完成后上报管理层进行审批和下达;其次,企业在该时段内的经营运行都需执行预算标准,监管部门实时对其进行监控,保证预算的执行,若发生特殊情况,则需进行特殊批示和调整;最后,根据预算执行情况及人员预算目标的完成进度,对预算管理整体进行分析和考评。由此可见,整个预算管理体系的运行对加强内部控制、提升整体经营效率具有重要意义。

根据企业的战略发展要求,制定预算管理目标,从企业整体需求出发,涉及企业发展的方方面面,同时考虑到企业所处的内外部环境,明确预算管理的范围,根据实际情况需要考虑目标制定的可行性。在确定预算目标后,需要根据所要达到的目标编制具体的预算内容。预算的编制过程一般采用自上而下、自下而上、全员参与的方式。上级部门在决策层面提出相应的企业总体目标,包括销售目标、费用额度、利润目标以及各种筹资、投资计划等。各部门根据自己所负责的部分,考虑到各种不确定性因素,做出相应的计划安排,确保在下一阶段可以使计划合理、有效地实施并完成,同时各部门需要将具体实施计划上报上级部门进行批示,真正做到上下级信息有效流通、全员参与到企业的经营管理当中,如图 11-3 所示。

预算编制的计划下发至各个部门,而各个部门在工作期间即按照预算标准进行执行,并严格把控预算实施的过程,监督各个环节的执行情况,若出现特殊情况,及时上报有关部门并让其进行调整,以保证预算执行的过程顺利完成。执行与控制过程中的数据信息均会被记录,同时预算完成结果也会被汇总,企业将以上信息进行分析和汇报,及时反馈结果,若出现异常情况,要及时调整战略,提出改进措施,避免以后出现类似的漏洞,为下一期预算管理做好基础。预算管理通过对期末企业预算执行情况进行分析与考评,可以有效地帮助企业完善预算管理体系,提高企业管理水平。

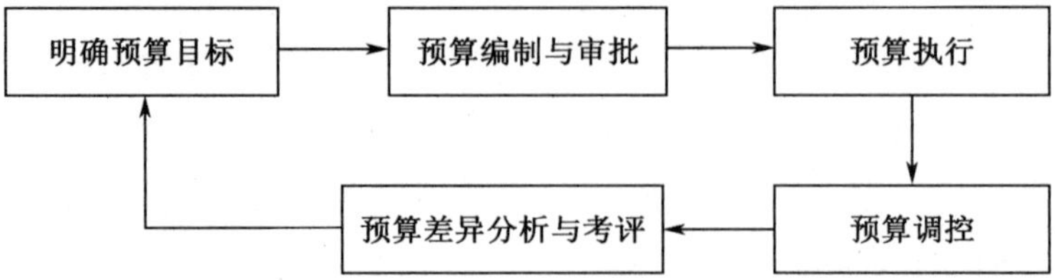

图 11-3 预算管理流程

财务共享服务是新型财务管理模式,而预算管理是企业必备的管理过程。财务共享服务基于信息技术系统,是一个统一标准化的控制流程,具备高效、便捷的功能。实施预算的目的是有效控制企业成本费用的耗费,降低成本,与企业经营战略目标相吻合,而通过财务共享服务可以保证预算执行的合理性、合规性,二者在企业的经营管理中必不可少,所以理论上二者拥有一定的协同性,具备部分功能融合的基础。

二、预算管理与财务共享服务融合的可行性分析

(一)战略可行性

要想实施预算管理,首先要制定科学合理的预算目标,而预算目标的制定是依据企业的整体战略方向、发展目标而言的。制定预算目标,能够使企业对业务开展、项目施工等活动的资金流动进行有效的把控和跟踪,从而制定最佳的发展战略,促进企业战略目标的实现。企业在构建财务共享服务中心的过程中,首要工作是制定财务共享服务中心的战略定位,其能推动企业战略目标及预算目标的制定和实现,进而大大提高企业对业务、资金流程的有效监管。因此,预算管理和财务共享服务的目标具有高度的一致性,从而在理论基础上能够保证二者之间的融合。

(二)技术可行性

如今信息技术已经被广泛应用到企业的日常管理中。很多集团已经建立了自己的财务共享服务中心,它可以使集团在对财务活动的处理方面更加高效便捷,为集团提供更高质量的财务信息,使企业的业务决策更加科学。由于财务共

享服务的引进,企业的财务管理工作日趋完善。通常,建立基于财务共享服务模式的全面预算管理要借助以下几项技术。

第一,智能化识别技术。智能化识别技术包括票据影像识别、文字识别等。集团采用智能化识别技术将企业的会计凭证、签订的合同、客户信息等收集到财务共享服务中心数据库当中,减少了财务人员在日常工作中的重复性操作,而且这项技术可以提高数据处理的准确度,提高员工日常工作效率。

第二,大数据处理技术。数据源的多样性、冗余性会影响我们最后的判断,因此在大数据库中,我们需要对数据进行预处理来提高数据的质量。在财务共享服务中心录入的数据就是我们未来判断的依据。我们可以利用强大的数据的提取与管理功能来完成对预算目标的制定。

第三,应用集成技术。利用应用集成技术,让集团内的子公司通过网络将预算申请等传递到财务共享服务中心的总服务器上,这样通过数据处理可以对子公司发生的变化做出及时的反应,保证传递信息的时效性。

总之,一方面,财务共享服务中心能够通过云计算、大数据技术对企业资源进行动态分配和管理;另一方面,信息技术的发展大大提高了企业各种数据的集中程度。企业借助云计算技术实现数据信息的多维度分析和挖掘,如预算编制、业务整合等,同时,信息技术的发展大大提高了信息的传递效率和共享范围,最大限度地发挥信息的自身价值。因此,信息技术是实现预算管理与财务共享服务融合的重要条件。

(三)管理可行性

随着集团规模的不断扩大,管理成本在企业中占有重要的地位,因此降低管理成本成为企业日常经营中的主要目标之一。预算管理是一项工程浩大的活动,涉及的层级复杂,执行效率低,执行成本高。财务共享服务模式可以降低企业的日常管理成本,如果企业已经建立较为完善的财务共享服务中心,那么在将全面预算管理活动与其相结合时无须再次投入大量的初始成本。一方面,与传统模式的预算管理相比,基于财务共享服务模式下的全面预算管理有以下两个优势:一是减少重复性作业的成本。原来的预算管理是点对点的模式,而现在的预算管理是流水线的作业模式,这样的模式更适合于集团的一体化管理,降低了预算管理的成本。二是现在的预算管理采用的是作业集中处理的模式,因此不必在每个分公司都配备预算人员,专家相对集中在财务共享服务中心,人员的减少也降低了管理成本。此外,基于财务共享服务模式的全面预算管理可以采用分层的应用体系架构,这样即使子公司处于离财务共享服务中心很远的地理位置,也可以进行有效的预算管理,因此财务共享服务中心就可以设立在成本较低的地理位置,这在很大程度上也降低了企业的运营成本。

全面预算管理具有全面化、全员性参与的特征,可以保障企业的整体控制性,因此各个大中型企业都在推行全面预算管理。将全面预算管理纳入财务共享服务中心,就可以利用财务共享服务中心的传递效率,使全面预算管理这项工作更加有效率,真正实现整体管控与实时管控。

集团将全面预算管理纳入财务共享服务中心需要具有以下功能:第一,在财务共享服务中心应该建立一个全面预算管理的信息管理平台,将该平台接入财务共享服务中心的数据库,并且全面预算管理信息平台要涵盖全面预算的所有流程,包括预算编制、预算审批、预算执行、预算考评的所有步骤,这样可以保障全面预算管理有效实施。第二,全面预算管理中的预算编制流程需要大量数据,而财务共享服务中心应自动录入其所需要的数据,并且财务共享服务中心可以根据以往每年的预算报表自动生成新的预算报表,根据系统内的数据更新进行滚动预算。在整个过程中,集团的各个子公司可以在财务共享服务中心获取这些信息。第三,要建立完善的控制机制。关于预算的数据都是集团的机密,但财务共享服务中心的数据资料对员工都是共享的,因此要设立人员的权限,保障信息安全,建立惩罚机制,确保全面预算管理有效执行。

第三节　智能财务共享服务模式下企业管理会计报告优化策略

一、管理会计报告的内涵

管理会计是会计的重要分支,主要服务于单位(包括企业和行政事业单位)内部管理需要,是通过利用相关信息,有机融合财务与业务活动,在单位规划、决策、控制和评价等方面发挥重要作用的管理活动。企业管理会计报告是指企业运用管理会计方法,根据财务和业务的基础信息加工整理形成的,满足企业管理需要的对内报告。高质量的内部管理报告应做到服务战略决策,保障战略计划对关键成功因素的挖掘,确定执行方案和财务绩效衡量标准,并建立战略目标监控系统。

管理会计和企业管理一样都需要进行 PDCA 闭环管理,包括事前、事中和事后三个阶段,如预算管理的闭环包括预算的编制与下达、执行监控、分析与考核等阶段，所以管理会计报告按照事前、事中和事后三个阶段发挥的作用如下。

第一，战略规则与决策支持。企业是一个“战略制定—战略实施（包括计划、组织、协调、指挥与控制）—战略调整（包括反馈）—战略实施”无限循环的主体。作为企业的决策支持系统，管理会计是企业经营管理流程中的重要组成部分。在企业战略制定和实施的过程中，管理者可以通过管理会计报告从解释过去的经营结果，到面向未来的战略决策支持。

第二，运营过程中的管控。企业在确定战略目标时，由于存在经营环境的复杂性、战略目标的合理性以及个人目标与组织目标不一致等问题，会在经营过程中偏离战略目标。企业的经营活动需要投入资源，而为了计算出资源的投入产出效率，企业管理者必须对经营状况有深入的了解。企业管理者只有抓住了运营的过程，才能抓住战略目标，放弃过程，就是放弃战略目标。

第三，运营结果的业绩评价。为了确保企业战略目标的正常实施，企业有关部门需要按照预定的标准和评估程序，采用科学的评估方法，对业务单位和职能部门进行评估。其中，管理会计报告为考评部门和员工的工作绩效提供了依据；此外，对经营成果进行及时的评价有助于调动管理者和员工的工作积极性。

二、智能财务共享服务模式下管理会计报告优化可行性分析

（一）财务共享服务模式的构建

财务共享服务模式实现了企业信息的高度共享和整合，通过对数据资源的整合、挖掘和转换，可以更好地为各级管理者的分析、决策提供依据。一个统一的数据中心能有效打通业务与财务之间的壁垒，解决企业内部的信息孤岛问题，同时把企业内部不同部门的信息整合起来，让管理者可以获得及时、准确、真实、可靠、全面的数据，进而为管理者的决策分析提供高质量的基础数据。

财务共享服务模式是管理会计建设的基础，为基于智能化的管理会计报告生成优化提供了平台。财务共享服务模式形成了一个财务数据平台，考虑了数据口径、力度对未来管理会计报告生成的重要性，既考虑到其本身的建设需求，又考虑到未来管理会计报告生成的信息化扩展需求。因此，财务共享服务模式是实现智能化的管理会计报告生成优化可行性的基石。

（二）智能技术的成熟

智能化技术的成熟推动着企业财务共享服务中心的转型与升级，使企业得以

回归以交易管理为核心的运营本质。

近年来,RPA、大数据、区块链等智能技术不断成熟,有条不紊地推动着各财务业务板块流程、内容的优化。很多企业利用智能化技术,从解放人力、提高效率等方面进行了优化,取得了较大成果。目前,管理会计报告因为设计环节较多,数据准确性、有效性、预测与决策方面的功能欠佳。同时,管理会计报告生成流程较为繁复,强调一定的时效性,因此,引入智能化技术来科学优化管理会计报告势在必行。

智能财务共享服务模式下企业管理会计报告生成与传递的技术框架主要包括数据源、数据储存、数据处理、数据挖掘、生成报告、发送报告和储存报告等,具体如表 11-1 所示。

表 11-1 智能财务共享服务模式下企业管理会计报告生成与传递的技术框架

<table>
<tr><td>储存报告</td><td>报告文档、生成报告运行日志</td><td rowspan="7">基于RPA的流程自动化</td></tr>
<tr><td>发送报告</td><td>邮件</td></tr>
<tr><td>生成报告</td><td>报告格式,如 PDF、超链接等</td></tr>
<tr><td>数据挖掘</td><td>机器学习算法</td></tr>
<tr><td>数据处理</td><td>结构化数据处理、半结构化数据处理、非结构化数据处理</td></tr>
<tr><td>数据存储</td><td>数据仓库(实时更新)</td></tr>
<tr><td>数据源</td><td>互联网信息、业务系统数据、财务共享平台数据……</td></tr>
</table>

数据源是企业管理会计报告生成与优化的基础,它提供了最原始的数据信息,主要包括企业自身的财务系统数据、财务共享平台的数据、互联网信息以及其他数据信息。

数据储存为企业管理会计报告生成的实时性提供了可行性。数据仓库实时提取来自数据源的数据,并进行实时更新,保障了管理会计报告生成数据的时效性。

数据处理是根据企业管理会计报告需求进行操作的。例如,先生成战略层管理会计报告、经营层管理会计报告或者业务层管理会计报告,然后将数据仓库里面的数据提取出来,进行预处理,包括处理缺失值、属性编码、数据标准化、正则化、特征选取等操作。其主要包括对结构化数据的处理,如管理会计报表中直接的数据;对半结构化数据的处理,如数据库中的文本、图形或者图像数据;非结构化数据的处理,指数据结构不规则或不完整的数据信息,如邮件信息、聊天记录以及网上搜集到的调查结果。在此过程中，要保障数据的相关性、全面性、一致性，为数据挖掘做好铺垫。

数据挖掘是企业管理会计报告智能化的关键。通过数据挖掘相关算法将海量数据转换成管理会计报告中的有效信息，这是优化管理会计报告生成的关键。回归分析、聚类、关联规则、特征、变化和偏差分析、Web 页挖掘等是利用数据挖掘进行数据分析的常用方法。

生成报告是指管理会计报告生成格式，如 PDF、超链接等生成格式。

发送报告是利用 RPA 将生成的报告发送至报告需求者对应的邮箱。

储存报告是指将报告进行备份，与此同时，储存的内容还包含管理会计报告生成的流程自动化日志等信息。

三、智能财务共享服务模式下管理会计报告优化需求分析

智能财务共享服务模式下管理会计报告优化需求分析。

（一）内容优化需求分析

1. 增强信息的准确性

管理会计报告离不开信息，而有用信息来自对数据的收集整合、分析处理以及灵活多样化的展现。虽然很多企业上线了财务核算、合并财务报表等系统，但在管理会计报告的生成流程中，大部分还是人工在进行操作，财务共享服务中心仅负责管理会计报表的填报，而其他相关事宜，包括最后财务报告的生成，均由其分公司的财务部门进行处理。管理会计报告编制过程中，工作量较大，人工参与的环节较多，加上财务共享服务中心平台仅可以共享数据，较多事宜（如数据稽核、分析等）仍由人工进行处理，不可避免地造成报告内容缺失、数据错误、信息误判。此外，由于人为干预环节较多，可能会出现财务人员或者利益相关者为掩盖、粉饰某些客观事实，编制虚假的报告消息，导致领导层做出错误的财务决策，对企业造成不可估量的经济损失。

2. 增强管理会计报告的系统性

企业管理会计报告缺乏统一规范，各分公司、项目部百花齐放，根据自身情况有一些专项分析，却没有一套完整的分层级的管理会计报告体系，报告内容系统性差。基于智能财务共享服务模式和商业智能技术，应构建管理会计报告体系的内容。从实现企业实际战略目标的角度来看，应将各级管理人员的管理结构、数据依据、发展阶段和信息需求结合起来，形成一个面向基层、中层、高层的管理会计报

表体系。按照企业管理会计报告使用者所处的层级,可系统地将管理会计报告分为三个层级:战略层、经营层及业务层。优化后的管理会计报告内容如表 11-2 所示。

表 11-2 企业优化后的管理会计报告内容

报告层级	报告对象	报告内容	主要包含报告名称
战略层	公司股东大会、董事会、监事会等	反映战略目标制订、战略规划、战略执行与战略评价等过程产生的信息等,主要包括战略管理报告、综合业绩报告、经营分析报告、风险管理报告和重大事项报告等	战略管理报告、综合业绩报告、价值创造报告、经营分析报告、风险分析报告、重大事项报告、例外事项报告
经营层	总经理、副总经理、财务总监、总工程师等	经营层管理者进行经营决策时所需要的信息,包括预算管理报告、投融资分析报告、盈利分析报告、资金管理报告、成本管理报告和业绩评价报告等	全面预算管理报告、投资分析报告、项目可行性报告、融资分析报告、盈利分析报告、营运资金管理报告、成本管理报告、绩效评价报告
业务层	公司业务部门、职能部门	采购、生产、销售及辅助业务等,包括生产业务报告、采购业务报告、销售业务报告等	采购业务报告、生产业务报告、销售业务报告、人力资源报告

第一,战略层管理会计报告。公司股东大会、董事会和监事会等治理机构是战略层管理会计报告的使用者。战略层管理会计报告应当由企业的经营层进行编制。报告类型通常包含常规与非常规两种。报告的内容应当简洁直观并且易于理解,具体包含原因、结果与预测建议等。

第二,经营层管理会计报告。经营层的管理会计报告主要回顾上一阶段管理决策的实施情况,对当前经营目标的实施情况进行评价,分析当前经营结果的差异及其原因、经营的内外部环境、主要风险,以及研究下一阶段的经营目标和管理措施。报告内容应包括全面的预算管理报告、投融资分析报告、项目可行性报告、财务分析报告、盈利能力分析报告、资金管理报告、成本管理报告、绩效评估报告。编制该报告的目的在于揭示公司在某一特定时期内的运作和管理过程中遇到的问题,为未来的发展创造价值。

第三,业务层管理会计报告。业务层管理会计报告提供了最原始、详细的信息,它涉及企业生产经营的各个方面。同时,业务层管理会计报告为战略管理会计报告提供数据和信息。业务层管理会计报告的内容包括采购业务报告、生产业务报告、销售业务报告和人力资源报告等。

3. 增强管理会计报告的实用性

要想使管理会计报告的实用性得到有效发挥,首先应当设立一个专门的管理会计部门,给管理会计充分的发展空间。其次,管理会计报告的负责人是否能够发挥管理会计报告的优势也是能否发挥其实用性的关键。负责人需要合理控制企业的成本,创造利润。最后,企业应当以管理会计报告作为参考,重视对人力资源、内外部环境的分析。在成本效益原则的指导下,公司各级部门应共同努力,明确需要按其所属类别进行信息收集,并对信息进行进一步甄别和核实,确保信息的有用性和真实性,提高信息收集的质量。此外,收集信息时不仅要注意财务信息,还要注意非财务信息;既要关注企业内部信息,又要关注企业外部信息,例如,宏观环境变化、市场需求。从内部和外部收集信息,能够更好地促进企业战略目标的实现。

(二)生成流程优化需求分析

会计的价值体现为通过合理的方法和专业的语言反映企业的经营现状和财务状况,从而为信息使用者提供对决策有用的信息。会计信息质量对信息使用者的决策起着关键的作用,主要包括可靠性、相关性、可理解性、可比性、实质重于形式、重要性、谨慎性、及时性。所需的会计信息量为投资者提供了尽可能多的信息,以降低信息不对称的程度,减少决策中的不确定性。会计信息质量是会计信息的基础,而会计信息成本很大程度上关系到会计信息的质量。企业应将重要的层级信息放在会计报告的管理工作中,并确保关键的、紧急的信息以正确的方式传达给相应的层级、相应的部门;此外,要构建高效的传输系统,优化数据交换平台,加强跨部门信息的整合和共享,减少信息冗余,提高信息的准确性,提高传输信息的效率。

四、基于区块链的管理会计报告体系构建

(一)区块链的主要特点

1. 去中心化

区块链的特殊之处就在于它不同于传统互联网需要中心网络或者服务器来

连接,它是一个网络状的连接结构。它不依赖任何第三方或者中心机构,而是将信息分布储存在网络上的各个节点,而这些节点在网络上具有相同的地位,共同对信息进行收集、确认和传递。在这种模式下,各个节点之间相互独立并存储有完整的信息备份,即使一个节点或多个节点出现问题,也不会影响网络上信息的完整性,这也使得基于区块链储存的数据具有高度的安全可靠性,并且不易受到外界的影响。

2. 高度信任机制

高度信任机制来源于区块链本身的特点,因为区块链具有去中心化特点,各个节点都参与到信息的收集和确认的过程中,节点之间通过非对称机密技术进行签名验证,任何虚假和恶意信息都将受到其他节点的排斥和拒绝。这种方式有效降低了信任风险,保证区块链中的信息具有高度的可靠性和真实性。

3. 可追溯性

区块链中的区块由区块头和区块体构成,而每个区块头都包括一个时间戳。这些时间戳通过哈希算法的方式相连接,具有很强的关联性,使得每个区块都可以追溯到前面任何区块的信息。

4. 共识机制

共识机制是指在整个区块链各个节点之间达成共识的机制。一项交易是否能达成共识并记录在区块链上,是由区块链的运作原理来决定的。当交易发生时,由区块链上的各个节点进行验证并记录,不需要中心机构来鉴定,只有超过51%的节点进行确认,该笔交易才会被记录在区块链的各个节点中。这种方式有利于保证交易的真实性,防止虚假交易的发生。

(二)区块链技术下管理会计信息的生成与传递

管理会计报告作为企业内部报告,是在企业内部大量数据的基础上进行分析报告,从而发挥分析过去、把握现在并预测未来的功能,进而服务于企业决策与价值创造。管理会计报告的流程实际上是管理会计信息生成的过程,具体包括信息收集、传递、处理及报告。在这一过程中,传统的管理会计工作在数据的收集、处理、传递和报告方面并没有充分保证数据的及时性、可追溯性、安全性等,导致企业即使有了完备的管理会计报告体系也不能充分发挥其应有的功能。为了保证管理会计报告实现其决策支持和价值创造功能,本节基于区块链技术对管理会计报告体系进行重新构建,通过引入区块链技术重新构建企业管理会计信息收集、传递、反馈和评估流程,增强管理会计报告的真实性、及时性及准确性,进而提高企业经营管理效率。基于这一理念,本节将区块链信息生成与传递流程分为五个层面:物理层、定义层、网络层、协同层、应用层。

区块链采用 P2P 网络广播技术,需要参与者具有一定的计算能力、储存能力,以及在网络中具有足够多的认证节点。在企业内部,企业所有的业务都将被纳入区块链网络中,所有的部门也将通过区块链联结在一起,实现信息互通互享。这种方式打破了传统企业中各部门相互独立的现状,提高了部门之间的信息沟通效率及协同效率。在企业区块链中,管理会计数据分布储存于区块链运行体系之中,并不由各个部门中心单独储存,但是,所有部门都可以通过授权访问区块链上的数据,这样大大降低了信息不对称和不完全带来的风险,确保区块链上信息真实、可靠及可追溯。

第一,物理层。这个层次主要是对管理会计报告所需要的信息进行收集。在大数据时代,企业的信息也呈现出来源多样化、类型复杂化及容量巨大化等特点。在传统管理报告体系中,企业管理会计报告信息多来源于企业内部并且大多是结构化数据,对于非结构化数据以及企业外部大量信息的利用并不充分。区块链技术的出现为企业数据的获取提供了巨大的便利。一方面,区块链分布式记账的特点使得企业可以充分利用企业内外部的财务信息、业务信息等,其中,业务信息主要包括签约进程、履约进度等,如业务订单信息、合同执行情况信息、销售人员变动信息、生产进度情况表;财务信息主要包括生产成本信息、收入信息、采购信息等。另一方面,企业可以通过区块链技术充分利用非结构化数据及半结构化数据,将这些数据登记在区块链上并进行广播,分布式储存在区块链中。

第二,定义层。这个层次是将实体层的各种管理会计信息,利用区块链技术语言进行定义,这些定义包括区块链结构、数字签名、时间戳、哈希算法、共识机制、非对称加密等。定义之后,定义层将这些转化后的信息统一录入区块链系统,将企业各种信息进行标准化处理,使企业各类信息通过区块链结构表现出来。区块链定义模式实现了数据标准化,大大提高了部门之间信息传递和交流的效率以及数据处理的效率,也促进了财务信息与业务信息的进一步融合。

第三,网络层。根据区块链技术的定义,这个层面将会对前两个层面传来的信息利用 P2P 网络进行全网广播,通过全网广播,让区块链上各个节点对传播的信息进行验证,确保传递的信息真实可靠。例如,当形成业务信息时,会在全网进行广播,因为许多信息已经在某些节点进行了分布式记账(如客户信息、供应商信息、竞争对手信息等),所以后续不需要信息收集,可直接进行信息验证。验证通过的信息将形成新的区块进入协同层进行分类储存。

第四,协同层。这个层次主要负责区块链上经过认证后的数据的储存和管理。经过前面三个层次,企业中的管理会计数据经历了数据的收集、区块链处理及全网认证。这些信息的真实性和可靠性得到了极大的保证,但是由于企业部门较多、业务复杂以及信息的来源多样化,区块链将通过聚类分析、决策树分析、时间序列分析等将数据进行分类,为管理会计报告的生成提供前提条件。这些信息可以分为经营战略类、经营预算类、经营规划类、经营策划类、业绩考核类五种类型。

第五,应用层。根据协同层对数据进行处理分类后的结果形成多维度的业财融合管理会计报告体系。在区块链技术支持下,管理会计报告体系具有极大的灵活性,具体表现为没有固定的报告格式和报告时间。决策者可以根据自己的需求及时间要求,结合智能合约技术生成不同领域的管理会计报告,并据此做出经营决策。这种管理会计报告的生成方式极大地提高了管理会计信息的相关性,进而发挥了管理会计信息的决策支持和价值创造功能。例如,若管理者需要了解企业成本信息,就可以设置智能合约条件,系统将自动调用区块链上的数据并生成多维度成本分析报告,其中包括成本动因分析、成本归集与分配、成本投入等;若管理者需要了解预算相关信息,可以生成预算管理会计报告,其中包括收入预算报告、成本预算报告、费用预算报告等。

(三)基于区块链的多维度业财融合管理会计报告体系设计

根据组织理论,高效运营的组织依赖一定的组织分层;根据企业实践,企业通过分工呈现出企业层级关系,这种企业层级关系又有利于提高企业生产效率;根据分工理论,企业中由于分工地位不同,对于信息的需求也有很大差异。基于此,本节以区块链为基础,将组织分为战略层、经营层和作业层三个层面,每个层面形成一个单独的报告主体。在此体系中,尽可能地将各个层次的决策信息需求与信息相匹配,以提高管理会计信息的相关性以及发挥决策支持功能。

通过引入区块链技术构建管理会计报告体系,将不同部门的数据都汇总到区块链平台上,并对财务、销售及生产等部门的数据进行整合。区块链平台对企业数据设置统一语言、统一指标、统一数据结构及统一计算逻辑。基于区块链的管理会计报告框架,企业设置一套集团层面的统一的管理会计报告指标库,指标库中涵盖了企业财务类、运营类、业务类等指标,为后期管理会计报告的生成提供了规范标准。将企业信息录入区块链之后,管理者可以根据自身的需要随时调用区块链上的指标,形成管理者决策需要的管理会计报告。这种方式大大增强了管理会计报告的针对性和相关性。

(四)区块链下管理会计报告体系内外部信息生成和传递方式

大数据时代的管理会计工作建立在海量信息上。对于外部信息,虽然市场上每个企业都将数据储存在一个集中的数据库,但是每个企业处理数据的方式不一样,数据结构也不同,使得企业利用外部信息时需要花费很高的信息成本,不符合成本效益原则。很多企业因此放弃使用企业外部信息,这就降低了管理会计报告的相关性。对于企业内部信息,不同的部门、不同层级对于信息的处理和储存方式都不一样,且这些数据很多只是为了单一层级或者单一部门服务。这就使得高层对信息检索的效率大打折扣,同时会产生许多低效率信息。

基于此,为了高效率收集、传递与处理管理会计体系中的管理会计信息,本节利用区块链技术对企业内外部信息的生成与传递方式进行了改变。

对于外部资料,在整个市场中,不同的企业作为独立认证主体(区块链节点)而相互连接在一起。由于外部信息属于不同的认证主体,直接在区块链上记录外部数据是不可行的。这时,若企业需要利用外部信息,如供应方资产、负债、规模、物流能力等,就会向外部数据中心发送数据需求。外部数据中心对企业的信息需求进行分析处理后将进行数据采集和处理,最终反馈给企业(信息来源、信息时间、数据结构等),随后企业将返回的信息进行全网广播认证以及分布式记账。由于市场上交易频繁,某些供应商的信息已经经过了前面的流程并进行了分布式记账,当市场再需要相关信息时,企业可以直接从区块链系统中调取信息,不用再一次计算分析,避免因多次查询导致信息的获取成本增高。这种方式为企业快速获取外部信息提供了极大便利,而且全网广播认证制度也降低了由于外部主体主观意愿造成的信息不对称以及逆向选择风险。基于区块链的外部信息获取流程如图 11-4 所示。

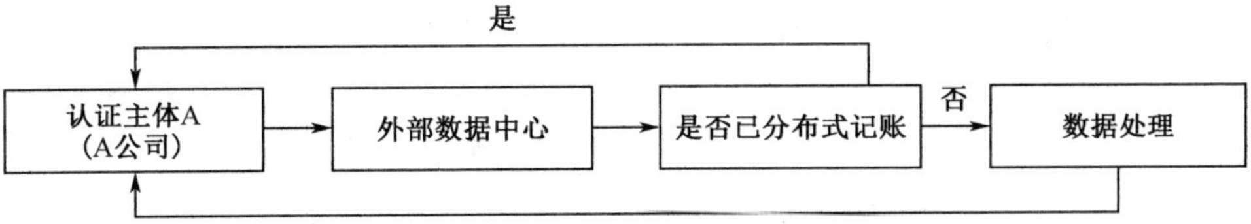

图 11-4　基于区块链的外部信息获取流程

对于内部资料,企业日常业务活动中会形成大量的基础资料,如供应商信息、采购订单信息、采购资金信息、采购成本费用信息等。在区块链平台上,这些资料不用通过复杂烦琐的层层审批才能上报,可通过内部区块链平台进行输入,将其转换为区块链语言进行全网广播。全网各个节点利用其自身备份的账本对该信息进行检查和验证,通过验证的信息将会盖上时间戳形成新的区块,并且会连接在一起。这些信息通过分析处理形成企业层面的指标库数据。当然,新区块也会进行备份,这样可以有效防止数据被篡改。区块链的时间戳技术保证了区块上信息按照时间顺序排列。一个区块改变将会导致全网各个节点信息不一致,这种改变将会被全网拒绝,使得造假更不可能存在。最后,区块链将这些信息全部转化为企业管理层面的管理会计指标,储存在管理会计报告指标库,这为管理会计报告的生成提供了极大便利。

参考文献

[1] 程平,崔纳牟倩. 大数据时代基于财务共享模式的电子会计档案管理[J]. 商业会计,2016(13):127-129.

[2] 卢闯. 财务共享:基本理论与实训教程[M]. 广州:广东经济出版社,2019.

[3] 张瑞君,陈虎,胡耀光,等. 财务共享服务模式研究及实践[J]. 管理案例研究与评论,2008,1(3):19-27.

[4] 田高良,方永利. 财务共享理论与实务[M]. 北京:高等教育出版社,2020.

[5] 陈平. 财务共享服务[M]. 成都:西南财经大学出版社,2020.

[6] 张斌. 基于 CMM 的财务共享服务中心能力评估模型研究[D]. 太原:山西财经大学,2016.

[7] 冯巧根. 改革开放 40 年的中国管理会计:导入、变迁与发展[J]. 会计研究,2018(8):12-20.

[8] 顾德军. 财务共享理论与实践研究[M]. 合肥:合肥工业大学出版社,2019.

[9] 付建华,刘梅玲. 财务共享:财务数字化案例精选[M]. 上海:立信会计出版社,2019.

[10] 王会波. 企业财务数字化转型的理论逻辑与发展趋势探讨[J]. 中国注册会计师,2021(6):106-108.

[11] 陈明灿,王娟,宋瑞. 大数据环境下的财务共享[M]. 天津:天津科学技术出版社,2018.

[12] 李闻一,刘姣,卢文. 财务共享服务中心建设的回顾、趋势与建议[J]. 会计之友,2020(9):14-20.

[13] 吴丽梅,丁洁,王深茏,等. 基于区块链技术的财务共享模式架构[J]. 会计之友,2019(2):149-154.

[14] 万蓓. 财务共享服务模式下企业绩效管理问题探讨[D]. 南昌:江西财经大学,2010.

[15] 李闻一,朱媛媛,刘梅玲. 财务共享服务中心服务质量研究[J]. 会计研究,2017(4):59-65,96.

[16] 李闻一,于文杰,李菊花. 智能财务共享的选择、实现要素和路径[J]. 会计之

友,2019(8):115-121.

[17] 柴晓星. 智能时代下财务信息化概念框架的构建[J]. 生产力研究,2019(10):145-149,155.

[18] 余华飞. 基于大数据智能化财务共享服务中心运营管理分析[J]. 冶金财会,2021,40(6):25-28.

[19] 宋建琦. 信息化视角下企业预算管理与财务共享服务协同融合[J]. 财会通讯,2018(29):92-96.

[20] 赵国军. 薪酬设计与绩效考核全案[M]. 北京:化学工业出版社,2013.

[21] 屈涛. 立足共享服务构建集团级企业数据中心[J]. 管理会计研究,2019,2(2):81-85,88.

[22] 孙玥璠,马国芳. 财务众包:"互联网+"背景下共享经济新模式探索[J]. 经济研究参考,2019(1):124-128.

[23] 于增彪. 管理会计概念的重新界定[J]. 会计之友,2018(3):6-10.

[24] 胡重毅. 会计众包:基于财务共享服务的再进化[J]. 现代商业,2018(12):116-117.

[25] 陈虎. 基于共享服务的财务转型[J]. 财务与会计,2016(21):23-26.

[26] 张庆龙,王泽. 众包:一种新兴的财务共享服务组织模式[J]. 中国注册会计师,2017(8):98-102.

[27] 胡绍学. 大数据时代我国企业财务共享中心的优化[J]. 财政监督,2018(1):94-99.

[28] 张庆龙,董皓,潘丽靖. 财务转型大趋势:基于财务共享与司库的认知[M]. 北京:电子工业出版社,2018.

[29] 官小玲. 财务共享服务中心的风险管理研究:以 D 公司为例[D]. 广州:暨南大学,2015.

[30] 张敏济. 基于大数据智能化的财务共享中心运营管理优化研究:以 Z 公司为例[D]. 重庆:重庆理工大学,2019.

[31] 陈虎,孙彦丛,常亮. 面向管理会计的信息系统[J]. 财务与会计,2018(9):38-41.

[32] 张育强. 电子会计档案:基本做法[J]. 中国总会计师,2013(3):88-90.